Intellektuelles Kapital und Wettbewerbsfähigkeit

Peter Pawlowsky · Leif Edvinsson (Hrsg.)

Intellektuelles Kapital und Wettbewerbsfähigkeit

Eine Bestandsaufnahme zu Theorie und Praxis

Springer Gabler

Herausgeber
Prof. Dr. Peter Pawlowsky
Technische Universität
Chemnitz, Deutschland

Leif Edvinsson
Norrtalje, Sweden

ISBN 978-3-8349-3305-8   ISBN 978-3-8349-3789-6 (eBook)
DOI 10.1007/978-3-8349-3789-6

Die Deutsche Nationalbibliothek verzeichnet diese Publikation in der Deutschen Nationalbibliografie; detaillierte bibliografische Daten sind im Internet über http://dnb.d-nb.de abrufbar.

Springer Gabler
© Gabler Verlag | Springer Fachmedien Wiesbaden 2012

Lektorat: Ulrike Lörcher
Einbandentwurf: KünkelLopka GmbH, Heidelberg

Gedruckt auf säurefreiem und chlorfrei gebleichtem Papier

Springer Gabler ist eine Marke von Springer DE. Springer DE ist Teil der Fachverlagsgruppe Springer Science+Business Media.
www.springer-gabler.de

Geleitwort

Die neue Wertigkeit des Wissens und der Kompetenzen von Menschen spiegelt sich im Begriff des Intellektuellen Kapitals. Er zeigt, dass sich die Bedingungen erfolgreichen Wirtschaftens grundlegend geändert haben: Unternehmen, die auf den dynamischen globalen Märkten von heute langfristig wettbewerbsfähig sein wollen, müssen kontinuierlich Innovationen hervorbringen – die Frage der Wettbewerbsfähigkeit wird mehr und mehr zur Frage der Innovationsfähigkeit. Kreativität und Ideen, Wissen und Kompetenzen sowie die Vernetzung und Kooperation von Menschen sind dabei entscheidende Faktoren, die es strategisch zu fördern und zu managen gilt. Vor diesem Hintergrund markiert der Begriff des Intellektuellen Kapitals einen einschneidenden ökonomischen Paradigmenwechsel: Menschen werden nicht länger als Kostenfaktor angesehen, sondern avancieren zum entscheidenden Innovations- und Wertschöpfungsfaktor und gehören damit zu den bedeutendsten Vermögenswerten von Unternehmen und ganzen Gesellschaften.

Dabei ist die Modellierung und Messung von Intellektuellem Kapital sowohl theoretisch als auch praktisch eine Herausforderung. Welche Ansätze zum Management von Intellektuellem Kapital werden in Unternehmen überhaupt eingesetzt? Welche Bandbreite von Konzepten und Modellen gibt es national und international? Welcher Zusammenhang besteht zwischen der strategischen Entwicklung von Intellektuellem Kapital und der Entwicklung von Innovationsfähigkeit? Wie lassen sich immaterielle Werte in der Praxis managen? Um diesen und weiteren Fragen zum Intellektuellen Kapital nachzugehen, hat das Projekt „International Monitoring" (IMO) Wissenschaftler und Wirtschaftsakteure aus Deutschland, Österreich und Polen zu einer interdisziplinären Arbeitsgruppe zusammengeführt. Im Rahmen des Forschungs- und Entwicklungsprogramms „Arbeiten – Lernen – Kompetenzen entwickeln. Innovationsfähigkeit in einer modernen Arbeitswelt", das seit 2007 vom Bundesministerium für Bildung und Forschung sowie aus Mitteln des Europäischen Sozialfonds finanziert wird, ist das am IMA/ZLW & IfU der RWTH Aachen University (Lehrstuhl für Informationsmanagement im Maschinenbau/ Zentrum für Lern- und Wissensmanagement und An-Institut für Unternehmenskybernetik e.V.) durchgeführte IMO-Projekt mit dem programmbegleitenden internationalen Monitoring beauftragt. Ein Ziel des Monitorings ist die Beobachtung, Identifizierung und Bewertung von nationalen und internationalen Trends, sozioökonomischen Dilemmata sowie geeigneten Bewältigungsansätzen im Themenfeld Innovationsfähigkeit. Zur Unterstützung dieser Aufgabenstellung wurden am 23. Mai 2008 vier transdisziplinäre Expertenteams gegründet, die sich mit den zentralen Schwerpunkten im Themenfeld Innovationsfähigkeit auseinandersetzten. Eine dieser Arbeitsgruppen etablierte sich unter Leitung von Herrn Prof. Dr. Pawlowsky von der Technischen Universität Chemnitz zum Thema „Intellektuelles Kapital".

In einem zweijährigen Forschungs- und Kommunikationsprozess wurden aktuelle Lösungsansätze, künftige Herausforderungen und offene Forschungsfragen im Dialog erarbeitet und reflektiert. Dabei gelang es bereits von Anfang an auch internationale Kenntnisse und Erfahrungen in diesen Prozess einzubinden. Es wurden Einzelexpertisen erarbeitet, die

den „state of the art" analysierten, offen gebliebene Fragen aufdeckten und Handlungsbe-
darfe nachwiesen. Das daraus neu entstandene Gruppenwissen haben die Wissenschaftler
am Ende der zweijährigen Kooperation in einer zusammenfassenden Expertise dargestellt,
die gemeinsam mit den Endergebnissen der drei anderen IMO-Arbeitsgruppen Anfang
April 2011 dem BMBF übergeben wurden. Darüber hinaus entstand die Idee, die vorliegenden Erkenntnisse und Lösungsansätze, auch im Sinne einer Nachhaltigkeit, in separaten
Publikationen zu veröffentlichen, um Akteuren aus Wissenschaft, Wirtschaft und Politik an
den erarbeiteten Ergebnissen teilhaben zu lassen.

An dieser Stelle danken wir allen Forschern und Praktikern, die in der Arbeitsgruppe und
an dem Zustandekommen des Buches aktiv beteiligt waren. Ein besonderer Dank gilt dem
Leiter der Gruppe, Herrn Univ. Prof. Dr. Peter Pawlowsky (TU-Chemnitz), der in enger
Kooperation mit dem Projekt IMO einen großen Anteil am Erfolg der gemeinsamen Arbeit
hat.

Sven Trantow und Dr. Sigrid Busch, Aachen-Berlin im März 2012

Inhaltsverzeichnis

Einführung

Peter Pawlowsky & Leif Edvinsson

Obwohl die kritische Öffentlichkeit in der Bildungsrepublik Deutschland aufgeschreckt durch die Ergebnisse der PISA Studien und sensibilisiert durch die Fragilität der klassischen Industriesektoren die Relevanz des „Geistes" und „Intellektuellen Kapitals" vermehrt betont, sind die praktizierten Ansätze zur Erfassung und zum Management dieses neuen Produktionsfaktors noch relativ rar und die Bedeutung des Themas im politischen Raum, jenseits von allgegenwärtigen Wahlkampfslogans als gering einzustufen. Zwar hat die Bundesregierung im Jahr 2000 die Lissaboner Deklaration ratifiziert, wonach sich „die EU bis 2010 zum wettbewerbsfähigsten und dynamischsten wissensbasierten Wirtschaftsraum der Welt" entwickeln soll (Lissabon Agenda) jedoch hat sich seitdem wenig getan und es scheint sich die alte industrielle „Weisheit" durchzusetzen, wonach in Krisenzeiten der Glaube an die intangiblen Investitionen (Bildung, Forschung und Entwicklung) rückläufig ist, zumal die andauernde Wirtschaftskrise eine tiefe Sehnsucht nach tangiblen Werten aufkeimen lässt. Dieser Band versucht ca. 10 Jahre nach dem Entschluss der Lissabon Agenda und zehn Jahre vor Auslaufen des Programms Europa 2020 ein Zwischenfazit zu ziehen, in dem ein Überblick zu den aktuellen Ansätzen und Diskussionen gegeben wird, die von einem paradigmatischen Wandel unser Wert- und Bewertungsgrundlagen ausgehen und sich nicht scheuen den Zusammenhang zwischen Geist und Geld/Wohlstand erneut aufzugreifen. Im Kontrast zum industriellen Paradigma des „Geiz ist geil", das Effizienzsteigerung durch Taylorisierung und Kostenoptimierung anstrebt, skizziert dieser Band die Konturen eines neuen Paradigmas „Geist ist Geil" über die deklarative Bedeutung des Produktionsfaktors „Wissen" hinausgehend hinsichtlich der Messbarkeit und Umsetzbarkeit der Managementansätze sowie der politischen Gewichtung.

Ausgehend von einer historischen Betrachtung der Diskussion zum intellektuellen Kapital wird von **Peter Pawlowsky und Leif Edvinsson** im ersten Beitrag „Auf den Spuren des intellektuellen Kapitals – Ansätze der IC Forschung und Praxis" der gegenwärtige Stand der Entwicklung skizziert und das Potential des Intellectuial Capital Ansatzes im Hinblick auf einen Paradigmenwechsel hinterfragt. Dabei werden Ansätze auf der Länder-, der Regional- und der Organisationsebene beispielhaft beschrieben und im Hinblick auf mögliche Erfassungs und Gestaltungsansätze der intangiblen Ressourcen näher betrachtet.

Eine Ausdifferenzierung und inhaltliche Systematisierung der Ansätze zum Intellektuellen Kapital steht im Mittelpunkt des zweiten Beitrags – „Meilensteine der IC Entwicklung" – von **Evi Kneisel , Claudia Rößel und Peter Pawlowsky**. Aus diesen Ansätzen wird ein Kategorisierungssystem aus Betrachtungsebenen, Operationalisierung, Zielperspektiven sowie inhaltlichen Bestandteilen von Intellectual Capital Ansätzen abgeleitet, so dass eine Gegenüberstellung und ein Vergleich unterschiedlicher Konzepte und der darin enthaltenen Dimensionen (Indikatoren) möglich wird.

Welche konkreten **Ansätze zur Erfassung und zum Management von intellektuellem Kapital in Unternehmen Verwendung finden** beschreibt **Claus Nagel** im dritten Abschnitt des Bandes. Es wird hier die praktische Einführung der Wissensbilanz in Unternehmen und der Nutzen dieses Instrumentes für Unternehmen aufgezeigt und es werden Möglichkeiten zur Verknüpfung des ICM mit bestehenden Systemen zum Qualitäts- Umwelt- Gesundheits- Risiko und Sicherheitsmanagement dargestellt.

Kay Alwert erörtert bisherige Erfahrungen des Managements von intellektuellem Kapital in Unternehmen und zieht damit quasi eine **Wissensbilanz der Wissensbilanz.** Im Vordergrund steht dabei die Projektinitiative „Wissensbilanz-Made in Germany" des Bundeswirtschaftsministeriums, bei der seit 2003 die praktische Implementierung eines strategischen Ansatzes zur Erfassung von intellektuellem Kapital in Unternehmen unterstützt wird. Erfolge und Grenzen der Methode werden hier kritisch reflektiert.

Mit Blick auf den gesellschaftspolitischen Handlungsraum fragt **Günther Szogs** nach den **Lehren aus der Krise im Umgang mit intellektuellen Kapital** und beklagt den Widerspruch zwischen der oberflächlichen kommunikationspolitischen Professionalität im Umgang mit den „neuen" Werten der Wissensgesellschaft einerseits und der Kommunikationslosigkeit zwischen einzelnen Akteursgruppen bei der gemeinsamen Umsetzung von erkennbar relevanten Handlungsprinzipien in der Wissensökonomie andererseits. Einzelne Kommunikationsinitiativen der Wissensgesellschaft werden beispielhaft beschrieben und als kommunikativer Begegnungsraum zur Entwicklung einer gesellschaftlichen IC-Agenda empfohlen.

Die Frage wie gesellschaftliche Strategien zum intellektuellen Kapital im politischen Raum wahrgenommen und verankert werden können beschäftigt **Günther Koch** in seinem Beitrag zur **Politikanbindung der IC Strategien.** Für eine Erhöhung des IC-Impact beschreibt der Autor potentielle Pfade und Einflussdomänen/Initiativen zur Verbreitung des IC-Themas.

Im abschließenden Beitrag wird eine empirische Bestandsaufnahme zum Wissensstandort Deutschland vorgenommen. **Peter Pawlowsky, Aylin Gözalan und Simone Schmid** zeigen anhand einer großangelegten repräsentativen Unternehmensbefragung den Ausbaustand der **WM/ICM Praxis in Deutschland** und hinterfragen die Bedeutung des intellektuellen Kapitals und des Wissensmanagements für Unternehmenserfolg und Wettbewerbsfähigkeit. Dabei werden wichtige Treiber für erfolgrelevantes ICM in Unternehmen identifiziert.

1 Auf den Spuren des intellektuellen Kapitals - Ansätze der IC Forschung und Praxis[1]

Peter Pawlowsky & Leif Edvinsson

Einführung

Der vorliegende Beitrag zielt darauf ab die Perspektiven des intellektuellen Kapitals (IK) und dessen Potenzial zu beleuchten einen Paradigmenwechsel in westlichen Industrienationen herbeizuführen. Es soll kein repräsentatives oder umfassendes Bild der Entwicklungen und des aktuellen Standes der Forschung gezeichnet werden, sondern auf der Basis subjektiver Eindrücke die Entwicklung der IK-Forschung und Fragen der Anwendung aufgezeigt werden. Damit soll der Beitrag die Debatte über immaterielle Werte, Humankapital, IK und Wissen befruchten. Er geht davon aus, dass die Integration von IK-Konzepten in politische Strategien, regionale Entwicklung und Unternehmensrichtlinien für die Entwicklung und Innovation in wissensbasierten Ökonomien von entscheidender Bedeutung ist.

Diese grundlegende These vertritt seit geraumer Zeit insbesondere Leif Edvinsson[2], zweifellos eine der Leitfiguren bei der Entwicklung dieses neuen Paradigmas: „Die Dynamik von IK nimmt zu. IK dringt in Universitäten, Bilanzierungsstandards, politische und geschäftliche Gemeinschaften vor. Das bedeutet, dass wir die Dynamik der wissensbasierten Wirtschaft begreifen und aufgreifen müssen. Andernfalls werden wir untergehen, weil die Lebenszykluskurve der Industriewirtschaft abwärts führt. Es liegt in der Verantwortung der Führungsebene, angesichts des IK-Potenzials nicht untätig zu bleiben. Eine neue Art sozialunternehmerischen Handelns kann bei der Entwicklung dieses Längsschnittwertes eine entscheidende Rolle spielen!" (Edvinsson (ohne Jahr), Emerging Perspectives of Assessing and Navigating both Regional and Business Value Creation; vgl auch Edvinsson, 2002).

Ausgehend von dieser grundlegenden Überlegung wird im Folgenden die Entwicklung auf drei Ebenen dargestellt:

der Länderebene: das IK von Nationen

der Regionalebene: das IK von Regionen, Städten und Kommunen

der Organisationsebene: das IK in Unternehmen

---

[1] Der Beitrag ist in leicht abgeänderter Fassung ebenfalls erschienen in: Jeschke et al. (Hrsg. 2011) Enabling Innovation: Innovationsfähigkeit – deutsche und internationale Perspektiven, Springer

[2] Leif Edvinsson war 1991 der weltweit erste Direktor für IK (Skandia) und 2000 der weltweit erste Professor für IK (Universität Lund) und ist auch Gründungsvorsitzender des *New Club of Paris*.

1.1   Die Länderebene: das IK von Nationen

Die Bedeutung der Ressource „Wissen" für Innovation und Wachstum fasziniert die Forschung seit Langem. Bereits 1768 beobachtete der schwedische Ökonom Westerman, dass das Leistungsniveau der schwedischen Werftindustrie erheblich niedriger war als das niederländischer und britischer Unternehmen. Er erklärte dieses Phänomen mit einem Mangel an „industriellem Wissen" in Schweden. Westerman verstand unter industriellem Wissen die Fähigkeit, Arbeitsabläufe und Wissen zu organisieren, und die Qualifikation für den Einsatz neuer Maschinen (z. B. Eliasson & Ryan 1987). Systematische Forschung zum Humankapital (HK) wurde erstmals Anfang der 1960er Jahre von Schultz (1981), Mincer (1962) und Becker (1964) durchgeführt, die vor allem die Auswirkung von HK auf Volkswirtschaften untersuchten. Da die Entwicklung von Volkswirtschaften stark von der Leistungsfähigkeit einzelner Firmen abhängt, ist die HK-Theorie auf die Ebene privater und öffentlicher Unternehmen angewendet worden (Kuznets 1966; Anderson und Bowman 1976; Schultz 1981; Becker 1983, 1993). Ungeachtet der Anwendungsebene konzentrierte sich die HK-Theorie auf Investitionen in Bildung – Humanressourcen – und auf die Erträge dieser Investitionen. Die Investitionen wurden zu verschiedenen Zielgrößen (Klassen abhängiger Variablen) in Beziehung gesetzt, zum Beispiel zum Wirtschaftswachstum, zur Rentabilität von Unternehmen und zu individuellen Lebenszeiteinkommen.

Die Kombination der beiden Begriffe „Intellekt" und „Kapital" impliziert die Annahme, dass dem Wissen ein bedeutendes Wertpotenzial zukommt. Flad (2009) verweist auf die Arbeit von Senior (1836) zur Nationalökonomie, der den Begriff „intellektuelles Kapital" zum ersten Mal in Verbindung mit dem intellektuellen Potential von Migranten verwendet: „Mit diesen Migrationsinvasionen vergleichbar, doch ganz anders in den Auswirkungen sind Emigrationen in kleinerem Maßstab, die wir Kolonisierung nennen. Dabei ist ein Teil einer vergleichsweise zivilisierten Nation ausgewandert, mit seinem Wissen und Besitz, seinem materiellen, moralischen und intellektuellen Kapital, und hat sich in einer unbewohnten oder spärlich bevölkerten Gegend angesiedelt." Senior (1836: Kap. 4.420, nach Flad 2009, S. 5).

Der Begriff „Informations- und Wissensgesellschaft" hat sich seit Beginn der 1990er Jahre immer mehr verbreitet. Es gibt viele unterschiedliche Darstellungen der grundlegenden Trends in westlichen Industriegesellschaften, die eine steigende Bedeutung der Ressource Wissen und einen Strukturwandel moderner Gesellschaften feststellen. Das Konzept der Wissensgesellschaft reicht zu frühen Publikationen in den 60er und 70er Jahren des vorigen Jahrhunderts zurück. Drucker (1959, 1969), Bell (1976) und Castells (1996, 1998) betonen, dass Wissen und Information als neue Antriebskräfte in wertschaffenden Prozessen moderner Gesellschaften anzusehen sind.

Wesentliche Überlegungen zur Erfassung und Messung von Wissen und IK wurden von Machlup (1980, 1984) angestellt. Machlup's Forschungsprogramm (1962), *The production and distribution of knowledge*, in dem er die Produktion und Verteilung von Wissen auf der nationalen Ebene der USA misst, mündet in Annahmen zur wissensbasierten Wirtschaft und ihrer Messung sowie einer Wirtschaftspolitik, die die wissensbasierte Wirtschaft einbezieht.

Godin (2008) bewertet Machlup's Beitrag im Licht der aktuellen Diskussion: „Machlup's Studie zur wissensbasierten Wirtschaft erfüllte drei Aufgaben. Er definierte Wissen, maß es und identifizierte politische Konsequenzen. Die Botschaft lautete, dass Wissen eine wichtige Wirtschaftskomponente ist, jedoch keiner eindeutigen Wirtschaftslogik folgt" (Godin 2008, S. 28). Interessant für die aktuelle Diskussion ist die Beobachtung von Godin (2008) bezüglich der Methodologie von Machlup, denn auch in seinen späteren Studien (Machlup 1980-84 Knowledge: Its Creation, Distribution and Economic Significance, Princeton University Press) zur wissensbasierten Wirtschaft hielt er an der 1962 entwickelten Methode der volkswirtschaftlichen Gesamtrechnung fest,. In der damaligen Literatur gab es zwei Berechnungsarten: die Wachstumsrechnung, die Ökonometrie einsetzt und unter Ökonomen als fortschrittlicher galt, und die volkswirtschaftliche Gesamtrechnung, die als weniger anspruchsvoll angesehen wurde, da sie sich auf deskriptive Statistik beschränkte, anstatt sich auf Gleichungen und statistische Korrelationen zu stützten. Godin geht davon aus, das dieses methodologische Vorgehen als weniger überzeugend bewertet wurde und daher Machlup's Ansatz in der einschlägigen Forschercommunity unterbewertet wurde..

Bei der heutigen indikatorbasierten Messung von Wissen, beispielsweise in der OECD-Statistik,wird Wissen nach wie vor gemäß Machlup's Vorschlag definiert und mit Indikatoren gemessen. „Hier wird Wissen anhand einer Reihe von Indikatoren erfasst, die unter dem allgemeinen Konzept 'Wissen' zusammengefasst werden. Es gibt keine Gesamtsumme (keinen zusammengesetzten Wert) wie im Rechnungswesen, sondern eine Zusammenstellung der verfügbaren Statistiken zu einzelnen Wissensdimensionen ..." (Godin 2008, S. 30).

Ein wichtiger Schritt in dieser Hinsicht ist sicherlich der Beitrag von Edvinsson, Steinfelt (1993), der auf das IK von Nationen und die Notwendigkeit des Wechsels der Perspektive von finanziellen zu intellektuellen Werten eingeht. „Es wird vorgeschlagen, dass jede Nation zusätzlich zur traditionellen Analyse der Staatsfinanzen die Visualisierung und Messung des IK einführen sollte. Der vorliegende Aufsatz untersucht auch das kontinuierliche Prototyping in Schweden, Israel und Österreich, das 1996 begonnen wurde. Außerdem beschreibt er eines der Tools, den *IC Navigator for Nations*, das dazu dient, eine holistische Sicht zu präsentieren und intellektuelles und finanzielles Kapital ins Gleichgewicht zu bringen. Es werden Beispiele von IK-Indikatoren für Schweden und Israel beschrieben" (http://www.emeraldinsight.com/journals.htm?articleid=1656166 &show=pdf). Im Jahre 2010 veröffentlichte Edvinsson zusammen mit Dr. Carol Lin vom Taiwan IC Research Center ein Buch über die Entwicklung von Intellektuellem Kapital in 40 Ländern über 14 Jahre (siehe www.NIC40.org)

Doch die grundlegenden methodologischen Probleme sind bis heute nicht gelöst. Die Messungen von Wissen und immateriellen Werten beruhen im Wesentlichen auf den Investitionen und Erträgen der Wissen schaffenden Teile der Wirtschaft, zum Beispiel Forschungs- und Entwicklungsabteilungen oder Bildungseinrichtungen, doch es fehlt an einer überzeugenden Theorie der funktionalen Auswirkungen von Wissen und immateriellen Werten auf Entwicklung und Wachstum in der Gesellschaft. Was politische Entscheidungen in hoch entwickelten westlichen Ökonomien – und erst recht in den wachsenden östlichen Ökonomien[3] – betrifft, so wird die Hypothese, dass Wissensinvestitionen einen ökonomischen Schub auslösen, als weitgehend zutreffend erachtet und/oder basiert auf den zentralen Wertvorstellungen der Kultur.

Der Gedanke, dass Bildung, Wissen und intellektuelle Ressourcen wichtige Antriebskräfte für gesellschaftlichen Wohlstand sind, erfährt zusätzlichen Auftrieb durch die aktuelle wirtschaftliche und strukturelle Transformation von Industrieländern in wissensbasierte Ökonomien. Den Schätzungen der OECD-Beschäftigungsstatistik zufolge wächst die Wissensarbeit jährlich um etwa 3 %, und rund 70 % der Wertschöpfung basieren auf immateriellen Faktoren. Der Marktwert des Aktienindex S&P 500, der von materiellen und physischen Ressourcen generiert wird, wurde für das Ende des vorigen Jahrhunderts auf rund 15 % geschätzt (Eustace 2003). Diese Entwicklungen zu einer wissensbasierten Wirtschaft haben zu einem neuen Bedarf an Indikatoren geführt, die die Schaffung von Wohlstand und die Entwicklung in einer wissensbasierten Wirtschaft quantifizieren:

Auf seinem 1995 abgehaltenen Ministertreffen kam das OECD-Komitee für Wissenschafts- und Technologiepolitik übereinstimmend zu dem Ergebnis, dass „es für Mitgliedsländer notwendig ist, gemeinsam eine neue Generation von Indikatoren zu erarbeiten, die innovative Leistung und sonstige Ergebnisse einer wissensbasierten Wirtschaft messen können" (STI Revue Numéro spécial: Nouveaux Indicateurs de la Science et de la Technologie, OECD N° 27, S. 7).

Vor allem seit der Einführung der Lissabon-Strategie im März 2000 hat die IK-Debatte an Dynamik gewonnen. Der Europäische Rat hielt am 23. und 24. März 2000 in Lissabon ein Treffen ab, um sich auf ein neues strategisches Ziel für die Gemeinschaft zu einigen, das Beschäftigung, Wirtschaftsreformen und sozialen Zusammenhalt in einer wissensbasierten Wirtschaft fördern soll. In diesem Strategiekonzept werden die Menschen als Europas wichtigste Ressource betrachtet und in den Fokus der Politik gestellt. Für Europas Position in der wissensbasierten Wirtschaft werden Investitionen in die Menschen entscheidende Bedeutung zugemessen (Commission report Europe – An information society for all (6978/00)).

Auch die Weltbank befasst sich mit dem Thema „Knowledge for Development" (K4D). Der Schwerpunkt liegt auf der „gewichtslosen Wirtschaft": „Mittlerweile hat die Weltbank ihren Schwerpunkt großenteils auf die immateriellen Werte Wissen, Einrichtungen und Kultur verlagert, um ein umfassenderes neues Entwicklungsrahmenwerk für unsere Arbeit zu schaffen. Gerade der Prozess, Wissen in Menschen (Ausbildung) und Gegenständen (Anwendung) zu manifestieren, ist zeit- und ressourcenintensiv" (Joseph Stiglitz, Senior Vice President und Chief Economist der World Bank Group London, im Department for Trade and Industry and Center for Economic Policy Research, 27. Januar 1999).

Die Rolle von immateriellen Werten und IK wird auch von der Europäischen Investitionsbank (EIB) hervorgehoben. „Um die Ziele der wissensbasierten Wirtschaft zu unterstützen,

---

[3]   Vgl. verschiedene nationale IK-Agenden des Weltbank-Instituts

finanziert die EIB-Gruppe Investitionen in immaterielle Werte und intellektuelles Kapital" (Mertens, van der Meer 2005, S. 87).

In den Jahren 2001-2002 führte Nick Bontis Forschungen zum IK von Nationen durch. Auf der Basis von Edvinsson's Arbeit mit dem Modell des Skandia Navigator untersuchten Bontis und seine Kollegen, finanziert vom Entwicklungsprogramm der Vereinten Nationen, zehn arabische Staaten. In der Untersuchung quantifiziert Bontis den IK-Status für jede Nation und skizziert einen IK-Index, mit dem jede Nation sich im Vergleich zur Konkurrenz einordnen und letztlich von den Erfahrungen anderer Länder lernen kann. Indem das Augenmerk auf das IK von Nationen statt auf herkömmliche Messungen der nationalen Wettbewerbsfähigkeit gelenkt wird, können neue Schlussfolgerungen gezogen werden, welche Antriebskräfte den Wohlstand des Landes am ehesten fördern.

Eines der aktuellsten und aufschlussreichsten Dokumente zum IK von Nationen, vorgestellt im Januar 2003, stammt von Professor Ante Pulic und seinem Team in Kroatien (siehe www.vaic-on.net) und trägt den Titel „Efficiency in Croatian Economy". Es beinhaltet einen Index zur Effizienz der Wertschöpfung.

Edvinsson & Lin (2008) präsentieren einen Vergleich des IK der skandinavischen Länder auf der Basis von Längsschnittdaten von 1994 bis 2005. Die Schlüsseldimensionen sind Humankapital, Marktkapital, Prozesskapital, Erneuerungskapital und Finanzkapital. Die Ergebnisse bestätigen die Annahme, dass die skandinavischen Länder ein hohes nationales IK besitzen. In der neuen Untersuchung von Edvinsson & Lin (2010) wird die Korrelation von nationalem IK mit Längsschnittdaten von 1995 bis 2008 aus 40 Ländern fortgesetzt. Das konzeptuelle Modell und die Längsschnittperspektive sind mit Sicherheit in mehrfacher Hinsicht von politischer Bedeutung und können als Orientierungshilfe für Länder fungieren: Einerseits können sie auf konjunkturelle Abschwächungen, andererseits auf Antriebskräfte für eine nachhaltigere Wirtschaftsentwicklung hinweisen.

All diese Studien haben sich nachdrücklich für den Ausbau der Weltbankinitiativen ausgesprochen, geeignete Indikatoren für nationale Wissensentwicklung und die Planung nationaler Wissensstrategien zu schaffen. Damit Länder ihre Kapazitäten für den Zugriff auf und die Verwendung von Wissen ausbauen können, um ihre Wettbewerbsfähigkeit zu stärken und ihr wirtschaftliches und soziales Wohlergehen zu steigern, wurde das Programm „Knowledge for Development" (K4D) des Weltbank-Instituts ins Leben gerufen. „Das Programm konzipiert und entwickelt gemeinsam mit Teilnehmern realistische, durchführbare Strategien für eine wissensbasierte Entwicklung. Es hilft Ländern bei der Beurteilung, wie sie im internationalen Vergleich in der wissensbasierten Wirtschaft bestehen können, und bei der Erarbeitung einer zielführenden Politik. Außerdem gibt K4D Empfehlungen für politische Reformen in der wissensbasierten Wirtschaft, begleitet von ergänzenden Ratschlägen, was das Land unternehmen muss, um geeignete Kapazitäten für die Umsetzung dieser Politik zu entwickeln." (The World Bank: Measuring Knowledge in the world economies Knowledge for Development (K4D) Program, The World Bank Institute, www.worldbank.org/kam).

Der Knowledge Assessment Methodology (KAM) zufolge ruht die wissensbasierte Wirtschaft auf vier Säulen:

Abbildung 1.1 Die vier Säulen der wissensbasierten Wirtschaft

PFEILER 1	PFEILER 2	PFEILER 3	PFEILER 4
Wirtschaftliches und institutionelles Regime	Bildung und Kompetenzen	Informations- und Kommunikations-infrastruktur	Innovationssystem
Das wirtschaftliche und institutionelle Regime eines Landes muss Anreize für den effizienten Gebrauch existierenden und neuen Wissens und das Gedeihen unternehmerischen Denkens bieten.	Die Menschen im Land benötigen Bildung und Kompetenzen die sie befähigen, schöpferisch tätig zu werden und zu teilen, sowie das Gelernte gut anzuwenden.	Eine dynamische Infrastruktur ist nötig, um die effektive Kommunikation, sowie die Verteilung und Verarbeitung von Information zu ermöglichen.	Das Innovationssystem eines Landes – Firmen, Forschungszentren, Universitäten, Think Tanks, Berater und andere Organisationen – muss fähig sein, die wachsende Menge an globalem Wissen anzuzapfen, sie an lokale Gegebenheiten anzupassen und zu assimilieren, und neue Technologien zu entwickeln.

Die aktuelle KAM-Version, KAM 2008, führt Vergleiche anhand 83 struktureller und qualitativer Variablen durch, die den vier oben beschriebenen Säulen der wissensbasierten Wirtschaft entsprechen. Rund 140 Länder können verglichen werden, darunter die Mehrzahl der Industrieländer der Organisation für wirtschaftliche Zusammenarbeit und Entwicklung (OECD) sowie etwa 100 Entwicklungsländer. Das folgende Diagramm, das mit dem Programm berechnet wurde, zeigt beispielsweise einen Vergleich der Standardvariablen für Deutschland, Schweden und China.

Abbildung 1.2   KAM-Indikatoren für Deutschland, Schweden und China
(www.worldbank.org/kam, eigene Berechnung)

Aus diesen Indikatoren werden mehrere Indizes errechnet: Wissensindex (Knowledge Index, KI), Index der Säule Wirtschaft und Einrichtungen, Index der Säule Bildung, Index der Säule Innovation und Index der Säule Informations- und Kommunikationstechnologien (ICT). Am häufigsten wird der Index der wissensbasierten Wirtschaft (Knowledge Economy Index, KEI) zitiert, der auf breiter Basis das Gesamtniveau der Voraussetzungen eines Landes oder einer Region für die wissensbasierte Wirtschaft erfasst.

Abbildung 1.3   KEI-Index 2008 - Voraussetzungen für die wissensbasierte Wirtschaft (www.worldbank.org/kam, S. 5)

Land	KEI Rang	KEI	EIR Rang	EIR Index	Innovations- rang	Innovations- index	Bildungs- rang	Bildungs- index	ICT Rang	ICT Index
Dänemark	1	9.58	2	9.66	4	9.57	2	9.79	7	9.32
Schweden	2	9.56	13	9.18	2	9.79	6	9.44	1	9.83
Finnland	3	9.37	5	9.47	3	9.66	3	9.77	19	8.59
Niederlande	4	9.30	12	9.18	6	9.47	9	9.21	5	9.32
Norwegen	5	9.29	10	9.25	13	9.06	5	9.59	9	9.24
Kanada	6	9.14	6	9.42	8	9.43	8	9.24	23	8.47
Schweiz	7	9.13	4	9.50	1	9.89	32	7.76	4	9.36
USA	8	9.10	14	9.16	7	9.45	15	8.79	13	9.02
Australien	9	9.09	19	8.66	19	8.71	4	9.66	6	9.32
Deutschland	10	9.01	15	8.99	15	9.00	10	9.17	15	8.86

Auf der Basis dieses umfangreichen statistischen Materials kann die Beziehung zwischen Wissensindikatoren und Wirtschaftsleistung aufgezeigt werden.

Abbildung 1.4 KEI-Index 2008 und BIP-Korrelation (www.worldbank.org/kam, S. 5)

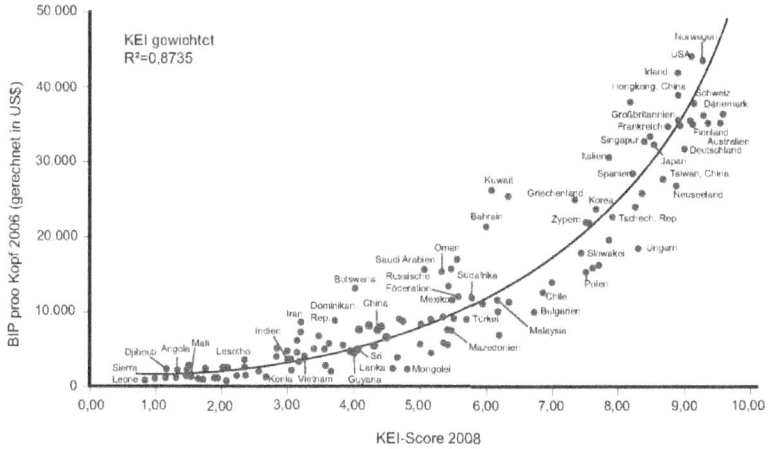

Die zu Beginn im Zusammenhang mit Machlups Arbeit beschriebenen Einschränkungen sind auch in diesen Ansätzen nicht behoben worden. Die Indikatoren beschreiben nach wie vor eine bestimmte Ebene der Wissensproduktion (Output) und müssen gleichzeitig als Eingangswerte (Input) für wirtschaftliche Leistung (Wachstum) fungieren. Die Korrelationen zwischen dem KEI-Wert und der vom Bruttoinlandsprodukt (BIP) erfassten Wirtschaftsleistung zeigen signifikante Beziehungen. Auch wenn aus diesen Relationen keine Kausalität abgeleitet werden kann, offenbaren diese Daten einen engen Zusammenhang zwischen Wissensakkumulation und der wirtschaftlichen Entwicklung.

Wie ein Blick auf die Projekte und Publikationen der Weltbank offenbart, haben mehrere Länder aktiv begonnen, mögliche Wege in die wissensbasierte Wirtschaft aufzuzeigen. Diese Projekte fördern die Entwicklung nationaler Strategien, die Länder in die Lage versetzen, „sich an wissensbasierten Lieferketten und Märkten, die heute die Weltwirtschaft dominieren, zu beteiligen" (Dahlmann, Utz, 2005: India and the Knowledge Economy), und die sie bei der Transfomation in wissensbasierte Ökonomien unterstützen, indem sie sich eine Reihe bestehender sozioökonomischer Vorteile zu Nutze machen (Kusnetsov, Dahlman, 2008: Mexico's transition to a knowledge economy, The World Bank).

Pionierarbeit wurde 2007 vom New Club of Paris (www. new-club-of-paris.org) geleistet, der im November 2007 in Helsinki einen ersten Runden Tisch zur wirtschaftspolitischen Entwicklung des Landes organisierte. Premierminister Matti Vanhanen initiierte gemeinsam mit dem New Club of Paris die Diskussionen über die Chancen Finnlands in einer auf Wissen und Innovation basierenden Wirtschaft. Diese Aktivität begründet eine neue, bedeutende nationale Politikperspektive, die dazu beiträgt, den Weg nationaler Wissenspolitik im Umfeld der globalen Ökonomie vorzuzeichnen. Der Bericht beschreibt die Ziele und Hauptergebnisse des finnischen Runden Tisches wie folgt:

„Der Runde Tisch des New Club of Paris wurde am 14. Nov. 2007 mit Finnlands Premierminister Matti Vanhanen und vierzehn weiteren internationalen und finnischen Teilnehmern abgehalten. Einige Teilnehmer beteiligten sich an dem ganztägigen Dialog und einige steuerten Vorträge bei. Abgesehen von den Vorträgen basierte der Dialog auf den strategischen Arbeiten und Dokumenten, die in den vergangenen Jahren in Finnland erstellt wurden. Das Ziel bestand darin, die bisherige Strategiearbeit zu ergänzen und nach Möglichkeit um neue Dimensionen zu erweitern. Der Runde Tisch erbrachte fünf Vorschläge für Finnlands Zukunft. Die Vorschläge haben nicht die Form herkömmlicher To-do-Listen, sondern sind auf die Notwendigkeit ausgerichtet, an der Identität und der sozialen Intelligenz Finnlands als Quellen der zukünftigen Entwicklung zu arbeiten.

1. Einen großen Traum visualisieren. *Ausgangspunkt:* Erneuerung ist mit emotionalem Einsatz und Engagement verbunden. *Finnlands Stärke:* Finnland hat in Krisensituationen Leistungsstärke bewiesen. *Finnlands Herausforderung:* Nationalen Strategien fehlt es an einer Vision mit emotionaler Kraft.

2. Die Geschichte Finnlands erzählen. *Ausgangspunkt:* Das Selbstverständnis ist die Basis im Kampf um Anerkennung in der globalen Gemeinschaft. *Finnlands Stärke:* Finnland zeichnet sich durch starke kulturelle Elemente aus: Natur, Technologie und Kultur.

Finnlands Herausforderung: Selbstanalysen waren in Finnland nur auf die Kompetenz-
ebene ausgerichtet, nicht auf Identität und Werte.

3. Die Ziele innovativer Einstellung und Praxis in der Gesellschaft verankern. *Ausgangspunkt:* Innovation wurzelt in sozialen Gebräuchen. *Finnlands Stärke:* Starke Basis von
technologischer Innovation und Innovationssystemen. *Finnlands Herausforderung:* Zu
gering ausgeprägter Unternehmergeist.

4. Soziale Intelligenz auf globaler Ebene entwickeln. *Ausgangspunkt:* Informelle Netzwerke
und netzwerkähnliche Strukturen gewinnen an Bedeutung. *Finnlands Stärke:* Finnland
ist ein kleines Land mit hoher Dynamik. *Finnlands Herausforderung:* Zu eingeschränkte
Kommunikationskultur, zu viel Konsens.

5. Eine Vorreiterrolle im Umweltschutz übernehmen. *Ausgangspunkt:* Die Führungspositi-
on in Umweltfragen ist in globalem Rahmen eine große Chance. *Finnlands Stärke:* Um-
weltbewusstsein und -technologie sind hoch entwickelt. *Finnlands Herausforderung:* Risi-
kobereitschaft.

Für jeden der fünf oben entworfenen Komplexe könnten hochrangige Arbeitsgruppen
eingerichtet werden, um konkretere politische Maßnahmen zu konzipieren und die allgemeinen Ideen und die formulierten Prinzipien umzusetzen. Derartige Gruppen sollten aus
Vertretern der Regierung, der Geschäftswelt und der Allgemeinheit zusammengesetzt
sein." (Ståhle, P. Hrsg., 2007, S. 1, Five Steps for Finland's Future). Seit 2007 haben weitere
„round tables" stattgefunden, unter anderem in Marokko und Kuala Lumpur.

Seit Skandia 1996 durch Edvinsson das erste Zukunftszentrum als das weltweit erste Labor
für die IC-Entwicklung gründete, greift diese Idee immer weiter um sich. Kune (2009) beschreibt Inhalte und Entwicklungen der Zukunftszentren: „Ein Zukunftszentrum ist ein
organisatorischer, physischer, methodologischer und virtueller Raum. Es ist ein mentaler
Raum, ein emotionaler Raum und vor allem ein Raum für Menschen. Es umspannt die Zeit,
wechselt zwischen Vergangenheit, Gegenwart und Zukunft und folgt Wissens- und Erfah-
rungspfaden, um seine Ziele zu erreichen" (Kune, 2009, IC5, Paris, 28.–29. Mai 2009, Intellectual Capital for Communities in the Knowledge Economy – The Future Center Experience: A View from the Work Floor Educore, Future Center Alliance). Dieser Trend zeigt,
dass das Thema IK auch in qualitativer Hinsicht Dynamik entwickelt: Es bezieht Entscheidungsträger auf den politischen Ebenen ein, schafft Begegnungsräume für Menschen und
Ideen und konzentriert sich auf klar definierte Ziele, um die Konsequenzen verschiedener
Optionen in menschenfreundlichen und denkfreundlichen Arbeitsumgebungen zu unter-
suchen, in denen die Teilnehmer Grenzen im Verhalten und Denken überwinden können.
Einige Beispiele solcher Zukunftszentren sind: das „Country House Future Center" für die
Landesverwaltung der Niederlande, das „Shipyard Future Center" der niederländischen
Steuer- und Zollverwaltung, das „Dialogues House" der ABN AMRO Bank, das
„Momentum Regional Ideas House" in Dänemark, das „Mindlab Future Center" für drei
Ministerien in Dänemark (Wirtschaft und Handel, Steuern und Arbeit), das „Futurefocus
Future Center" für drei Ministerien in Großbritannien, das „Future Nest Made in Hong
Kong 2009", das „KDI Future Center" in Tokyo und das „OpenFutures" der Europäischen
Kommission, Specific Support Action (http://www.open-futures.net).

Auf qualitativer Basis hebt Leif Edvinsson unterschiedliche internationale IK-Aktivitäten und nationale IK-Strategien hervor:

„Finnland, das als das Land mit den am schnellsten wachsenden Investitionen in Forschung und Entwicklung beschrieben und daher zuweilen das Kuwait unter den ICT-Nationen genannt wird, hat eine nationale IK-Agenda entwickelt. 2010 betrat es mit der Ausrichtung des weltweit ersten Camps für gesellschaftliche Entwicklung an der Aalto Innovation University erneut Neuland. Siehe www.acsi.aalto.fi

Dänemark schuf vor einigen Jahren einen Nationalen Kompetenzrat, der die Zusammenarbeit zwischen Regierung und Geschäftswelt koordinieren soll, um Dänemarks Wettbewerbsfähigkeit im Bereich IK aufzuzeigen. Dies führte unter anderem zu Richtlinien für die Wissensdokumentation und zur Errichtung eines MindLab.

In Norwegen sind mehrere interessante Initiativen konzipiert worden. Ein Beispiel ist die IK-Bewertung der Kommune Larvik. Ein anderes Beispiel ist die IK-Bewertung der norwegischen Ölindustrie. Ein weiteres Beispiel ist das Konzept eines Zukunftszentrums zur Förderung unternehmerischer Initiativen in der Gesellschaft.

In den USA wurde die Region Minneapolis/St. Paul im weltweiten Wissensvergleichsindex als Nummer eins eingestuft, vor Silicon Valley und Austin, Texas.

Im September 2003 wurde Dubai offiziell zur führenden Wissensstadt erklärt (im Wettstreit mit Singapur), und zwar aufgrund einer Reihe von Projekten, die Bildung und Humankapital ins Zentrum rücken, unterstützt durch die Infrastruktur eines Hightech-Campus mit eindrucksvoller Architektur.

Überall entstehen sogenannte Wissensstädte, ein besonders prominentes Beispiel ist Barcelona. Im Kern geht es darum, das Stadtkonzept im Hinblick auf die wissensbasierte Wirtschaft und ihre Wissensarbeiter umzugestalten."

Sehen wir uns im Folgenden diese Aktivitäten auf der Ebene der Regionen und Städte genauer an.

1.2   Die Regionalebene: das IK von Regionen, Städten und Kommunen

Wenn wir unseren Blick auf die Entwicklung von IK (und IK-Perspektiven) verlagern und nun die Ebene von Regionen und Städten ins Auge fassen, treffen wir auf das historische Beispiel der Stadt Ragusa (heute Dubrovnik). Leif Edvinsson (2004), der auf Arbeiten von Dedijer (2002) und Radovanovic (2003) aufbaut, beschreibt den IK-Reichtum von Ragusa und betont dessen Bedeutung für die Entwicklung und den außerordentlichen Wohlstand der Region zwischen 1300 und 1800. „Bei Ragusa zählten zu den Antriebskräften und Nachhaltigkeitsfaktoren organisierte strategische Aufklärung und Sicherheit, politisches Durchhaltevermögen und diplomatisches Geschick, Diversität durch intensive Immigration im Streben nach kollektivem Wohlstand, reichhaltiges Kulturleben, Mehrsprachigkeit mit drei Schriftsprachen, wissenschaftliches Umfeld und kultivierte Wissenstradition sowie günstige geopolitische Lage und Infrastruktur für Transport und Kommunikation" (Edvinsson, 2004, S. 4, Vortrag bei der Italian Innovation Week, 22.-26. Nov. 2004, http://www.eucluster.net/ files/ Firenze%20IC.pdf?fileid=197, vgl. auch Edvinsson 2006). Die meisten der für Ragusa angeführten Indikatoren lesen sich wie eine Liste der aktuellen Wissensbilanz einer modernen Region oder Stadt. Doch es sind nicht so sehr die Indikatoren selbst, die den Prozess des Wachstums auf der Basis von IK beleuchten. Vielmehr ist es die Fähigkeit, interne und externe Sensoren für Entwicklungen andernorts zu schaffen. „Ragusa kann als intelligente Stadt angesehen werden: Die Regierung fing über ihre internationalen Kontakte Signale aus der umgebenden Welt auf und vermochte es, rasch zu lernen und sich anzupassen. Sie bildete zum Beispiel bestimmte junge Dragomane für die Rolle als Wissensvermittler oder offizielle Botschafter aus" (Edvinsson, 2004). Sicherlich geht es im „globalen Dorf" von heute weniger um die Rolle der offiziellen Botschafter oder um die Frage des Zugangs zu externen Entwicklungen, sondern eher um die Geisteshaltung und um die Art, wie man Wissensintegration fördert und von neuen und abweichenden Entwicklungen profitiert. Ausgehend von diesem historischen Beispielen sind gegenwärtige eine Reihe von Initiativen zu beobachten, die sich mit den Merkmalen der "intelligenten Stadt" beschäftigen. Betrachten wir nachfolgen einige der Merkmale die in diesem Zusammenhang hervorgehoben werden (vgl. http://www.intelligentcommunity.org).

„Breitbandkonnektivität: Eine Breitbandverbindung ist das neue essenzielle Versorgungsgut, das für das Wirtschaftswachstum genauso wichtig ist wie sauberes Wasser und gute Straßen. Intelligente Gemeinden bekunden eine klare Vision ihrer Breitbandzukunft und gestalten Richtlinien zur Förderung der Implementierung und Einführung.

Wissensarbeiter: Ein Wissensarbeiter ist eine Arbeitskraft, die durch die Beschaffung, Verarbeitung und Nutzung von Informationen einen wirtschaftlichen Wert schafft. Intelligente Gemeinden zeichnen sich durch die Entschlossenheit und nachgewiesene Fähigkeit aus, Arbeitskräfte auszubilden, die für die Ausführung von Wissensarbeit qualifiziert sind – von der Fabrikhalle bis zum Forschungslabor, von der Baustelle bis zum Callcenter oder Webdesignstudio.

Digitale Gleichstellung: Wenn eine Breitbandverbindung in weiten Teilen einer Gemeinde implementiert ist, besteht das ernsthafte Risiko, dass dies den Ausschluss von Personen verschärft, die ohnehin in Wirtschaft und Gesellschaft eine marginale Rolle spielen, sei es wegen Armut, mangelnder Qualifikation, Vorurteilen oder Herkunft. Intelligente Gemeinden fördern die digitale Gleichstellung, indem sie Richtlinien erstellen und Programme finanzieren, die solchen Personen Zugang zu digitalen Technologien und zu einer Breitbandverbindung verschaffen.

Innovation: In der Geschäftswelt ist eine Breitbandverbindung mittlerweile ebenso wichtig für Innovationen wie Dünger für die Saat. Intelligente Gemeinden bemühen sich, die lokale Innovationskapazität neuer Unternehmen auszubauen, weil diese das Jobwachstum in modernen Ökonomien generieren, und investieren in E-Government-Programme, die Kosten senken und zugleich jederzeit und überall verfügbare Services bereitstellen, wie sie an digitale Medien gewöhnte Bürger erwarten.

Marketing und Überzeugungsarbeit: Ebenso wie Unternehmen, die einem größeren globalen Wettbewerb gegenüberstehen, müssen Gemeinden höheren Aufwand treiben als je
zuvor, um ihre Vorzüge zu kommunizieren und darzulegen, wie sie ihre Position als Orte für Leben, Arbeit und wirtschaftliches Wachstum behaupten oder verbessern.

(http://www.intelligentcommunity.org).

Andere Konzepte (Komninos 2002; siehe Edvinsson 2005, S. 24 ff.) verweisen auf die Produktion von Wissen, auf Technologietransfer und besonders auf die Fähigkeit zu Anpassung und Erneuerung durch Wissen und Bildung. Edvinsson (2005, S. 25) schlägt die folgenden Indikatoren für eine intelligente Stadt vor:

- Anzugspunkt für Wissensarbeiter und Kulturschaffende

- Gute geopolitische Lage

- Mobile Stadt mit Netzwerken zu verschiedenen Clustern und vielfältigen Treffpunkten

- Kommunikative Stadt mit guter Logistik

- Kooperative Stadt mit hoher Wertschöpfung durch vielfältigen Austausch

- Gesund, frisch und menschenfreundlich im Interesse hoher Lebensqualität

- Neugierige Bürger mit aktivem Interesse an Unerforschtem

- Großzügige Stadt mit kulturellem Kapital und gemeinschaftsfördernden Werten

- Aktionsreiche Stadt mit einer Vielzahl aktiver Schnittstellen

- Wohlstandschaffend

- Sicher und friedlich

Im Lichte dieser konzeptuellen Überlegungen sind eine Reihe von Aktivitäten entstanden,
etwa der Most Admired Knowledge City Award (MAKCi). „Der Most Admired Knowledge City Award (MAKCi) ist ein internationaler Auswahlprozess, der 2007 ins Leben
gerufen wurde, um die Gemeinden rund um die Welt zu ermitteln und zu würdigen, die
sich unter der Flagge der Wissensstadt erfolgreich für formelle und systematische wissensbasierte Entwicklungsprozesse einsetzen. Die MAKCi-Vorgaben folgen Definitionen der
Wissensstadt (Knowledge City, KC) als einer Stadt, die 'bewusst im Hinblick auf Wissens-
förderung konzipiert' wurde (Edvinsson, 2002; in Dvir and Pasher 2004, S.17); einer Stadt,
'deren Bürger systematisch versuchen, ihr intelektuelles Kapital mit einem ausgewogenen,
nachhaltigen Ansatz zu ermitteln und weiterzuentwickeln' (Carrillo, 2004 S.34). KC ist auch
'eine Kurzformel für eine regionale Ökonomie auf der Basis von Exporten mit hoher Wertschöpfung, die mithilfe von Forschung, Technologie und Intelligenz erzeugt werden' (Melbourne City Council, 2002; in Ergazakis et al. 2004, S. 6). Tatsächlich ist eine KC 'eine Region, die ihre Fähigkeit, Wohlstand zu schaffen, auf ihre Kapazität stützt, ihr Wissenspoten-
zial über wissensbasierte, erweiterte Netzwerke aus Unternehmen und Menschen zu generieren und zu nutzen' (Chatzkel 2004, S. 62)" (http://www.worldcapitalinstitute.
org/makci/makci-awards-most-admired-knowledge-city).

Zu den Städten, die bisher als Wissensstädte gewürdigt wurden oder sich selbst in diesem Sinne als wissensreich bezeichnen, zählen etwa Singapur, Barcelona, Manchester, Kopenhagen, Malmö, Dubai, Melbourne, Shanghai, Sao Paulo, Hong Kong und die Wissensregion Frankfurt/Rhein-Main.

Hier sehen wir eine unscharfe Grenze zwischen wissenschaftlichen Ansätzen, die Determinanten von Wohlstand und Wachstum für Städte und Regionen zu analysieren versuchen, einerseits und bloßem Stadtmarketing andererseits. In jedem Fall aber haben die Bewerbungen vieler Städte und die Preisverleihungen einen Wandel der Perspektive und Wahrnehmung möglicher Wege städtischer Entwicklung bewirkt (siehe z. B. http://www.wissensportal-frankfurtrhein main.de).

Systematischer und auf der Basis einiger theoretischer Annahmen zur Ermittlung und Messung von IK (zu Einzelheiten vgl. Kneisel et al. 2009) wird die deutsche Methodik der „Wissensbilanz" (Knowledge Scorecard) ebenfalls eingesetzt um regionale und städtische Potenziale in der wissensbasierten Wirtschaft zu identifizieren. Aufgrund des wachsenden europäischen und sogar weltweiten Wettbewerbs von Regionen und Kommunen um Investoren, Wissenarbeiter und Finanzierungsquellen haben die Ermittlung relevanter Standortfaktoren und das Verständnis ihrer gegenseitigen Abhängigkeit erheblich an Bedeutung gewonnen. Basierend auf dem vorherrschenden Modell zur IK-Erfassung (siehe Kneisel, Rößel, Pawlowsky in diesem Band) und der Methodik der „Wissensbilanz – Made in Germany" (vgl. Nagel und Alwert in diesem Band) können drei Hauptarten immaterieller Werte unterschieden werden: Humankapital, Strukturkapital und Beziehungskapital. Aus dieser Pionierarbeit entwickelten sich von der europäischen Kommission geförderte Projekte für fünf Länder (siehe www.incas-europe.org sowie www.cadic-europe.org und die in Japan durch die METI erfolgte Anwendung).

Das Verfahren zur Entwicklung einer Wissensbilanz umfasst sechs Schritte: (1) Entwicklung eines Zielmodells, (2) Ermittlung signifikanter Einflussfaktoren, (3) Analyse systematischer Relationen zwischen diesen Faktoren, (4) Bewertung der Faktorqualitäten, (5) Ermittlung statistischer Vergleiche und (6) Deduktion konkreter Handlungsempfehlungen. Die in diesen Bilanzen enthaltenen Daten beruhen sowohl auf verfügbaren statistischen Indikatoren als auch auf der Bewertung wichtiger Interessengruppen in der Region oder Stadt. Was die Entwicklung eines Zielmodells betrifft, so werden die Teilnehmer gebeten, ein Zielmodell für das betreffende System zu entwickeln und anschließend die Schritte 1 bis 4 durchzuführen. Die Wissensbilanz-Toolbox (http://www.akwissensbilanz.org/Toolbox/toolbox-download.htm) bietet Tools zum Download an, die die Entwicklung einer Wissensbilanz unterstützen.

Claus Nagel und Siegfried Mauch (2009: Regionale Wissensbilanz Ortenaukreis) haben prototypisch eine Wissensbilanz für den Ortenaukreis in Baden-Württemberg erarbeitet, die die wichtigen Potenziale und Defizite der Region als Basis für die politische Planung und Strategie darstellt. Die ermittelten Einflussfaktoren für die regionale Entwicklung werden auf das Zielmodell projiziert und daraus werden relevante Strategien abgeleitet. Während der Entwicklung dieser Wissensbilanz erfahren die beteiligten Interessengruppen und die einzelnen Teilnehmer mehr über die relevanten Faktoren der lokalen Entwicklung. So entwickeln sie ein Verständnis der wechselseitigen Beziehungen zwischen diesen Einflussfaktoren. Dies kann zu einem gemeinsamen geistigen Modell führen, das als Blaupause für zukünftige Strategien oder einfach als Roadmap für politische Entscheidungen dienen kann.

Trotz der Vielzahl der hier aufgezeigten Methoden und Konzepte muss festgestellt werden, dass die aktuellen Ansätze das grundlegende Problem, das in Verbindung mit Machlup's Pionierarbeit angesprochen wurde, immer noch nicht überwunden haben – die Tatsache nämlich, dass diese Indikatoren unter dem Etikett „Wissen" erfasst werden, ohne eine gültige Hypothese zur kausalen Beziehung zwischen unabhängigen und abhängigen Variablen. Die „Wissensbilanz – Made in Germany" umgeht dieses methodische Problem, indem sie sich auf die kollektive Intelligenz der bewertenden Parteien stützt, unter der Annahme, dass diese auf der Basis ihres Erfahrungswissens urteilen. In der Tat ist dies wohl nicht die schlechteste Quelle für gültige Vorhersagen, wie aktuelle Forschungen zu wiedererkennungsgesteuerten Entscheidungen (RPD-Modelle, Klein 1993) und intuitiven Entscheidungsprozessen (Gigerenzer 2007) zeigen. Doch selbst wenn diese Heuristik, die in sorgfältig erstellten Wissensbilanzen entwickelt wurde, sich in jedem Einzelfall als gültig erweisen sollte, bleibt immer noch das Problem der Vergleichbarkeit. Jedes Modell definiert einen Satz von Indikatoren, die auf das jeweilige System zugeschnitten sind; weil aber die Indikatoren und Größenbereiche nicht vergleichbar sind, können bislang keine Benchmarks herangezogen werden.

Dies mag auch der Grund sein dafür, weshalb sich die Zuversicht, Investitionen in immaterielle Werte würden wirtschaftlichen Erfolg garantieren, schlagartig verflüchtigt, wenn wir die Ebene der Unternehmensrealität erreichen.

1.3   Die Organisationsebene: das IK in Unternehmen

Die wertorientierte Annahme, IK sei ein wichtiger Motor für wirtschaftlichen Erfolg (vgl. Nahapiet, J. & Ghoshal, S. (1998), gilt nicht in gleicher Weise, wenn wir uns auf die Ebene der Unternehmen begeben.[4] Hier reicht die Aussage „Das wichtigste Kapital sind die Humanressourcen" nicht weit über die Leitsprüche in Hochglanzprospekten hinaus und hält mit Sicherheit keinem Wirtschaftsabschwung stand. Die implizite Annahme, Investitionen in immaterielle Werte führten zu einer Steigerung des Unternehmenswertes, wird allge-

---

[4]   So präzisierte Witte (1962) mit seinem Hinweis auf das mangelnde Investitionsbewusstsein hinsichtlich „immaterieller" Investitionen in Forschung, Werbung und Ausbildung dieses Phänomen: „Man fühlt sich zu Sparmaßnahmen verpflichtet und kürzt die genannten Etat-Positionen. Im Grunde offenbart eine solche Entscheidung, daß man nicht an den Erfolg immaterieller Investitionen glaubt. Denn sonst müsste man gerade umgekehrt reagieren" (Witte, 1962, S. 223). Witte, E. (1962). Forschung, Werbung und Ausbildung als Investitionen. In H.-D. Ortlieb (Ed.), Hamburger Jahrbuch für Wirtschafts- und Gesellschaftspolitik (S. 210-226). Tübingen: Mohr.

mein als weniger gültig betrachtet als die offensichtlichen Auswirkungen von Kostensenkungen auf die Wirtschaftsleistung von Unternehmen. Wir stoßen immer noch auf dasselbe Problem, das Eberhard Witte (1962) vor 50 Jahren hervorhob:

Er stellte fest, Unternehmen seien sich nicht hinreichend der Wichtigkeit von Investitionen in immaterielle Werte wie Forschung, Marketing und Bildung bewusst und es gebe einen hohen Druck, in wirtschaftlich schwierigen Phasen die Kosten zu senken. Dieses Verhalten zeige, dass sie nicht an den Erfolg immaterieller Investitionen glaubten, denn sonst hätten sie sich genau umgekehrt verhalten müssen (vgl. Witte 1962).

Diese Managementhypothese war vermutlich im industriellen Zeitalter im einen oder anderen Fall unglücklich, doch in einer wissensbasierten Wirtschaft könnte sie sich als fatal erweisen.

In den letzten 50 Jahren ist es immer offensichtlicher geworden, dass der Unterschied zwischen dem Marktwert eines Unternehmens und den Kosten für den Austausch seiner physischen und finanziellen Ressourcen zunimmt. So ist der Gedanke gewachsen, dass zum wirtschaftlichen Erfolg mehr gehört als die Sachwerte, die in Finanzberichten auftauchen. Sehen wir uns diese Entwicklungen genauer an.

Während die Volkswirtschaftstheorie technisches und organisatorisches Wissen und intellektuelle Ressourcen einer Gesellschaft als Mittel zur Kombination klassischer Produktionsfaktoren – Arbeit, Land und Kapital – betrachtet, denkt die frühe Managementtheorie auch über Wissen als Ressource nach. Ein Grundsatz von Taylors wissenschaftlichem Management war die Nutzung des Erfahrungswissens der Arbeitskräfte zur Konzipierung von Managementprinzipien. In seinen Experimenten zur Metallbearbeitung beobachtete er in der Praxis erprobte Verfahren erfahrener Arbeitskräfte und bezog dieses Wissen daraufhin systematisch in Organisationsprozesse und -entwürfe ein.

Copley (1923, nach Jelinek 1979) veranschaulicht diesen Prozess durch ein Beispiel. Um sicherzustellen, dass die Maschinen ordnungsgemäß geölt wurden, konnten anhand von Taylors Beobachtungen detaillierte Arbeitsanweisungen gegeben werden: „Es wurden Listen mit allen Ölbohrungen und zu ölenden Oberflächen angefertigt. Darin wurde festgehalten, zu welchem Maschinenteil die Bohrungen das Öl führten und welche Art von Öl jeweils verwendet werden sollte. Duplikate dieser Listen wurden im Büro abgeheftet. Hier sehen wir eine frühe Entwicklung des Prinzips, alle wiederkehrenden Prozeduren auf einen Standardablauf zu reduzieren und diesen aufzuzeichnen. Normalerweise wird eine solche Prozedur vollständig einer Einzelperson überlassen, die im Laufe der Zeit eine ziemlich gute Methode ausarbeiten dürfte. Ihr gesamtes Wissen befindet sich jedoch in ihrem Kopf. Wenn sie also krank wird, wird der Arbeitsablauf beeinträchtigt; wenn sie das Unternehmen verlässt, muss jemand anders ganz von vorn beginnen" (a. a. O., 1923, S. 270, zit. nach Jelinek 1979, S. 12).

Im Rahmen der Humankapital (HK) Perspektive wurden die wichtigsten Lehren für die IK-Erfassung wieder einmal von Machlup gezogen (1980, 1984). Er differenzierte das HK-Konzept, indem er drei Hauptklassen von Wissensbeständen unterschied: Wissen, das sich in einzelnen physischen Geräten manifestiert, einzelne Personen als Träger von Wissen und nicht verkörpertes Wissen. Diese generelle Differenzierung zwischen in Menschen als dessen Träger verkörpertem Wissen (z. B. Kenntnisse, Qualifikationen) einerseits und nicht verkörpertem Wissen, das entweder als Ergebnis oder als Produkt bezeichnet werden kann, ist eine zentrale Unterscheidung in der IK-Diskussion. Sie differenziert zwischen „Humankapital" und „Organisationskapital" innerhalb der IK-Perspektive.

Auch wenn menschliche Erfahrung, Wissen und intellektuelle Kapazität in der Entwicklung von Theorie und Praxis des Managements eine wichtige Rolle gespielt haben, wurden diese Ressourcen nicht explizit als Kapital angesehen.

In den 1970er Jahren differenzierten das Human Resource Accounting und das Human Value Accounting (Hermanson 1964; Flamholtz 1974; Spencer 1986; Cascio 1987; Schmidt 1982; Marr 1982 und Fitzenz 1990) die Kosten- und Nutzenaspekte von Humanressourcen. Im Mittelpunkt standen dabei der finanzielle Wert der Arbeitskräfte auf der Basis des vorhergesagten Nutzens für das Unternehmen sowie die Kosten für den Personalersatz. In diesen Konzepten wird HK explizit in Abrechnungen und Bilanzen des Bereichs Humanressourcen integriert. Doch dadurch wird intellektuelle Kapazität teuer, ohne dass ihre Kapitalrendite einkalkuliert wurde. Diese Ansätze lassen die Generierung dieses Kapitals und die Entwicklung von Wissen als Ressource außer Acht. Die Beschränkung auf Messungen der Geldeinnahmen und -ausgaben vermittelt keine weiteren Einsichten in die Entwicklung von HK und die konkreten Mechanismen, durch die dieses Kapital zur Wertschöpfung beiträgt. Zudem sind die Indikatoren, die in diesen Systemen verwendet werden, an früheren Entwicklungen orientiert und der Vorhersagewert von HK für Investoren bleibt ziemlich unklar. Davon abgesehen wird die kausale Beziehung verfälscht, weil die Zeit, bis Investitionen in immaterielle Werte Wirkungen entfalten, nicht den üblichen ROI-Abfolgen und Bewertungsperioden entspricht. Eine Wissensinvestition wirft wahrscheinlich später Erträge ab als eine Investition in Automatisierung.

Als die Diskrepanz zwischen Buchwert und Marktwert von Unternehmen in den 1980er und 1990er Jahren weiter zunahm, trat die Frage in den Vordergrund, wie diese Diskrepanz zu interpretieren sei und wie diese immateriellen Werte gemanagt werden könnten. Bis dahin war wirtschaftlicher Erfolg eng an die tangiblen und finanziellen Ressourcen der Unternehmen gekoppelt, doch der Vorhersagewert dieser rechnungslegungsbasierten Indikatoren nahm mit dem zurückgehenden Anteil des Buchwerts am gesamten Marktwert der Unternehmen ab.

Zu den Ersten, die Modelle zur Bewertung dieser immateriellen Werte entwickelten, zählten Mitglieder der Konrad-Gruppe in Schweden. Als Mitglied dieser Gruppe entwickelte Sveiby (1997) ein als Intellectual Capital Monitor bezeichnetes Tool, um drei Dimensionen in Organisationen zu bewerten, die als Antriebskräfte für Wachstum, Effektivität und Stabilität angesehen wurden: die externe Struktur, die interne Struktur und die Kompetenz.

„Die externe Struktur kann als Gesamtheit der immateriellen Beziehungen zu Kunden und Lieferanten betrachtet werden, die die Basis für die Reputation (das Image) der Firma bilden. Einige dieser Beziehungen können in juristisches Eigentum wie Handelszeichen und

Markennamen umgewandelt werden. Der Wert solcher immateriellen Ressourcen hängt in erster Linie davon ab, wie gut das Unternehmen die Probleme seiner Kunden löst, was ein Element der Unsicherheit ins Spiel bringt. Reputation und Beziehungen können gut oder schlecht sein und sich mit der Zeit ändern. Sie sind teilweise unabhängig von Einzelpersonen. Wenn Menschen ihre Aktionen nach innen richten, erschaffen sie eine interne Struktur. Die Gesamtheit der internen Struktur umfasst Patente, Konzepte, Modelle, Schablonen, Computersysteme und weitere administrative, mehr oder weniger explizite Prozesse. Diese werden von den Mitarbeitern geschaffen und 'gehören' in der Regel dem Unternehmen. Allerdings kann das Unternehmen im juristischen Sinn nur einen kleinen Teil der internen Struktur besitzen. Auch das informelle Kräftespiel, die internen Netzwerke, die 'Kultur' oder der 'Geist' können der internen Struktur zugerechnet werden. Es ist sinnvoll, auch die Kompetenz von Personen, etwa Supportabteilung, Buchhaltung, IT, HR und Management, in die interne Struktur aufzunehmen, weil die interne Struktur nicht von ihren Urhebern getrennt werden kann. Somit ist die interne Struktur teils abhängig, teils unabhängig von Personen. Selbst wenn die wertvollsten Mitarbeiter ein Unternehmen verlassen, das stark auf sie angewiesen ist (etwa bei einer Beratungsfirma), bleibt vermutlich sowohl die interne als auch die externe Struktur (der Markenname) zumindest teilweise intakt und kann als Plattform für einen Neubeginn dienen (Sveiby/ Lloyd 1987). Die Gesamtheit der menschlichen Kompetenz besteht aus der Kompetenz des Fachpersonals, der Experten, der Forschungs- und Entwicklungsabteilung, der Fabrikarbeiter, der Vertriebs- und Marketingabteilung – also aller Personen, die direkten Kontakt zu Kunden haben und deren Tätigkeit direkt das Image des Unternehmens beeinflusst" (Sveiby, 2001, A Knowledge-based Theory of the Firm To Guide Strategy Formulation, Artikel für Journal of Intellectual Capital Bd. 2, Nr. 4, Internetversion www.sveiby.com).

Erstens erweitert Sveiby in seinen Arbeiten die Betrachtung von HK: Er macht die Beschränkungen finanzieller Perspektiven klar und spricht sich für nicht an den Finanzen ausgerichtete Messungen aus, die der Quelle der Wertschöpfung in wissensintensiven Unternehmen näherkommen. Zweitens stellt er Menschen in den Mittelpunkt des Wertschöpfungsprozesses und betont, dass finanzieller Erfolg zu Unrecht dem Buchwert zugeschrieben wird, sondern von Wissen und Kompetenz der Menschen abhängt.

Diese grundlegende Idee wurde auf verschiedene Konzepte übertragen und in mehreren Unternehmen eingeführt (Skandia, Celemi, WM-data). Das prominenteste Beispiel ist das in Schweden beheimatete internationale Versicherungsunternehmen Skandia, bei dem Leif Edvinsson, inspiriert von der Konrad-Gruppe, ein Modell entwickelte, das alle immateriellen Aspekte vereinigte, die das immaterielle Kapital von Skandia darstellen.

Die diesem Instrument – dem Skandia Navigator – zugrunde liegende Architektur berücksichtigt fünf Dimensionen, die für den zukünftigen Erfolg des Unternehmens relevant sind:

1. Die finanziellen Indikatoren, die die frühere Leistung darstellen

2. Die Kundenperspektive, die Indikatoren für Kundenbeziehungen wie Marktanteil, Jahresumsatz pro Kunde, Dauer der Kundenbeziehungen usw. umfasst

3. Die Menschenperspektive, die Indikatoren bezüglich der Unternehmensmitglieder, z. B. Kompetenz der Führungskräfte, Fluktuation, Schulung oder Übertragung von Verantwortung, berücksichtigt

4. Die Prozessperspektive, die sich bemüht, die Qualität der internen Organisationsfunktionen zu messen, die Verarbeitungszeit, fehlerfrei ausgefüllte Verträge usw.

5. Die Perspektive der Unternehmenserneuerung und -entwicklung, die das Potenzial des Unternehmens für seine zukünftige Entwicklung berücksichtigt. Hier wurden bei Skandia Indikatoren wie Schulung, Entwicklungsstunden als prozentualer Anteil der gesamten Arbeitszeit, Zufriedenheit der Mitarbeiter und weitere Faktoren vorgeschlagen und erfasst.

Alles in allem wurden über 160 Indikatoren verwendet, den Unternehmensbestand an IK zu messen. Edvinsson et al. (1997) prägten den Begriff „intellektuelles Kapital", um die Kluft zwischen dem Marktwert und dem bereinigten Buchwert zu überbrücken (Edvinsson & Malone 1997). Sie gingen davon aus, dass sich das IK aus den Unternehmenspotentialen zusammensetzt, die von Kunden-, Human-, Prozess- und Erneuerungsindikatoren gemessen werden.

Ein Blick auf diese Entwicklung zeigt, dass die Konzepte von HK und IK nicht nur die vergangenheitsbezogene Perspektive der Bilanzierungsmodelle überwinden, sondern auch mehr als die Kompetenzen einzelner Personen umfassen, da IK in den internen und externen Strukturen und Beziehungen von Unternehmen realisiert wird.

Der Anwendungsbereich der aktuellen Konzepte, die die Messung von IK anstreben, kann unter verschiedenen Aspekten systematisiert werden.

Die grundlegende Differenzierung ist die zwischen Humankapital und Strukturkapital und den verschiedenen *Inhalten*, die einbezogen werden (Roos et al. Edvinsson, Malone 1997; Sveiby 1997; Stewart 1997, Brooking 1997): Humankapital, Strukturkapital, Organisationskapital, Innovationskapital, Prozesskapital, Infrastrukturressourcen, menschenorientierten Ressourcen, marktorientierten Ressourcen und des *methodologischen Verfahrens*, das als Ebene der Messung angewendet wird, zum Beispiel komponenten- und organisationsbezogene Ansätze, finanzielle und nicht-finanzielle Messungen (Reinhardt et al. 2001, S. 796), atomistische Methoden, holistische Methoden und Bilanzmethoden.

Was die theoretischen und methodischen Probleme der Konzeptualisierung von IK auf Unternehmensebene betrifft, so lässt sich beobachten, dass die Debatte zur IK-Praxis überwiegend von Praktikern bestritten wird. Demzufolge gibt es eine wachsende Anzahl praxisbezogener Aufsätze zu IK-Messung und IK-Management. Bedauerlicherweise ist der Mangel an theoretischer Untermauerung derartiger Konzepte nicht nur für Akademiker unbefriedigend, er zieht auch in dreifacher Hinsicht größere Managementprobleme nach sich:

Problem Definition: Viele Autoren definieren IK formal als die Differenz zwischen dem Marktwert und dem Buchwert eines Unternehmens (z. B. Edvinsson und Malone 1997;

Roos et al. 1997; Sveiby 1997; Stewart 1997). Der Marktwert wird gewöhnlich näherungsweise über Börsenbewertungen bestimmt, was zu dem Schluss führt, dass ein Unternehmen innerhalb weniger Tage Millionen Euro an „Intelligenz" gewinnen oder verlieren kann. Es erscheint unbefriedigend, IK auf der Basis eines Indikators zu definieren, der sich täglich ändert.

Problem Inhalt: Was die theoretischen Annahmen betrifft, wurzeln die IK-Dimensionen in unvereinbaren Theorien. Organisationskapital und Humankapital auf der einen Seite entstammen der neoklassischen Wirtschaftstheorie und dem Institutionalismus, Dimensionen wie Kundenkapital oder Innovationskapital auf der anderen Seite wurden auf der Grundlage der Verhaltenstheorie des Managements entwickelt. Da sich dieses Interessengebiet gerade erst entfaltet, versuchen viele Autoren, neue, idiosynkratische Modelle beizusteuern, die eine eher verwirrende Vielfalt an Ansichten zur Folge haben. Darüber hinaus haben sich die Bemühungen zumeist auf die Dimensionen als solche konzentriert (isolierter, reduktionistischer Ansatz) und nicht auf deren wechselseitige Abhängigkeiten (vgl. Edvinsson & Malone 1997); dabei sind es diese Abhängigkeiten, die das „intelligente" Unternehmen kennzeichnen (vgl. Quinn 1992). Demzufolge muss erforscht werden, inwiefern eine Flussperspektive des IK-Wandels aufgezeigt werden kann, um die Beziehungen zwischen den verschiedenen IK-Komponenten zu verstehen.

Problem Messung: Die Probleme bei der Messung erstrecken sich auf die Objekte der Messung (Eingabewerte, Prozessvariablen, Ausgabewerte), auf ihre Auswahl und die Definition der entsprechenden Indikatoren, auf die Intervalle und Methoden der Messung, auf die Vergleichbarkeit und schließlich auf die Kosten und Vorteile des Messvorgangs (vgl. Schneider 1998). Dies führt zu der Frage, ob es Sinn ergibt, IK sowohl qualitativ als auch quantitativ zu erfassen, und wenn ja, wie diese beiden Perspektiven miteinander verknüpft werden können.

Eine theoretische Interpretation der oben diskutierten Ansätze zeigt, dass die IK-Dimensionen nicht explizit mit Schulen der Wirtschafts- und Managementtheorie verknüpft sind. Die Analyse der Messperspektiven führt zu der folgenden Bewertung (siehe zu der nachfolgenden Argumentation: Reinhardt, Bornemann, Pawlowsky, Schneider 2001):

- Eine Messung immaterieller Ressourcen, die auf dem Geschäftswert oder der Differenz zwischen Marktwert und Buchwert basiert, scheint arbiträr zu sein, da derartigen Messungen keine theoretischen Erklärungen zugrunde liegen.

- Es ist eine Überbetonung hochgradig aggregierter Finanzmessungen zu verzeichnen, die keine Einsicht in die Relationen zwischen Ursache und Wirkungen vermitteln.

- Es gibt nur wenige Methoden zur Beschreibung und Bewertung konkurrenzfähigen Wissens. Vor allem Aktivitäten wie Wissensentwicklung und Wissenstransfer werden in den Messungen nicht gesondert betrachtet (Kapital- vs. Flussperspektive).

- Es liegt ein höheres Gewicht auf der Messung der Fähigkeiten und Kompetenzen von Einzelpersonen, statt kollektives Wissen und kollektive Fähigkeiten zu messen.

■ Die Messungen sind auf Aufwand, selten auf Ertrag ausgerichtet. Falls Messungen von Ertragswerten existieren, werden sie nicht ausreichend zu Indikatoren der Finanzleistung in Beziehung gesetzt.

■ Bei der Erstellung von IK-Konzepten scheint das Hauptargument die Verfügbarkeit von Daten und die Einfachheit der Messung zu sein statt theoretischer oder konzeptueller Kohärenz.

■ Für materielle und immaterielle Ressourcen werden unterschiedliche Messskalen verwendet, demzufolge sind die Messungen nicht direkt vergleichbar.

■ Der Zeitrahmen der IK-Messung scheint zu kurz zu sein. Wenn Verhaltenseingriffe als Investitionen in IK behandelt werden, muss der zu berücksichtigende Zeitrahmen offensichtlich wesentlich länger sein als eine traditionelle Abrechnungsperiode.

Aufgrund dieser Schlussfolgerungen scheint die Modellierung und Messung von IK sowohl theoretisch als auch praktisch eine Herausforderung darzustellen: Es muss ein kohärentes theoretisches IK-Rahmenwerk entwickelt werden, damit Manager nicht länger mit Problemen zu kämpfen haben, die durch unzuverlässige IK-Indikatoren verursacht werden. Hier treffen wir auf dasselbe Problem, das bereits früher angesprochen wurde: Die IK-Indikatoren sind meist auf den Kontext zugeschnitten, in dem sie angewendet werden sollen, was wiederum die Vergleichbarkeit erschwert.

1.4   IK- und Wissensmanagement in der Praxis

Neben den dargestellten konzeptuellen Entwicklungen der IK-Diskussion nimmt die Nachfrage nach praktischen Instrumenten und Methoden für das Management immaterieller Werte in der Unternehmenspraxis rasch zu (vgl. auch BITKOM 2007).

Eine *repräsentative Umfrage* bei kleinen und mittelständischen Firmen in Deutschland aus dem Jahr 2006 (Pawlowsky et al. 2006) zeigt, dass Aktivitäten im *Wissensmanagement* weit verbreitet sind.

Aus der Untersuchung geht hervor, dass insbesondere „Konsequenzen aus Projekterfahrungen" (80 %), „Identifizierung von Wissensdefiziten" (55 %), „Übertragung von Ideen in Produktentwicklungen" (51 %), „Ausbau der Geschäftskontakte" (48 %), „Erhaltung des Wissens von Mitarbeitern, die das Unternehmen verlassen" (43 %) und „Lernen von anderen Unternehmen" (40 %) Aktivitäten und Bereiche sind, in denen Unternehmen Investitionen planen. Wie die Studie zeigt, sind Ansätze des Managements der immateriellen Ressourcen eng an das strategische Profil des Unternehmens gekoppelt. Hinsichtlich der Frage, welchen Wettbewerbsvorteilen die größte Bedeutung zugeschrieben wird, verlassen sich kleine und mittelständische Firmen in Deutschland hauptsächlich auf „höhere Qualität", „maßgeschneiderte Lösungen", „zielgerichteten Umgang mit internem Wissen", „das Unternehmensimage" und „besonderes Know-how". Diese strategischen Profile stehen in enger Korrelation zu den Wissensmanagementaktivitäten des Unternehmens.

Eine bemerkenswerte Resonanz in der Praxis haben ferner die Ansätze zur Wissensbilanzierung gefunden (vgl. Nagel und Alwert in diesem Band). Dank der frühen Aktivitäten zur Wissensbilanzierung des „AK-WB" (Arbeitskreis Wissensbilanz) wurde das Thema insbesondere für Klein- und Mittelständische Unternehmen attraktiv aufbereitet. Im Ergebnis ist der „AK-Wissensbilanz Ansatz" bisher eines der erfolgreichsten Programme, die das Wirtschaftsministerium gefördert hat. Die „Wissensbilanz – Made in Germany" führte darüber hinaus zu einem umfangreichen Projekt der Europäischen Kommission, das Hunderte von Unternehmen in fünf Ländern einbezog (www.incas-europe.org). Diese Unternehmen haben nicht nur ein Rahmenwerk für ihre IK-Ressourcen entwickelt, sondern auch Indikatoren definiert, die in einen Systemdynamikansatz integriert sind, mit dessen Hilfe sie ihr strategisches Potenzial in einer zunehmend komplexen und dynamischen Umgebung entwickeln können (siehe: www.cadic-europe.org).

In diesem Zusammenhang sind auch die kontinuierliche Arbeit der European Federation of Financial Analysts Societies (EFFAS) www.effas.com und ihre Richtlinien für Finanzanalysten sowie die WICI-World IC Initiative bei den führenden Wirtschaftsprüfungsfirmen zu erwähnen. Die EFFAS hat, nicht zuletzt um die vergleichbare Offenlegungen von IK zu fördern die folgenden „Principles for Effective Communication of Intellectual Capital" für Investmentfirmen definiert (Welzl 2009):

1. Klare Bindung an zukünftige Wertschöpfung

2. Transparenz der Methodik

3. Standardisierung

4. Konsistenz im Zeitverlauf

5. Kompromiss zwischen Offenlegung und Vertraulichkeit

6. Ausgleich der Interessen von Unternehmen und Investoren

7. Vermeidung von Datenüberflutung

8. Zuverlässigkeit und Verantwortlichkeit

9. Risikobewertung

10. Effektive Platzierung und Terminierung der Offenlegung

Im globalen Rahmen existiert auch eine Zusammenarbeit zwischen den größten Wirtschaftsprüfungsunternehmen bei der Suche nach anwendbaren Regeln für die Bilanzierung (siehe: www.worldici.com).

1.5   Ausblick und Fazit

Bei einem Arbeitstreffen der IMO-Konferenz in Potsdam wurde am 18. September 2009 als Experiment die „Soziale Intellectual Capital" Partei (SIC!) gegründet. Es sollte ein Programmentwurf für diese SIC(!)-Partei entwickelt werden und es sollten Aspekte der politischen Agenda von IK mit Wissenschaftlern und Politikern diskutiert werden. Wie aus dieser Diskussion hervorging, wurde IK als Hauptantriebskraft für Innovationsprozesse in Deutschland betrachtet. Um diese Wirkungsdynamik des IK auf die Innovation zu entfalten, müssen jedoch nach Ansicht der beteiligten Diskutanten insbesondere nachfolgende Barrieren überwunden werden:

■ Zuerst muss das oben angesprochene „Investitionsproblem" (Witte 1962, siehe S. 20 in diesem Dokument) gelöst werden: Private IK-Investitionen (beispielsweise Personalentwicklungsprogramme) sind kein Eigentum des Investors, da Mitarbeiter das Unternehmen jederzeit verlassen können. Deshalb steht das Risiko von Verlusten notwendigen Investitionen in dieses wichtige immaterielle Kapital im Wege.

■ Zweitens steht zu befürchten, dass durch die Wissensentwicklung die Segmentierung in Unternehmen in Kerngruppen und gering qualifizierte Arbeitskräfte, die an den Rand des Systems gedrängt werden, fortschreitet. Wie kann dieser Konflikt politisch gelöst werden?

■ Ein weiteres Problem ist die älter werdende Belegschaft, die mit Ihrem wertvollen Erfahrungswissen den Organisationen sukzessive verloren geht. Wegen der Überalterung der Bevölkerungen in den westlichen Ländern und in Japan gibt es nicht genug jüngere Kollegen, die deren bevorstehendes Ausscheiden aus dem Erwerbsleben kompensieren können. Welche Lösungsansätze für die Einbeziehung älterer Mitarbeiter sind denkbar und wie kann ein erfolgreicher intergenerationaler Wissenstransfer gestaltet werden?

■ Ein entscheidendes Hindernis für die Anwendbarkeit von IK ist das Problem der Messung und Standardisierung, das den übergreifenden Vergleich von Werten erschwert. Wie kann dieses Hindernis überwunden werden?

■ Die wachsende Bedeutung von IK als Wohlstandsmotor und die rasch fortschreitende Digitalisierung des Wissens machen es erforderlich, die Frage der Eigentumsrechte zu präzisieren. Die globale Verfügbarkeit von Informationen und die ‚Googlesierung' könnten zur Enteignung intellektuellen Eigentums und zu zunehmender Macht wissensbasierter Einrichtungen führen. Die Diskussion der IK-Entwicklung bewegt sich zwischen den Polen kollektives Eigentum (metaphorisch: Linux-Paradigma) und Schutz der Rechte an intellektuellem Eigentum (Microsoft-Paradigma).

Der Schwerpunkt dieses Beitrages war es, die Rolle des IK auf unterschiedlichen Ebenen in westlichen Industrienationen zu beleuchten und dessen Potential als Motor für einen Paradigmenwechsel und die wirtschaftliche Innovationsdynamik zu betrachten. Der Blick auf die verschiedenen Ebenen – Länder, Regionen/Städte und Organisationen – zeigt, dass das Verständnis von immateriellen Werten als bedeutender Motor für Innovation und Wachstum wächst, dass jedoch die Erfassung, Messung und Gestaltung von IK sowohl von theoretischer als auch von praktischer Seite her noch zahlreiche Herausforderungen bietet. Ohne valide empirische Nachweise für Wirkungszusammenhänge zwischen dem IK und erstrebenswerten Zielgrößen, wie z.B. der Innovationsfähigkeit, der nachhaltigen Entwicklung und dem wirtschaftlichem Erfolg bleibt die Erfassung der intangiblen Ressourcen auf allen Ebenen nur eine Deklaration von Werthaltungen.

Literaturverzeichnis

Anderson, C. A. & Bowman, M. J. (1976): Education and Economic Modernization in Historical Perspective. In: Stone, L. (Hrsg.): Schooling and Society: Studies in the History of Education. Baltimore: John Hopkins University Press.

Arbeitskreis Wissensbilanz. Toolbox zum Herunterladen. Online verfügbar unter http://www.akwissens bilanz.org/ Toolbox/toolboxdownload.htm

Becker, G.S. (1964): *Human Capital.* University of Chicago Press: Chicago, 1964.

Becker, G. S. (1983): Human Capital. 2. Aufl. Chicago: University of Chicago Press.

Becker, G. S. (1993): Human Capital. 3. Aufl. Chicago: University of Chicago Press.

Bell, D. (1976): The coming of post-industrial societies. New York: Harper Colophon Books.

BITKOM (2007), Wichtige Trends im Wissensmanagement 2007-2011, Positionspapier des BITKOM, Berlin: BITKOM. Online verfügbar unter http://www.bitkom.org/files/documents/Trendreport_WM_ zur_KnowTech2007.pdf.

Bontis, N. (2004): National Intellectual Capital Index – A United Nations initiative for the Arab Region. In: Journal of Intellectual Capital 5 (1), S. 13-39.

Brooking, A. (1997): Intellectual Capital, Core Asset for the Third Millenium Enterprise. London: Thompson.

Carrillo, F. J. (2004): Capital Cities: A Taxonomy of Capital Accounts for Knowledge Cities. In: Journal of Knowledge Management 8 (5), S. 28-46.

Cascio, W. (1987): Costing Human Resources. The Financial Impact of Behavior in Organizations. Boston: PWS Kent.

Castells, M. (1996): The Rise of the Network Society, The Information Age: Economy, Society and Culture (Bd. 1). Cambridge: Blackwell.

Castells, M. (1998): End of Millennium, The Information Age: Economy, Society and Culture (Bd. 3). Cambridge: Blackwell.

Chatzkel, J. (2004): Greater Phoenix as a knowledge capital. In: Journal of Knowledge Management 8 (5), S. 61-72.

Croatian IC Center, Measuring IC Efficiency – the first Croatian IC Project. http://www.vaicon.net/start.htm.

Dahlman, C. J. & Utz, A. (2005): India And The Knowledge Economy: Leveraging Strengths And Opportunities. O. O.: World Bank Publications.

Dedijer, S. (2002): Ragusa intelligence and security 1301-1806. International Journal of Intelligence and Counter Tntelligence, 15 (1)

Drucker, P. F. (1959): Landmarks of Tomorrow: A Report on the New 'Post-Modern' World. New York: Harper Colophon Books.

Drucker, P. F. (1969): The Age of Discontinuity. New York: Harper & Row.

Dvir, R. & Pasher, E. (2004): Innovation engines for knowledge cities: an innovation ecology perspective. In: Journal of Knowledge Management, 8 (5), S. 16-27.

Edvinsson, L. & Steinfelt, C. (1993): Intellectual Capital of Nations — for Future Wealth Creation. In: Journal of Human Resource Costing & Accounting 4 (1), S. 21-33.

Edvinsson, L. & Malone, M. S. (1997): Intellectual Capital: Realizing your Company's True Value by finding its Hidden Brainpower. New York: Harper Collins.

Edvinsson, L. (2002): Corporate Longitude. Harlow: Pearson Education.

Edvinsson, L. (2004): Regional Intellectual Capital in Waiting – a strategic IC Quest. Vortrag bei der Italian Innovation week, 22.-26. Nov. 2004. Online verfügbar unter http://www.eucluster.net/ files/Firenze%20IC.pdf?fileid=197.

Edvinsson, L. (2005): Some Emerging Perspectives of Leadership for Value Creation. In: Amidon, D. M.; Eunika, M. L. & Formica, P. (Hrsg.): Knowledge Economics, Emerging Principles, Practices and Policies. Estland: Tartu University Press.

Edvinsson, L. & Bounfour, A. (2005): Intellectual Capital for Communities, Nations, Regions and Cities. New York: Elsevier Butterworth-Heinemann.

Edvinsson, L. (2006): Aspects on the City as a Knowledge Tool. In: Journal of Knowledge Management 10 (5), S. 6-13.

Edvinsson, L. (2008): Knowledgenavigation's Weblog. Online verfügbar unter http://knowledgenavigati on.wordpress.com/2008/04/12/knowledge-navigation-quizzics/

Edvinsson, L. & Lin, C. Y.-Y., (2008): National Intellectual Capital, Comparison of the Nordic Countries. In: Journal of Intellectual Capital 9 (4), S. 525-545.

Edvinsson, L. & Lin, C. Y.-Y., (2010): National Intellectual Capital, A comparison of 40 countries. New York u. a.: Springer.

Eliasson, G. & Ryan, P. (1987): The Human Factor in Economic and Technological Change. In: Eliasson, G. & Ryan, P. (Hrsg.): OECD Educational Monographs (3). Paris OECD.

Ergazakis, K. Metaxiotis, K. & Psarras, J. (2006): A coherent framework for building successful KCs in the context of the knowledge-based economy. In: *Knowledge Management Research & Practice* 4, S.46–59

Europäische Investionsbank: http://www.eib.org/

Europe Commission Report. An information society for all (6978/00)

Eustace, C. (2003): A new perspective on the knowledge value chain. In: Journal of Intellectual Capital 4 (4), S. 588-596.

Fitzenz, J. (1990): Human Value management: The Value-adding Human Resource Strategy for the 1990's. San Francisco: Jossey-Bassey.

Flad, S. (2009): Intellectual Capital. Annäherung an eine wertschöpfungsorientierte Definition und Umriss eines zweidimensionalen Modellierungsansatzes. Unveröffentlichte Dissertation: Technische Universität Chemnitz.

Flamholtz, E. G. (1974): Human Resource Accounting. Encino: Dickenson.

Gigerenzer, G. (2007): Bauchentscheidungen: Weniger ist (manchmal) mehr. In: Gigerenzer, G. (Hrsg.): Bauchentscheidungen: Die Intelligenz des Unbewussten und die Macht der Intuition. München: Bertelsmann, S. 29-48.

Godin, B. (2008): The Knowledge Economy: Fritz Machlup's Construction of a Synthetic Concept, Project on History and Sociology of S&T Statistics. Working Paper Nr. 37. Online verfügbar unter http://www.csiic.ca/PDF/Godin 37.pdf: 28.

Hermanson, R. H. (1964): Accounting for Human Assets. Bureau of Business and Economic Research, Michigan State University. Michigan: East Lansing.

Intelligent Community Forum: http://www.intelligentcommunity.org/

Jelinek, M. (1979): Institutionalizing Innovation: A Study of Organizational Learning Systems. New York: Praeger Publishers.

Klein, G. A. (1993): A recognition primed decision (RPD). Model of rapid decision making. In: Klein, G. A.; Orasanu, J.; Calderwood, R. & Zsambok, C. (Hrsg.): Decision making in action. Models and Methods. Ablex. New York: Norwood.

Kneisel, E. & Rößel, C. (2009): Überblick über die Entwicklung und den gegenwärtigen Stand der Intellectual Capital-Debatte aus Metaperspektive – Ausgangspunkt und Entwicklungen. Online verfügbar unter http://www.internationalmonitoring.com/fileadmin/ Downloads/Experten/Expertisen/Expertisen_neu/Expertise_Kneisel_Roessel.pdf.

Komninos, N. (2002): Intelligent Cities. Innovation, knowledge systems and digital spaces. London u. a.: Routledge.

Kune, H. (2009): The Future Center Experience: A View from the Work Floor. Intellectual Capital for Communities in the Knowledge Economy, Educore: Future Center Alliance, IC 5, Paris, 28.-29. Mai, 2009. Online verfügbar unter http://info.worldbank.org/ etools/docs/library/251742/Kune_Session6_IC5.pdf

Kuznetsov, Y. & Dahlman, C. (2008): Mexico's transition to a knowledge-based economy. Challenges and Opportunities. Washington: The World Bank Institute. Online verfügbar unter http://siteresources.worldbank.org/KFDLP/Resources/461197-119990709 0464/Mexico.pdf

Kuznets, S. (1966): Modern Economic Growth. New Haven: Yale University Press.

Lin, Y.Y. & Edvinsson, L. (2008) National intellectual capital: Comparison of theNordic Countries, Journal of Intellectual Capital, 9(4), 525-545.

Machlup, F. (1980): Knowledge: Its Creation, Distribution, and Economic Significance. Knowledge and Knowledge Production (Bd. 1). Princeton: University Press.

Machlup, F. (1984): Knowledge: Its Creation, Distribution, and Economic Significance. The Economics of Information and Human Capital. Princeton: University Press.

Machlup, F. (1962): The Production and Distribution of Knowledge in the United States. Princeton: University Press.

Marr, R. (1982): Humanvermögensrechnung: Entwicklung von Konzepten für eine erweiterte Rechenschaftslegung in Unternehmen. In: Schmidt, H. (Hrsg.): Humanvermögensrechnung, S. 45-50. Berlin: De Gruyter.

Mertens, J. J. & Van der Meer, J. (2005): Intangibles and Intellectual Capital in the European Investment Bank Project Appraisal. In: Bounfour, A. & Edvinsson, L. (Hrsg.): Intellectual Capital for Communities. Oxford u. a.: Elsevier Butterworth-Heinemann.

Mincer, J. (1962): On-the-Job Training: Costs, Returns, and Some Implications. *Journal of Political Economy, 70,* 1962.

Nagel, C. & Mauch, S. (2009): Regionale Wissensbilanz Ortenaukreis, Offenburg, Ortenau: WRO. Online verfügbar unter http://www.wro.de/fileadmin/user_upload/Alle%20Bilder/ Wissenbilanz_Ortenau.pdf.

Nahapiet, J. & Ghoshal, S. (1998): Social Capital, Intellectual Capital and the Organizational Advantage. In: Academy of Management Review 23 (2), S. 242-266.

OpenFutures: http://www.open-futures.net/

Pawlowsky, P.; Gerlach, L.; Hauptmann, S. & Puggel, A. (2006): Verbreitung von Wissensmanagement in KMU – Studie zur Nutzung von 'Wissen' als Wettbewerbsvorteil in deutschen KMU. In: Gronau, N.; Pawlowsky, P.; Schütt, P. & Weber, M. (Hrsg.): Mit Wissensmanagement besser im Wettbewerb, Tagungsband zur KnowTech 2006, S. 17-22. München: Bitkom.

Quinn, J. B. (1992): Intelligent Enterprise. A Knowledge and Service Based Paradigm for Industry. New York: Free Press.

Radovanovic, D. (2004) Intelligence & Lund – What lessons Lund can learn in order to become an intelligent city. Master Thesis, Autumn 2003, http://www.entovation.com/whatsnew/Intelligence___Lund.pdf

Reinhardt, R.; Bornemann, M.; Pawlowsky, P. & Schneider, U. (2001): Intellectual Capital and Knowledge Management: Perspectives on Measuring Knowledge. In: Dierkes, M.; Berthoin Antal, A.; Child, J. & Nonaka, I. (Hrsg.): Handbook of Organizational Learning and Knowledge, S. 794-820. Oxford: Oxford University Press.

Roos, J.; Roos, G.; Edvinsson, L. & Dragonetti, N. (1997): Intellectual Capital. Navigating in the New Business Landscape. London: New York University Press.

Schmidt, H. (1982): Humanvermögensrechnung. Berlin: De Gruyter.

Schneider, U. (1998): Forming and Developing Intellectual Potential, Vortrag auf dem 2. World Congress on the Management of Intellectual Capital, McMaster University, Hamilton, Ontario, 21.-24. Januar.

Schultz, T. W. (1981): Investing in People: The Economics of Population Quality. Berkely: University of California Press.

Spencer, L. (1986): Calculating Human Resource Costs and Benefits. New York: John Wiley and Sons.

Stewart, T. A. (1997): Intellectual Capital.The New Wealth of Organizations. New York: Doubleday Currency.

STI Revue Numéro spécial: Nouveaux Indicateurs de la Science et de la Technologie, OECD N° 27.

Stiglitz, J. (1999): Remarks at the Department for Trade and Industry and Center for Economic Policy Research, The World Bank Group London, U.K., 27.01.1999.

Ståhle, P. (2007): Five Steps for Finland's Future. Technology Review 202. Helsinki: Tekes. Online verfügbar unter http://the-new-club-of-paris.org/doc/Finland_Five%20steps %20for%20Finlands%20future_FINAL _VERSION.pdf .

Sveiby, K. E. & Lloyd, T. (1987): Managing Knowhow. London: Bloomsbury.

Sveiby, K. E. (1997): The New Organizational Wealth: Managing and Measuring Knowledge-based Assets. San Francisco: Berrett-Koehler.

Sveiby, K. E. (2001): A Knowledge Based Theory of the Firm to Guide Strategy Formulation. In: Journal of Intellectual Capital 2 (4), S. 344-358.

Witte, E. (1962): Forschung, Werbung und Ausbildung als Investitionen. In: Ortlieb, H. D. (Hrsg.): Hamburger Jahrbuch für Wirtschafts- und Gesellschaftspolitik, S. 210-226. Tübingen: Mohr.

Welzl, A. G. (2009): The EFFAS Principles for Effective Communication of Intellectual Capital – A Guideline for Investment Professionals. Handout IC 5 Conference, Paris, World Bank, 28.05.2009.

Weziak-Bialowolska, D. (2008): Wirtschaftsschule Warschau, Institut für Statistik und Demografie, Al. Niepodleglosci 162, 02-554 Warschau, Polen. Vortrag auf der Tagung der IMO-IK-Gruppe, Berlin,10.11.2008.

World Bank, The: Measuring Knowledge in the world economies Knowledge for Development (K4D) Program, The World Bank Institute, www.worldbank.org/kam.

World Capital Institute, http://www.worldcapitalinstitute.org/makci/makci-awards-most-admired-knowledge-city

2   Meilensteine der IC Entwicklung

Evi Kneisel, Claudia Rößel & Peter Pawlowsky

Einführung

„Information and knowledge are the thermonuclear competitive weapons of our time."
(Stewart 1999, S. XIX). In diesem Satz von Thomas A. Stewart, der als Pionier auf dem
Gebiet des Intellectual Capitals gilt, wird die Rolle immaterieller Ressourcen deutlich.
Bereits seit Mitte der 1980iger Jahre findet das Ausmaß der Wert- und Gewinngenerie-
rung durch „intellektuelles" Potential (wie z.B. Wissen, Erfahrungen und Informationen)
steigende Beachtung in Forschung und Praxis (Sullivan 2000). Insbesondere Unternehmen haben die Relevanz von immateriellen Faktoren für den Wertschöpfungsprozess
wahrgenommen (vgl. Bontis, Dragonetti, Jacobsen, & Roos 1999, S. 392). Die Erkenntnis,
dass intangible Werte einen relevanten Indikator für die zukünftige Leistungsfähigkeit
darstellen, findet verstärkt auf politischer und nationaler Ebene Berücksichtigung. Die
aktuelle Herausforderung besteht in der Erfassung, der Bewertung und dem Management immaterieller Ressourcen auf organisationaler, regionaler und nationaler Ebene mit
dem Ziel im internationalen Wettbewerb bestehen zu können. Der vorliegende Buchbeitrag zielt darauf ab, auf Basis von Forschungs- und Praxisentwicklungen grundlegende
historische und gegenwärtige Trends im Rahmen der Intellectual Capital-Forschung aufzuzeigen. Es wird dargestellt, auf welche Ausgangspunkte das Themenfeld „Intellectual
Capital" in Forschung und Praxis zurückgeht und welche Relevanz das Thema in der
gegenwärtigen Diskussion aufweist. Neben zentralen Perspektiven, innerhalb derer sich
verschiedene Ansätze und Orientierungen verorten lassen, werden Kategorisierungsop-
tionen von Modellen und Ansätzen betrachtet. Der Buchbeitrag schließt mit einer Zusammenfassung der gewonnenen Erkenntnisse und einem Ausblick auf zukünftige
Trends und Forschungsanknüpfungspunkte ab.

2.1   Historische Entwicklung

2.1.1   Warum Wissen bilanzieren?

Insbesondere im finanzwirtschaftlichen Sektor wird die Bedeutsamkeit intangibler Ressourcen wahrgenommen. Unternehmen sehen sich zunehmend unter dem Druck, konkrete
Informationen über das Ausmaß ihres vorhandenen Intellektuellen Kapitals zu erhalten.
Die Offenlegung intangibler Werte wird von Analysten, Kapitalgebern, Investoren und
zunehmend auch Kunden als Voraussetzung für Prognosen über die zukünftige Geschäftsentwicklung und Leistungsfähigkeit einer Organisation gefordert. Transparenz stellt zu-

dem eine notwendige Voraussetzung für Maßnahmen der Rechnungslegung und strategischen Steuerung sowie Maßnahmen der Generierung und Förderung immaterieller Ressourcen dar.

Bereits Anfang der 1990iger Jahre wurden mit Bewusstwerden struktureller Änderungen im Wirtschaftssystem erste Entwicklungen hinsichtlich der Bilanzierung immaterieller Vermögenswerte unternommen. Die „Erkenntnis, dass traditionelle Instrumente wie die Finanzbilanz einen Großteil der Werte einer Organisation nicht adäquat abbilden [...]" (Alwert 2005, S. 19), führte zu der Notwendigkeit, neuartige Methoden und Instrumente in Betracht zu ziehen, die es ermöglichten insbesondere immaterielle Werte zu erfassen. Traditionelle Bilanzierungsformen basieren zumeist auf historischen Kosten, die kaum Trendaussagen respektive Prognosen (z. B. für zukünftige Geschäftsentwicklung) ermöglichen und das Human Kapital lediglich als Kostenfaktor[5] aufführen. Zudem können diese vergangenheitsbezogenen materiellen Vermögenswerte allein betrachtet kein komplettes Bild von Vermögenswerten eines Unternehmens aufzeigen. Es wird angenommen, dass mit herkömmlichen Bilanzierungsformen lediglich knapp 30% der Vermögenswerte besonders wissensintensiver Unternehmen abgebildet werden[6]. Diese Diskrepanz wird besonders deutlich, wenn das *Eisberg-Modell* als Vergleich herangezogen wird. Die sichtbaren, materiellen Faktoren, die in herkömmlichen Bilanzierungsformen abgebildet werden, machen lediglich den Teil über der Wasseroberfläche aus. Darunter liegt jedoch eine viel größere „Eismasse", bestehend aus den nicht direkt sichtbaren, immateriellen Faktoren, wie Wissen, Erfahrungen, Fähigkeiten, Arbeitsprozesse sowie Beziehungen zu Kunden. Nach Angaben der Europäischen Kommission schafft erst die gleichrangige Berücksichtigung tangibler Werte (historische Finanzdaten) und intangibler Werte (vorausschauende Intellectual Capital-Daten) Transparenz im Hinblick auf die Fähigkeit einer Organisation Vermögenswerte zu generieren (European Commission DG Research 2006).

Die tatsächliche Ausprägung intangibler Werte – die durch die Diskrepanz zwischen Markt- und Buchwert eines Unternehmens lediglich erahnt werden kann – lässt sich nur mit geeigneten Mitteln der Bilanzierung von intangiblen Vermögenswerten offenlegen. Einzig zuverlässige Berichtsinstrumente bauen die Informationsassymmetrie zwischen externen Anspruchsgruppen und der Organisation selbst ab. Ein mögliches, aussagekräftiges Berichtssystem stellt dabei die Wissensbilanz dar, die dabei helfen kann, den Unterschied zwischen dem holistischen und dem bilanziellen Unternehmenswert zu mildern

---

[5]   Bislang wurden intangible Faktoren im Rahmen der Unternehmensbilanzierung nicht als Wertfaktor betrachtet. Im Gegenteil standen Aufwendungen für das Humankapital, wie Personalentwicklungsmaßnahmen, auf der Negativ-Seite der Unternehmensbilanz. Das heißt, diese Positionen verminderten in der Gewinn- und Verlustrechnung den Unternehmenswert sowie den Cash-flow (vgl. Edvinsson & Brünig 2000, S. 11ff).

[6]   Deking (2003, S. 20) merkt an: „aktuelle Schätzungen gehen davon aus, dass im Durchschnitt 85% des Marktwertes die intangiblen Assets, das Intellectual Capital einer Unternehmung ausmachen."; Robert Eccles von der Harvard Business School führt Studien an, die zeigen, dass nur 25 % des Marktwertes eines Unternehmens in Finanzberichten abgedeckt werden. 75% basieren auf der Bewertung von Werten, die durch immaterielle Ressourcen generiert werden (z.B. Strategie, Produktinnovation, Humankapital und Kundenbeziehungen) (vgl. Business Wire 2008).

und somit durch Informationen über das organisationale intellektuelle Kapital das Rating nach **Basel II** zu optimieren. Diese Eigenkapitalvereinbarung zielt einerseits auf die Gewährleistung einer angemessenen Eigenkapitalausstattung von Institutionen und andererseits auf die Herstellung homogener Wettbewerbsbedingungen für die Kreditvergabe sowie für den Kredithandel (http://www.bundesbank.de/bankenaufsicht/bankenaufsicht_basel.php, Abruf am 06.05.2009). Mit Hilfe einer Wissensbilanzierung kann demnach der tatsächliche Wert eines Unternehmens transparenter für die Bewilligung von Krediten für Investitionen vermittelt werden. Denn gerade bei der Vergabe von Krediten sind Banken zunehmend bemüht, sich mit Hilfe von Berichten über die wichtigsten immateriellen Vermögenswerte einer Organisation zu informieren, um eine ausreichende Basis für die Bestimmung des Risikos und somit für die Sicherheit der Finanzierung zu bieten. Dies erfordert, dass sich betroffene Unternehmen um eine Rechenschaftslegung bemühen müssen, die ihre unternehmensspezifischen, intangiblen Potentiale nachweist (vgl. Alwert, Heisig & Mertins 2005, S. 4).

Die meisten Modelle zur Wissensbilanzierung bzw. zur Messung von intellektuellem Kapital, die aktuell zum Einsatz kommen, entstanden im „Spannungsfeld" zwischen praktischen Erfordernissen, theoretischen Erkenntnissen und politischer Diskussion (vgl. Alwert 2005, S. 19).

Nachfolgend werden die wichtigsten Ausgangspunkte der aktuellen Intellectual Capital-Forschung und -Praxis skizziert. Dabei wird zunächst auf den Ursprung des Begriffes „Intellectual Capital" und anschließend auf die Entwicklungen in Praxis, Forschung und Politik eingegangen.

2.1.2   Ausgangspunkt und ausgewählte Meilensteine der Forschungsrichtung „Intellectual Capital"

1836 erwähnte Senior in seiner Abhandlung über die politische Ökonomie diesen Begriff: *„Resembling in kind these migratory invasions, but very different from them in effect, have been those emigrations on a smaller scale, to which we give the name of Colonization; in which a portion of a comparatively civilized nation have gone out, with their knowledge and wealth, their material, and moral, and intellectual capital, and settled in an unoccupied or thinly peopled district."* (Senior 1836, S. 420). Er verwendet die Begrifflichkeit vermutlich, um zwischen Migranten und Personen in weniger zivilisierten Gegenden zu unterscheiden. Eine zweite Quelle, welche häufig zitiert wird, ist der Briefwechsel zwischen John Kenneth Galbreith und Michal Kalecki, worin Ersterer äußert: „I wonder if you realize how much those of us in the world around have owed to the intellectual capital you have provided over the past decades." (vgl. Feiwel 1969, S. 17; Bontis 2001, S. 41; Deking 2003, S. 21; Willke 1998, S. 96). Roos, Roos und Dragonetti (1998) interpretieren diese Verwendung des Begriffes als geistiges Eigentum von Michal Kalecki[7]. Damit rückt der individuelle Aspekt von „Intellectual Capital" in das Zentrum der Betrachtung. Beim Vergleich zwischen den o. g. Begriffsverwendungen

---

[7]   Roos et al. (1998, S. 151): "[…] he meant the intellectual property of a person."

werden deutlich, dass der Begriff des „Intellectual Capital" nicht eindeutig abgrenzbar ist.

Weitere Annäherungen an das Konstrukt „Intellectual Capital" wurden ab den 1960er und 1980er Jahren unternommen. In dieser Zeit setzen sich zahlreiche Autoren intensiv mit der Begrifflichkeit auseinander, z.B. Itami (1991)[8], Sveiby und Lyoyd (1987), Handy (1986) und Teece (1987). Als richtungweisend für den aktuellen wissenschaftlichen und praxisbezogenen Stand auf dem Themenfeld „Intellectual Capital" werden die Veröffentlichungen von Thomas A. Stewart (z.B. 1991, 1997, 1999) angesehen. In seinem 1991 erschienenen Artikel „Brainpower" beschreibt Stewart erstmals einen Paradigmenwechsel in den Wirtschafts-wissenschaften. Er kommt zu der Erkenntnis, dass immateriellen Vermögensgegenständen ein kennzeichnender Einfluss auf den Erfolg von Unternehmen innewohnt. Es folgten weitere einschlägige Publikationen von Karl Erik Sveiby („The New Organizational Wealth", 1997), Leif Edvinsson und Michael S. Malone („Intellectual Capital", 1997), Roos und Kollegen („Intellectual Capital", 1998) sowie Bontis ("Intellectual Capital: An explora-tory study that develops measures and models", 1998). Zusammen mit den Arbeiten von Thomas Stewart gehören diese Werke zu den am häufigsten zitieren Veröffentlichungen auf dem Themengebiet des Intellectual Capitals (vgl. Bontis 2004, S. 194).

Der Ausgangspunkt für die aktuelle Popularität des Themas sowie aktuelle Forschungs-tendenzen in diesem Bereich ist zu großen Teilen auf die Praxis zurück zu führen (Bontis 1999). Obwohl die Ursprünge für die Wahrnehmung des intellektuellen Kapitals als Be-standteil von Organisationen auf das 19. Jahrhundert zurückgehen, hat das Themenfeld seine gegenwärtige Popularität und Verbreitung insbesondere der Pionierarbeit von Prak-tikern ab Mitte der 1980iger Jahre zu verdanken. Es waren die großen Unternehmen, wel-che das notwendige Bewusstsein für die Bedeutung immaterieller Werte im Rahmen der Unternehmenskapitalisierung auf die gesamtwirtschaftliche und politische Ebene transpor-tierten und nach Möglichkeiten zur Erfassung und Bewertung intangibler Produktionsfak-toren suchten. Für die formale Legitimation und verbreitete Anwendung immaterieller Bilanzierungsformen bedurfte es einer intensiven Überzeugungsarbeit auf politischer Ebe-ne (vgl. Müller 2006, S. 5ff). Im Rahmen der anfänglichen politischen Diskussion wurden verschiedene Forschungsprojekte und Studien in Auftrag gegeben (vgl. Andriessen 2003). Beispielsweise wurde in Dänemark 1998 im Rahmen einer Regierungsinitiative bezüglich der Förderung des sektoralen und gesellschaftlichen Wandels das „Danish Intellectual Capital Statements Pilot Project" veranlasst. In den Niederlanden veröffentlichte das Wirt-schaftsministerium 1999 den „Intangible Assets. Balancing accounts with knowledge"-Bericht, der unter anderem Untersuchungsergebnisse von KPMG, PricewaterhouseCoopers und Ernst & Young beinhaltete (vgl. Heisig 2005, S. 342ff). Auch in anderen europäischen Staaten (Deutschland, Finnland, Österreich, Island, Frankreich, Schweden und Italien) wurden ab Ende der 1990iger Jahre auf organisationaler und politischer Ebene vermehrt Anstrengungen unternommen, die Entwicklung und Erprobung allgemein gültiger Model-le, Ansätze und Messinstrumente voranzutreiben, welche den Anteil wissensintensiver Ressourcen am Wertschöpfungsprozess bzw. Unternehmenserfolg ein Stück weit transpa-

---

[8]   Itamis erstes Werk erschien 1980, allerdings nur in japanischer Sprache. Die zweite Auflage wurde
      erst 1987 (in Englisch) veröffentlicht.

renter machen sollten. Die besonderen Eigenschaften immaterieller Ressourcen, wie erschwerte Zugänglichkeit und Messbarkeit, stellten dabei besondere Herausforderungen an die Erstellung und Anwendung zuverlässiger Berichtsysteme.

Trotz Verbreitung und Diskussion des Themas in wirtschaftliche Öffentlichkeit fand das Thema zu Beginn der 1990iger Jahre nur wenig Beachtung in der Wissenschaft. Eine Ursache hierfür ist die zum Teil gering eingeschätzte Seriosität und Anerkennung von Themen aus der Praxis, insbesondere wenn diese, wie die Intangible Perspektive sprunghaft erscheinen und unscharf abgegrenzt sind: „The idea that a new, knowledge-based economy is emerging has been like a new tennis ball—fuzzy, but with a lot of bounce." (Stewart 1999, S. XXII). Erst als erkannt wurde, dass die Intellectual Capital-Perspektive mehr als einen kurzfristigen Trend darstellte und das Interesse auf wirtschaftlicher und politischer Ebene nach geeigneten Modellen und Ansätzen anstieg, fand das Thema verstärkt Einzug in die wissenschaftliche Forschung. Zu Beginn des 21. Jahrhunderts befand sich die Forschung auf dem Gebiet des Intellectual Capital jedoch erst in den Kinderschuhen (vgl. Bontis 1999, S. 434). Zudem ist festzustellen, dass der Großteil der Wissenschaftler, die sich diesem Thema annahmen, einen starken anwendungs- bzw. managementorientierten Fokus einnahm. Die Forschung auf diesem Gebiet stellte für Akademiker eine große Herausforderung dar, denn das Themengebiet „Intellectual Capital" besaß Ende der 1990iger Jahre „no legacy, no world-renowned researchers, and no publication trajectory to follow." (vgl. ebd., S. 434). Bis heute existieren je nach wissenschaftlicher Disziplin unterschiedliche Konzeptualisierungen und Begriffsverständnisse des Konstruktes „Intellectual Capital", wodurch die Erstellung und Erprobung allgemein anerkannter Modelle und Instrumente erschwert wird.

In der folgenden Tabelle 1 und Abbildung 1 werden die wichtigsten Einflüsse und Meilensteine im Forschungsbereich „Intellectual Capital" skizziert.

Tabelle 2.1   Einflüsse der Intellectual Capital-Forschung

	Einflüsse	Vertreter
1960er Jahre	Mit Hilfe der **Humankapital-Ansätze** werden erste Betrachtungen zur Messung und Bewertung von immateriellen Faktoren vorgenommen. Der Fokus liegt auf dem Einfluss von Investitionen in Humankapital auf das Wachstum von Volkswirtschaften.	Schultz Becker
1960-1980er Jahre	**Human Resource Accounting-Ansätze** konzentrieren sich auf die Messung von Kosten aber auch auf die die Bewertung der Humanressourcen von Unternehmen.	Hermanson Flamholtz
1980er Jahre	Buch „Mobilizing Invisible Assets" von Itami (1980) geht erstmals über die Humankapitalperspektive heraus. Es stellt die unsichtbaren Unternehmenswerte als Quelle für die Wettbewerbsfähigkeit von Unternehmen dar.	Itami

	Einflüsse	Vertreter
1990er Jahre	**1991:** Thomas Stewart veröffentlicht den für die Intellectual Capital-Forschung richtungsweisenden Artikel „Brainpower" (vgl. Kap. 2.3). **1994:** Mit dem Ziel den Begriff des „Intellectual Capital" greifbarer zu machen, treffen sich auf Initiative von Sullivan, Edvinsson und Petrash acht Pionier-Unternehmen beim „ICM-Gathering". Dabei wurde folgende erste Definitionsannäherung generiert: Intellectual Capital ist „knowledge that can be converted into value" (vgl. Edvinsson & Malone 1997, S. 15). **1995:** Skandia, der größte Versicherungs- und Finanzdienstleister in Skandinavien, veröffentlicht den weltweit ersten öffentlichen Intellectual Capital-Report, der unter der maßgeblichen Leitung von Leif Edvinsson entwickelt wurde (vgl. Edvinsson & Malone 1997, S. 16). Seit **Mitte der 1990er** Jahre nimmt die Zahl der Konferenzen und Tagungen zum Themengebiet Intellectual Capital stetig zu (vgl. Kap. 2.3).	Stewart Edvinsson Sveiby
ab 2000	Ansätze, aus dem österreichischen Raum (z.B. vom Austrian Research Center, http://www.arcs.ac.at) befassen sich mit der Bewertung und Messung des intellektuellen Kapitals von Forschungsinstitutionen. Seit 2002 verpflichtet §13 des österreichischen Reform-Universitätsgesetztes die Hochschulen zur jährlichen Bilanzierung ihrer Wissensproduktion. Unter Leitung von Prof. Jan Mouritsen wird 2000 die erste Guideline for Intellectual Capital Statements der Danish Agency for Trade and Industry veröffentlicht. Diese Richtlinie soll erstmals Unternehmen helfen, Wissen systematischer zu managen und für die Wertschöpfung zu nutzen. Weitere vergleichbare Standardrichtlinien folgen, u.a. in Japan (METI 2004) und Deutschland (BMWA 2004).	Koch Schneider

Abbildung 2.1 Intellectual Capital- Einflüsse (eigene Darstellung)

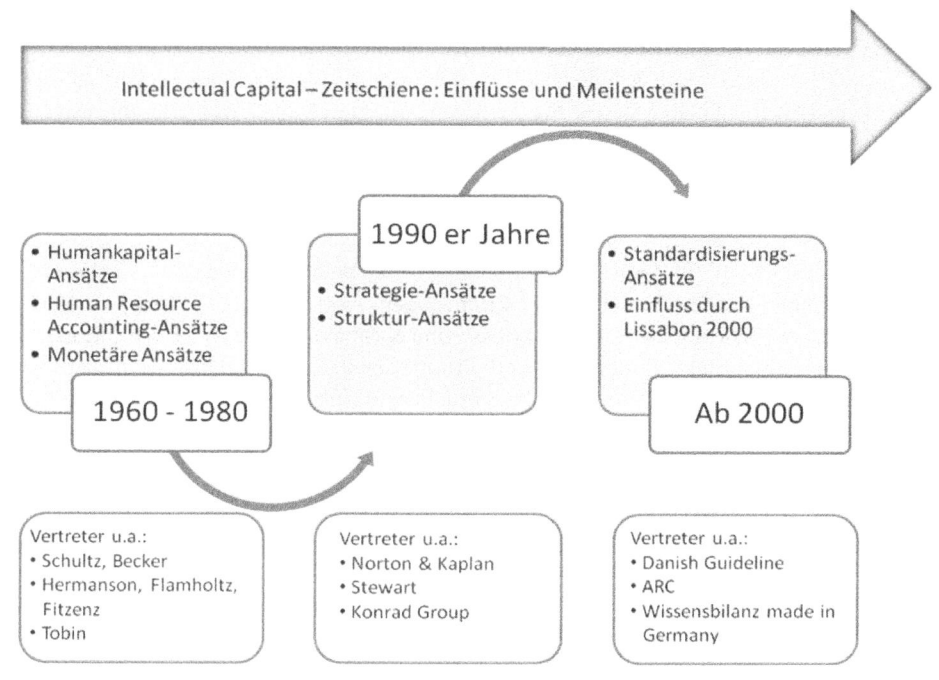

2.2 Trends und zukünftige Entwicklungen

2.2.1 Die intangible Perspektive

In den vergangenen 20 bis 25 Jahren wurde die Bedeutung von Wissen für die Wettbewerbsfähigkeit eines Unternehmens von einer Vielzahl von Forschern diskutiert. Zahlreiche Ansätze thematisieren und fokussieren die Bedeutung immaterieller Werte aus makro- oder mikroökonomischer Sichtweise: so u. a. die *Human Capital Theory* (Becker 1993), die *Endogenous bzw. New growth theories* (z.B. Romer 1986), der *Competence-based view* (z.B. Hamel & Prahalad 1993; Freiling 2004), der *Resource-based view* (z.B. Penrose 1959; Barney 1991), der *Knowledge-based view* (z.B. Spender 1996; Grant 1996), *Dynamic capabilities* (z.B. Teece 1987, 2000; Teece, Pisano & Shuen 1997) und der *intellectual capital-/intangible view* (z.B. Sveiby 1997; Edvinsson & Malone 1997; Edvinsson & Bounfour, 2003). Obgleich auf unterschiedliche Disziplinen bezogen, betonen alle diese Ansätze die Bedeutung von Wissen im aktuellen Wirtschaftsystem.

Die gegenwärtige Intellectual Capital-Bewegung basiert auf der intangiblen Perspektive (*intangible-based view*, vgl. Stam 2006, S. 11ff.), die sich in den vergangenen 15 Jahren als neues Rahmenkonzept für die Beschreibung der Herausforderungen und Entwicklungen, denen sich Unternehmen und Gesellschaften aktuell stellen müssen, etabliert hat. Die intangible Perspektive, geht unter anderen auf die Arbeiten von Sveiby (1997), Stewart (1991, 1997) sowie Edvinsson und Malone (1997) zurück und „[…] inspired the intellectual capital movement to further elaborate on the nature of intangible resources and the way they should be measured and managed in order to create strategic awareness about the real sources of value creation" (Stam 2006, S. 12). Als ressourcenorientierte Perspektive betrachtet der *intangible view* das gesamte Wirtschaftssystem oder einzelne Unternehmungen als Verknüpfungen der Bestände, Entwicklungen und Umwandlungen von Ressourcen (vgl. Andriessen 2003, S. 3). Im Zentrum der intangiblen Perspektive stehen dabei die immateriellen Ressourcen, wie Wissen und Erfahrungen von Personen, Beziehungen zu Stakeholdern sowie organisatorische Prozesse und Systeme. Waren es in der Industriegesellschaft noch materielle Ressourcen und Produktionsfaktoren, welche den Wert eines Unternehmens dominierten, so wird im aktuellen Wirtschaftssystem insbesondere das intellektuelle Kapital als relevanter Wert- und Wettbewerbstreiber für Unternehmen betrachtet. Die intangible Perspektive macht die drastischen Veränderungen im gesamtwirtschaftlichen System in den vergangenen 50 Jahren deutlich (vgl. ebd., S. 4). Beispielhafte Entwicklungen als Kennzeichen dieses Transformationsprozesses werden nachfolgend dargestellt.

2.2.2   Trends in der Wirtschaft

2.2.2.1   Entmaterialisierung des Leistungserstellungsprozesses

Die Bedeutung intangibler Werte als Indikator für die zukünftige Leistungsfähigkeit eines Unternehmens, einer Region oder eines Landes hat zugenommen und wird verstärkt auf den betroffenen Ebenen wahrgenommen (vgl. Reinhardt, Bornemann, Pawlowsky & Schneider 2001 und Pawlowsky, Edvinsson in diesem Band). Der Anteil wissensintensiver Industrien und Produkte an der gesamtwirtschaftlichen Wertschöpfung stieg in den letzten zwei Jahrzehnten verstärkt an. Einher geht eine Verschiebung von einer industriellen- und dienstleistungsorientierten zu einer verstärkt wissensorientierten Leistungserstellung. Nach Stam (2006, S. 3) basieren fast 80% der wirtschaftlichen Produktion auf intangiblen Dienstleistungen und Wissensprozessen. Wissen bzw. Intellektuelles Kapital kann insofern als wichtiger Wertschöpfungsfaktor im aktuellen Wirtschaftssystem angesehen werden und bildet eine entscheidende Grundlage für die Innovations- und Wettbewerbsfähigkeit von Unternehmen.

2.2.2.2   Diskrepanz zwischen Markt- und Buchwert von Unternehmungen

Ein weiterer Beleg für die zunehmende Relevanz immaterieller Ressourcen ist in den großen wirtschaftlichen Erfolgen und der hohen Börsendotierung besonders wissensintensiver Unternehmen (z.B. Microsoft, IBM, Hewlett-Packard, Apple, Google Inc., Coca-Cola und

Siemens) in den vergangenen 20 Jahren zu sehen. Die zunehmende Differenz zwischen dem Marktwert – bestimmt durch Anzahl und Wert der Aktie – und dem Buchwert bzw. dem Eigenkapitalwert eines Unternehmens ist ein Indiz für die steigende Wertschätzung immaterieller Ressourcen. Die Entwicklung dieser Wertdifferenz von Anfang bis Ende des 20. Jahrhunderts wird in Abbildung 1 dargestellt.

Abbildung 2.2   Marktwert in Prozent vom Buchwert (Stam 2006, S. 16)

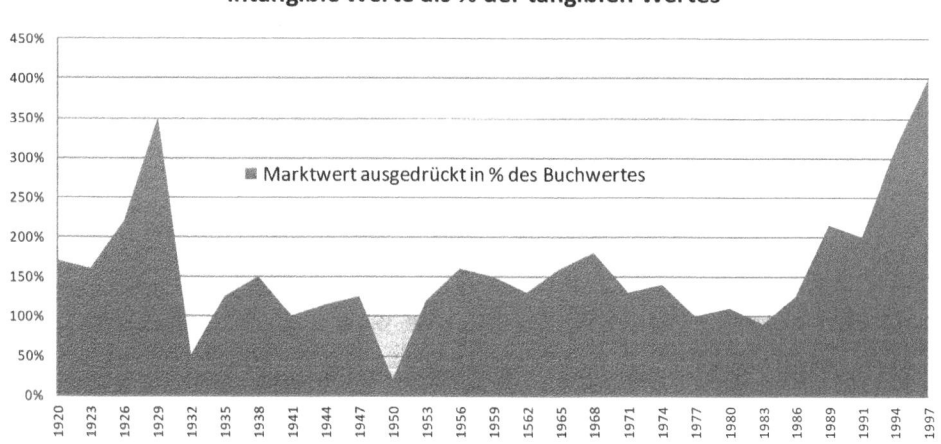

2.2.2.3   Investitionen in Intellektuelles Kapital

Ein weiteres Kennzeichen für die steigende Bedeutung immaterieller Ressourcen ist der zunehmende Anteil an Investitionen, der in die Generierung und Erweiterung intellektueller Ressourcen fließt. Auf organisationaler, nationaler und internationaler Ebene werden viele Anstrengungen unternommen, wissensintensive Ressourcen zu fördern

Nach einer Definition der OECD umfassen **Investitionen in Wissen** alle Ausgaben, die sich auf Aktivitäten zur Erhöhung des vorhandenen Wissens bzw. der Generierung neuen Wissens oder der Wissensteilung beziehen (Khan 2005). Unterschieden werden dabei Aufwendungen für

- Forschung und Entwicklung,

- Bildung,

- Software (Informations- und Kommunikationstechnologien) sowie

- Investitionen in Trainings, Innovationen und Industriedesign.

OECD-Statistiken belegen einen tendenziell steigenden Anteil der Investitionsaufwendung in wissensintensive Ressourcen im Verhältnis zum Bruttoinlandsprodukt (BIP) (vgl. Abb. 2). Zudem ist eine Veränderung im Investitionsbereich insgesamt zu verzeichnen: Investitionen in materielle Produktionsfaktoren (Maschinen, Anlagen) nahmen zwischen 1995 und 2001 tendenziell ab, Aufwendung für wissensintensive Faktoren nahmen dagegen stark zu (vgl. Abb. 3).

Abbildung 2.3   Investitionen in Wissen für ausgewählte Länder: prozentuale Anteile am Gesamtbruttoinlandsprodukt (in Anlehnung an OECD 2009, S. 166)

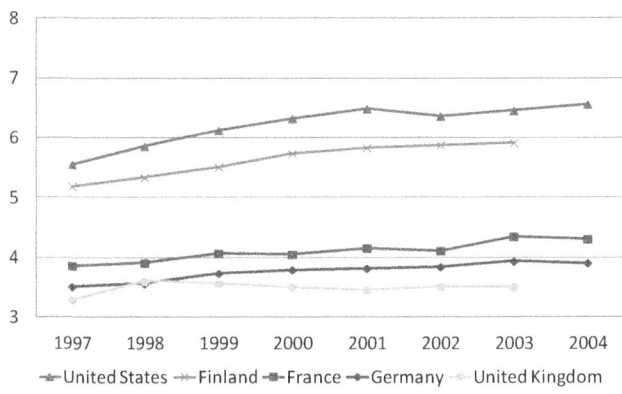

Abbildung 2.4   Veränderungen in der Investitionsintensität im Vergleich zwischen immateriellen und materiellen Produktionsfaktoren zwischen 1995 und 2001: skaliert wird der prozentuale Anteil an Ausgaben am Bruttoinlandsprodukt (Khan 2005)

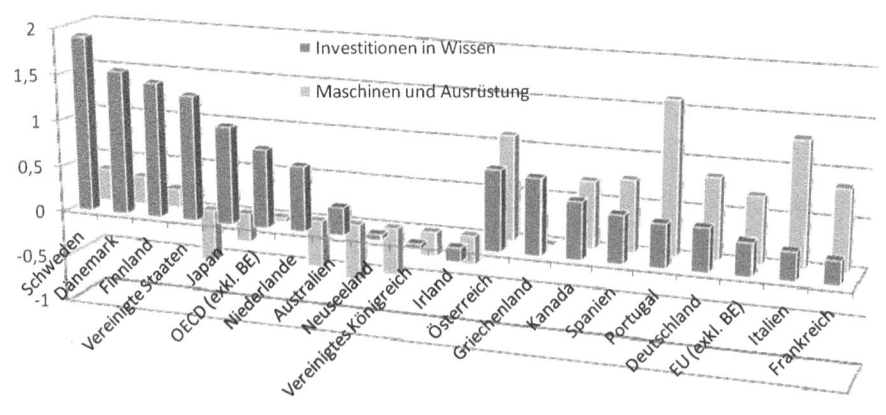

2.2.2.4   Politische Diskussion

Auf höchster politischer Ebene wurde die zunehmende Bedeutung wissensintensiver Ressourcen ebenfalls erkannt. Das **Lissabon Abkommen** von 2000 beispielsweise zielt darauf ab, dass Europa bis 2010 „zum wettbewerbsfähigsten und dynamischsten wissensbasierten Wirtschaftsraum der Welt [...]" werden sollte (Europäische Union 2007, Auswärtiges Amt 2007). Die Ressource „Mensch" und deren Entwicklung stehen im Mittelpunkt.

Zahlreiche nationale Projekte (z.B. „Fit für den Wissenswettbewerb", Wissensbilanz – Made in Germany) und europäische Projekte, z.B. PRISM (Eustace 2003) und RICARDIS (European Commission DG Research 2006) wurden initiiert, um die strategischen Vorteile von immateriellen Vermögenswerten nicht nur in Organisationen, sondern auch in Städten und Regionen Deutschlands aufzudecken und zielgerichtet zu fördern.

2.2.3   Trends in Forschung und Praxis

Wie in den obigen Ausführungen deutlich wird, ist die „Intellectual Capital"-Perspektive ein relativ junges Forschungsfeld, das mit einer enormen Beschleunigung anwächst (Bontis 1999, 2009). Mittlerweile existieren 20 Fachzeitschriften, in denen die Themenfelder „Intellectual Capital" und „Wissen(-management)" fokussiert werden (vgl. Bontis 2009, S.). Die Top-Five Fachzeitschriften zum Themenfeld, die in einem Zeitschriften-Ranking von Serenko und Bontis (2009) ermittel wurden, sind: *Journal of Knowledge Management, Journal of Intellectual Capital, Knowledge Management Research and Practice, International Journal of Knowledge Management* und *The Learning Organization.*

Neben der Publikationshäufigkeit ist ebenfalls die Zahl der Konferenzen und Tagungen, die schwerpunktmäßig die Bedeutung intangibler Werte thematisieren, seit Mitte der 1990iger Jahre angestiegen. Der MCmaster World Congress on the Management of Intellectual Capital and Innovation, welcher 1996 in Hamilton (Ontario, Kanada) stattfand, kann als die erste Konferenz von internationaler Bedeutung angesehen werden, bei der sowohl Praktiker als auch Forscher auf dem Themengebiet Intellectual Capital zusammenfanden. Es folgten weitere internationale Tagungen zum Themenfeld. Seit Beginn des 21. Jahrhunderts hat eine zunehmende Etablierung von Konferenzreihen stattgefunden hat. Nach vereinzelten Tagungs-Initiativen von Mitte bis Ende der 1990iger Jahre hat die Anzahl regelmäßig stattfindender Konferenzen seit 2004 zugenommen. Die größten und international bekanntesten Intellectual Capital-Konferenzen sind die „International Conference on Intellectual Capital, Knowledge Management and Organisational Learning (ICKICK)" und die "World Conference on Intellectual Capital for Communities (IC)", die seit Oktober 2004 bzw. Juni 2005 jährlich stattfinden. Die inhaltlichen Schwerpunktsetzungen in den einzelnen Konferenzen haben sich im Zeitverlauf geändert: Standen zu Beginn der Intellectual Capital-Forschung noch Fragen zur Fundierung und Bedeutung von Intellectual Capital, z.B. für die Erweiterung und Umsetzbarkeit von Wissen und Informationen und Management-Verbesserungen, im Vordergrund, wurden seit Beginn des 21. Jahrhunderts Fragen zur Wertgenerierung durch Intellectual Capital sowie Möglichkeiten der Validierung und Verbreitung von Ansätzen diskutiert. Aktuelle Themen weisen auf eine zunehmende Ausweitung der Intellectual Capital-Perspektive auf organisationsüber-greifende Ebenen sowie den öffentlichen und Non-Profit-Bereich hin.

Die Forschungsrichtung „Intellectual Capital" ist auf dem besten Wege, sich als Wissen-schaftsdisziplin zu etablieren (vgl. Serenko, Bontis & Grant 2009, S. 9). Um als eigenständi-ge Disziplin anerkannt zu werden, muss sich die Intellectual Capital-Bewegung in naher Zukunft um eine klare Abgrenzung und Positionierung zu benachbarten Wissenschaftsbe-reichen bemühen. Die Herausforderung für Forscher auf diesem Gebiet stellt immer noch eine gewisse Unsicherheit dar, [...] whether their scholarly works are going to be acknowl-edged by their institutions, deans, and tenure and promotion committees and have an im-pact on their future academic career." (vgl. ebd., S. 9). Weiterhin muss sich das Forschungs-gebiet den Erwartungen stellen, die seitens der Unternehmenspraxis an den Wissens-Output der Intellectual Capital-Forschung herangetragen werden. Oftmals wird die Rele-vanz der Forschungsergebnisse in Frage gestellt: Welche Bedeutung respektive Nutzen haben die wissenschaftlichen Erkenntnisse im Rahmen der Intellectual Capital-Forschung für die Unternehmenspraxis tatsächlich? Angesprochen wird hier die problematische Theo-rie-Praxis-Beziehung, die auch als „Relevanz-Problematik" bekannt ist. Praktiker versus Akademiker verfolgen zum Teil differente Zielsetzungen (Leistungssteigerung zur Erhö-hung der Wettbewerbsfähigkeit versus Etablierung und Validierung von Modellen und Ansätzen) und unterliegen verschiedenen Einflussfaktoren sowie Legitimationszwängen. Es resultiert eine Kluft zwischen Forschungsstand und praktischer Anwendung der Er-kenntnisse: Praktiker vermissen konkrete, auf die Praxis zugeschnittene und kontextspezi-fische Handlungsempfehlungen und bemängeln die Unverständlichkeit der wissenschaftli-chen Sprache in Forschungsartikeln (vgl. Booker, Bontis & Serenko, 2008, S. 238 ff.).

Neben der zunehmenden theoretischen Fundierung im Bereich der „Intellectual Capital"-Forschung haben auch aus dem wirtschaftlichen und politischen Bereich heraus Weiter-entwicklungen auf dem Themengebiet stattgefunden. Insbesondere vor dem Hintergrund der aktuellen Wirtschaftskrise erkennen immer mehr Unternehmen die Notwendigkeit, immaterielle und insbesondere mitarbeiterbezogene Werte stärker zu berücksichtigen. In einem Zitat von Frick, Geschäftsführer der Deutschen Gesellschaft für Personalführung (DGFP), wird die aktuelle Relevanz immaterieller Unternehmensbewertung deutlich: „Die Wirtschaftskrise zeigt, dass die herkömmliche Verfahren der Unternehmensbewertung zu kurz greifen" (Jessl 2009 S. 12). Obwohl die Anzahl der Unternehmen, die ihre Finanzbilan-zen um „Intellectual Capital"-Berichte ergänzen, in den letzten Jahren gestiegen ist, man-gelt es dennoch an Aktivitäten in der breiten Masse. Die Herausforderung in naher Zukunft wird sein, die Anwendung immaterieller Bilanzierungsverfahren auf organisationaler Ebe-ne zu steigern. Wichtige Voraussetzungen für einen flächendeckenden Gebrauch sind Auf-klärungsinitiativen (insbesondere für die Zielgruppe der kleinen und mittelständischen Unternehmen, da dies bislang unterrepräsentiert ist), die Bereitstellung ausgereifter Verfah-ren und die Einigung auf bestimmte Standards. Eine beispielhafte Initiative zur Förderung der verbreiteten Aufmerksamkeit, Anwendung und Standardisierung von „Intellectual Capital-Reports" im internationalen Bereich wird von der European *Federation of Financial Analysts Societies (EFFAS)* vorangetrieben. Im Rahmen der Kommission „Intellectual Capi-tal" (CIC) werden u. a. Aufgaben der Informationsbereitstellung, der internationalen Kooperation und Koordination von Intellectual Capital-Aktivitäten sowie der Überblicksbe-reitstellung von Initiativen und Erfahrungen auf internationaler Ebene wahrgenommen (http://www.effas.com/, Abruf am 18.05.2009). Eine weitere Initiative zur weltweiten Ver-netzung von unternehmensbezogenen Bilanzierungsformen stellt die *World Intellectual Capital Intitiative (WICI)* dar. WICI als „Global framework for Measuring and Reporting on Intellectual Assets and Capital" (http://www.worldici.com/, Abruf am 20.05.2009) stellt für Unternehmen im privatwirtschaftlichen und öffentlichen Bereich umfassende Informatio-nen zu aktuellen wirtschaftlichen und politischen Entwicklungen bereit und unterstützt diese bei der Verständigung mit Investoren sowie anderen Stakeholdern bezüglich der Unternehmensstrategie und Unternehmensleistung. Neben einer internationalen Vernet-zung und dem Informationsaustausch zielt die WICI-Initiative darauf ab, Richtlinien und Standards für die Bilanzierung immaterieller Werte und eine einheitliche XBRL-Kategorisierung zu schaffen, welche die Kommunikation sowie Verständlichkeit zwischen Mitgliedern bzw. Partnern fördert.

Ein weitere Entwicklung im Rahmen der Intellectual Capital-Forschung ist in der verstärk-ten Untersuchung immaterieller Wertschöpfungsprozesse auf organisations-übergreifen-den Ebenen (Städte, Regionen und Nationen) und im öffentlichen Sektor zu sehen. Das Wohlbefinden und der Wohlstand der Einwohner eines Landes, einer Region oder Stadt stehen ganz oben auf der politischen Agenda (vgl. Pulic/ Van der Zahn 2005, S. 306). In Folge finden intangible Faktoren als relevante Wertschöpfungstreiber im aktuellen Gesell-schafts- und Wirtschaftsystem auch im öffentlichen Sektor verstärkt Berücksichtigung. Es gilt, geeignete Messverfahren zur Abbildung intangibler Werte auf organisationsübergrei-fenden Ebenen zu entwickeln. In den vergangenen 8 Jahren haben sich verschiedene For-scher und Politiker mit der Frage nach geeigneten Zugängen und Instrumenten zur Förde-rung immaterieller Ressourcen auf Makroebene beschäftigt. Es resultierten verschiedene Initiativen und Forschungsprojekte auf nationaler Ebene (Schweden, Dänemark, Israel) und auf regionaler Ebene (Arabien, Pazifische Inseln), die unter anderem mit der Unterstützung der Vereinten Nationen, der Weltbank und der Europäischen Union realisiert werden konnten (vgl. Bounfour & Edvinsson 2005, S. xiii). Dadurch konnten erste Daten für ein Benchmarking wissensbezogener Leistungsfähigkeit auf stadtbezogener, regionaler und nationaler Ebene gesammelt werden (vgl. Pawlowsky in diesem Band). Beispielhafte An-sätze und Instrumente zur Erfassung und Bewertung intangibler Ressourcen auf Makro-ebene stellen das *Cities´ Intellectual Capital Benchmarking System (CICBS)* (Marti 2005), der *National Intellectual Capital Index* (Bontis 2005) und die *Knowledge Assessment Methodology* (*KAM*, World Bank Institue (2008) dar.

2.3   Kategorisierung von Intellectual Capital-Ansätze

In Praxis und Forschung wurden seit Mitte der 1990iger Jahre eine Vielzahl an Ansätzen zur Bewertung und Messung des Intellektuellen Kapitals entwickelt und erprobt. Auf Grund der unterschiedlichen Zielsetzungen, die mit der Wissensmessung verfolgt werden und der erschwerten Abgrenzung, was gemessen werden soll, divergieren diese Ansätze zum Teil sehr stark (vgl. North, Probst & Romhardt 1998, S. 159). Um eine aussagekräftige Basis für die Gegenüberstellung verschiedener Ansätze zu erreichen, werden nachfolgend Kriterien zur Einteilung der Modelle vorgeschlagen. Die Ansätze werden unter anderem nach *Betrachtungsebenen, Operationalisierung, Zielperspektiven, inhaltlichen Bestandteilen* und der zugrunde liegenden *Methodik* differenziert. Die ausgewählten Kategorien zielen darauf ab, eine möglichst große Bandbreite der Facetten von Intellectual Capital-Ansätzen abzubilden. Neben Vergleichsmerkmalen werden ebenfalls Bewertungskriterien für Intellectual Capital-Ansätze in Bezug auf die Vor- und Nachteile verschiedener Kategorisierungen aufgezeigt.

2.3.1   Analyseebene

Diese Kategorie spricht die grundlegende Betrachtungsebene an, auf die Intellectual Capital-Ansätze Bezug nehmen. Ansätze oder Modelle können dahingehend unterschieden werden, ob sie eher die individuelle und gruppenbezogene Ebene, die organisationale Ebene oder eine übergreifende stadtbezogene, regionale oder nationale Ebene fokussieren.

Auf **individueller und Gruppen-Ebene** lassen sich jene Ansätze verorten, welche intra- und interindividuelle Wissensprozesse betrachten und Aussagen zum Einfluss dieser Prozesse auf die Generierung von individuellem und kollektivem intellektuellen „Vermögen" ermöglichen. Im Rahmen der aktuellen Intellectual Capital-Forschung existieren kaum Ansätze, die das Wissenskapital von Einzelpersonen oder Gruppen explizit thematisieren. Deshalb wird an dieser Stelle auf Ansätze im Bereich des Wissensmanagements, der Kompetenzmessung und des Bildungscontrollings bzw. des individuellen Bildungsmanagements verwiesen, welche die Bewertung und Erfassung individueller respektive kollektiver Wissensbestände und -prozesse – unter anderem als Voraussetzung für den persönlichen Berufserfolg – thematisieren (vgl. Tabelle 3). Wenn auch im Rahmen der aktuellen Intellectual Capital-Forschung nicht schwerpunktmäßig berücksichtigt, bildet die individuelle und kollektive Ebene einen wichtigen Ausgangspunkt für den Aufbau von Wissen, sozialen Beziehungen und Arbeitsprozessen ab. Sie stellt somit eine wesentliche Voraussetzung für die Generierung intellektuellen Kapitals auf den nächst höheren Ebenen (wie Organisation, Region und Nation) dar (vgl. Probst, Raub & Romhardt 2003, S. 44ff).

Der größte Teil bestehender Ansätze bezieht sich auf die **organisationale Ebene**. Dies ist damit zu begründen, dass der Ausgangspunkt für die gegenwärtige Intellectual Capital-Forschung auf diese Ebene zurückgeführt werden kann (vgl. Kap. 2.1. bis 2.3.). Unternehmungen als Hauptreiber der intangiblen Perspektive stellen folglich auch die Hauptzielgruppe für Modelle und Ansätze dar.

In den letzten acht Jahren wurden vermehrt Anstrengungen unternommen, die Erfassung und Bewertung immaterieller Ressourcen auf **organisationsübergreifende Ebenen (Stadt, Region und Nation)** zu erweitern (vgl. Kap. 2.3). Hintergrund bildet die Zielstellung, die Produktivität und Wettbewerbsfähigkeit von Städten, Regionen und ganzer Wirtschaftssysteme im nationalen sowie internationalen Vergleich aufzudecken.

In der nachfolgenden Tabelle 2 werden beispielhaft Ansätze und deren Betrachtungsfokus auf den verschiedenen Ebenen dargestellt.

Tabelle 2.2   Analyseebenen und beispielhafte Intellectual Capital-Ansätze

Individuelle und Gruppenebene

Kompetenzbiographie von Erpenbeck und Heyse (1999): Es werden Fach-, Methoden-, Sozial-, Personale und Handlungskompetenzen auf der Individuumsebene erfasst und bewertet.

Ansätze des Bildungscontrolling: Diese prozessorientierten Ansätze versuchen die Konzeptionen von Qualifizierungsmaßnahmen (zum selbstorganisierten Lernen) zu planen, zu steuern und zu messen sowie entsprechend den Bildungszielen zu optimieren (vgl. Ehlers 2004, S. 154ff.).

Die Wissensspirale von Nonaka und Takeuchi (1995) beschreibt Prozesse der Wissensgenerierung auf individueller-, Gruppen- und organisationaler Ebene durch Sozialisation, Externalisierung, Kombination und Internalisierung (SECI).

Organisationale Ebene

Der Skandia Navigator wurde zu Beginn der 1990iger Jahre von Skandia (eines der größten Versicherungs- und Finanzdienstleistungsunternehmen in Skandinavien) unter maßgeblicher Beteiligung von Leif Edvinsson und Thomas Malone entwickelt. Im Zentrum des Ansatzes steht die Ansicht, dass der wahre Wert einer Organisation in Ihrer Fähigkeit zur Generierung nachhaltiger Wertschöpfung durch die Verfolgung einer Vision und der daraus resultierenden Strategie besteht (vgl. Edvinsson & Malone 1997, S. 17). Der Ansatz folgt zudem der Annahme, dass Wissenskapital aus der Differenz zwischen Markt- und Buchwert abgeleitet werden kann.

Der Intangible Asset Monitor (CELEMI-Monitor) teilt das Intellektuelle Kapital in individuelle, interne und externe Kompetenzen. Mit Hilfe von Indikatoren werden die Dimensionen der Bestandteile sichtbar gemacht. Es werden solche Kennzahlen gewählt, die mit Risiko/Stabilität, Wachstum, Effizienz und Erneuerung der intangiblen Ressourcen korrelieren und deren Entwicklungen abbilden (vgl. Sveiby 1997, S. 257 ff).

Der Intellectual Capital (IC)-Index von Roos und Kollegen (1998) unterscheidet die vier Kapitalarten Beziehungs-, Innovations- Human- und Infrastrukturkapital. Für jede dieser Intellectual Capital-Komponenten werden Indikatoren generiert, gewichtet und anschließend zu einem IC-Index aggregiert. Veranschaulicht im Zeitverlauf ermöglicht diese Wissenserfassung Trendaussagen (vgl. North 1999, S, 194).

The Danish Guideline for Intellectual Capital Statements (Danish Agency for Trade and Industry 2000) wurde im November 2000 als erstmaliger Versuch der Standardisierung von Intellectual Capital -Reports auf internationaler Ebene veröffentlicht. In der Guideline werden Prinzipien und Hinweise zur Konzeption, Durchführung und Auswertung von Wissensbilanzierungen vorgegeben.

Stadtbezogene Ebene

Most admired Knowledge Cities – MACKi – Award (World Capital institute 2008): Im Rahmen des MACKi-Awards, welcher vom World Capital Institute und Teleos ins Leben gerufen wurde, werden traditionelle und wissensbasierte Ressourcen als Voraussetzung für die Entwicklungsfähigkeit von urbanen Systemen betrachtet und bewertet. Neben tangiblen Faktoren (Financial- &, Instrumental-material capital) wird größtenteils die intangible Kapitalbasis (Identity capital, Intelligence capital, Relational capital, Human Individual capital, Human Collective capital und Instrumental-knowledge capital) fokussiert.

2.3.2   Inhaltliche Dimension

Intellectual Capital-Ansätze können zudem hinsichtlich ihrer inhaltlichen Bestandteile bzw. Komponenten differenziert werden. Durch die Unterscheidung von eigenständigen, unabhängigen Komponenten des Intellectual Capital ergeben sich für Unternehmen strategische Vorteile (vgl. Roos 1996, S. 590). Intellektuelles Kapital wird unterteilt in individuelle Kompetenzen (Humankapital), internes Kapital (Organisationale Strukturen und Prozesse) und externes Kapital (Beziehungen zu Kunden). Diese Dreiteilung hat sich seit Mitte der 1990iger Jahre durchgesetzt und findet sich in den meisten Ansätzen wieder. Dabei werden zum Teil unterschiedliche Begrifflichkeiten verwendet: Edvinsson (1997) und Stewart (1997) unterscheiden zwischen *Humankapital, Organizational Capital* und *Costumer Capital;* Sveiby (1997, S. 12) differenziert *Employee Competence, Internal Structure Capital* und *External Structure Capital;* Roos und Kollegen (1998) nehmen eine Unterteilung in *Human Capital, Internal Structure* – differenziert in *Organizational Capital* und *Renewal & Development* – sowie *Relational Capital* vor (vgl. Tabelle 2).

Das Humankapital bzw. die Mitarbeiterkompetenz bezieht sich auf personenbezogene Befähigungen, wie Wissen, Erfahrungen und Fertigkeiten und deren Austausch sowie Weiterentwicklung durch Qualifizierungs- und Bildungsmaßnahmen (vgl. Edvinsson & Malone 1997, S. 34). Um den Aufbau und die Weitergabe des Humankapitals zu fördern, bedarf es einer unterstützenden Infrastruktur im Unternehmen. Dieses interne Strukturelle Kapital beinhaltet zum Beispiel Arbeitsprozesse, Informations- und Dokumentationssysteme, Technologien und Eigentumsrechte sowie die Innovationsfähigkeit von Unternehmen. Die dritte Komponente, die in den meisten Ansätzen berücksichtigt wird, ist das Beziehungskapital oder externes Strukturkapital. Dieses umfasst alle wichtigen Kontakte (zu Kunden und Stakeholdern) und bildet somit die Schnittstelle zwischen Organisationen zu ihrer Umwelt ab.

2.3.3 Untersuchungsgegenstand: Bestands- vs. Prozessmodelle

Im Hinblick auf den Untersuchungsgegenstand von Intellectual Capital-Ansätzen kann grundsätzlich unterschieden werden, ob im Rahmen des Modells Wissensbestände (Bestandsmodell) oder Wissensprozesse (Prozessmodell) fokussiert werden. Bestandsmodelle orientieren sich an einer bilanztechnischen Abbildung wissensintensiver Ressourcen. Bei dieser Form der Erfassung bleiben jedoch die besonderen Merkmale immaterieller Ressourcen, wie Dynamik, Prozess- und Personengebundenheit, unbeachtet. In Folge gelingt es bestandsorientierten Modellen nicht, die gesamte Bandbreite des intellektuellen Kapitals abzubilden. Prozessmodelle sind näher am spezifischen Kontext eines Unternehmens und können somit besser das intellektuelle Kapital als Kernkompetenz darstellen. Es werden Veränderungen innerhalb und zwischen den Intellectual Capital–Komponenten betrachtet sowie Beziehungen zu materiellen und finanziellen Wertfaktoren versucht aufzudecken. In der Praxis finden sich sehr häufig Mischformen, welche sowohl die Bestands- als auch Prozessdimension berücksichtigen und somit die Vorteile beider Perspektiven vereinen (Reinhardt, Bornemann, Pawlowsky & Schneider 2001, S. 794ff). Beispiele für Bestands-, Prozess- und Hybridmodelle sind in Abbildung 5 aufgeführt.

Tabelle 2.3   Prozess-, Bestands- und Hybridmodelle

Bestandsmodelle	Hybridformen	Prozessmodelle
Skandia Navigator (Edvinsson & Malone 1997)	**Wissensbilanz** des Austrian Research Center Seibersdorf (**ARCS**, http://www.arcs.ac.at)	**Strategic Learning Assessment Map** (SLAM, Bontis, Crossan, & Hulland 2002)
Intellectual Capital Monitor (CELEMI Monitor, Sveiby 1997)	Wissensbilanz – Made in Germany (BMWA 2004)	Intellectual Capital (IC)-Index (Roos et al.1998)
	Erfassung von **Knowledge Assets** (Boisot 1998)	

2.3.4 Wissenschaftlicher Ansatz: Management vs. Measuring approach

Bei der Differenzierung von Intellectual Capital-Ansätzen ist eine Auseinandersetzung mit der zugrundliegenden wissenschaftlichen Perspektive unabdingbar. Je nach Disziplin werden unterschiedliche Zielsetzungen verfolgt. Der **Management approach** zielt darauf ab, den Einfluss des intellektuellen Kapitals auf die strategische Entscheidungsfindung im

Unternehmen aufzuzeigen. Dabei stehen Fragen der Entstehung und Verwaltung dieses Kapitals im Vordergrund (vgl. Habersam & Piber 2003, S. 754). Der **Measuring approach** konzentriert sich hingegen auf eine monetäre Bestandsaufnahme. Im Fokus stehen die Fragestellungen, welche immateriellen Vermögenswerte gegenwärtig vorhanden sind und wie diese bewertet und dargestellt werden können (vgl. Reinhardt 2000, S. 87ff).

2.3.5   Zeitliche Dimension

Intellectual Capital-Modelle berücksichtigen zum Teil unterschiedliche Zeitpunkte bei der Messung und Bewertung intangibler Ressourcen. Ansätze können dahingehend unterschieden werden, ob sie Wissensbestände oder -prozesse in der Vergangenheit, Gegenwart oder Zukunft fokussieren. Die meisten Ansätze orientieren sich an der Vergangenheit, z.B. der Intellectual Capital Monitor (Sveiby 1997) sowie die österreichische und deutsche Wissensbilanz. Hier werden Daten aus vorausgegangenen Perioden in regelmäßigen Abständen (pro Jahr oder Quartal) erfasst und bewertet. Im Gegensatz zu rein vergangenheitsorientierten Modellen stellen Ansätze, die wie der Skandia Navigator (Edvinsson & Malone 1997) zudem auf die Gegenwart und Zukunft gerichtet sind, eine hilfreiche Basis für Maßnahmen der strategischen Planung, Förderung und Weiterentwicklung immaterieller Ressourcen dar.

2.3.6   Bewertungsform: monetäre vs. indikatorenbasierte Verfahren

Hinsichtlich der verwendeten Bewertungsform können Intellectual Capital-Verfahren in monetär vs. nicht-monetär Ansätze unterschieden werden. Klassische **monetäre Bewertungsverfahren** existieren seit den 1960iger Jahren und versuchen den quantitativen Wert des Intellektuellen Kapitals zu bestimmen. Die verwendeten Kennzahlen stellen somit monetäre Werte bzw. Zahlen dar. Monetäre Ansätze können differenziert werden in Input- und Output-Modelle: Erstere betrachten personalbezogene Aufwendungen (z.B. Personalentwicklungsmaßnahmen) als Kostenfaktor. Das heißt, es werden lediglich jene Gelder betrachtet, die in das Humankapital investiert wurden (Input). Output-Modelle dagegen beziehen sich auf die resultierende Leistung des Personals und deren finanziellen Wert. Als Vorteil monetärer Bewertungsformen wird zum Teil die externe Vergleichbarkeit (z.B. mit anderen Unternehmen) erwähnt (vgl. Alwert 2005, S. 21). Monetäre Verfahren zur Messung des Humankapitals sind z.B. die Kostenwertmethode und die effizienzgewichtete Personalkostenmethode als Input-Modelle sowie die Firmenwertmethode oder die Methode der Verhaltensvariablen als Output-Modelle (vgl. Jerrentrup & Terhorst 2008, S. 9). **Indikatorenbasierte Ansätze** zielen neben der klassischen Bewertung zusätzlich auf die Steuerung intangibler Werte ab. Intellektuelles Kapital wird nicht in einem umfassenden Kostenfaktor zusammengefasst, sondern es werden verschiedene Einflussfaktoren und Indikatoren betrachtet sowie bewertet. Somit ermöglicht diese Bewertungsform ein differenzierteres Bild über immaterielle Werte und zeigt konkrete Ansatzpunkte für eine gezielte Einflussnahme bzw. Steuerung auf. Beispielhafte indikatorenbasierte Verfahren sind die

Balanced Scorecard (Kaplan & Norton 1996), der Skandia Navigator (Edvinsson & Malone 1997) und der Intangible Asset Monitor (Sveiby 1997).

2.3.7 Operationalisierung

Die Frage nach der Operationalisierung bezieht sich auf die Art und Weise, wie das Konstrukt „Intellectual Capital" bzw. dessen einzelne Komponenten messbar gemacht werden. In Folge unterschiedlicher Bewertungsformen (vgl. Kap. 4.6.) sowie differierender methodischer Vorgehensweisen (vgl. Kap. 4.8.) bei der Bewertung und Bestimmung von Intellectual Capital variieren die festgelegten Kennzahlen und Indikatoren sowie deren Operationalisierung zum Teil sehr stark. Monetäre Ansätze versuchen das Intellectual Capital in konkreten Zahlen (Ausgaben versus Einnahmen) abzubilden und beziehen sich dabei auf vorhandene finanzielle Daten sowie Schätzungen. Indikatoren basierte Ansätze legen zunächst relevante Einflussfaktoren (Indikatoren) fest, für die dann konkrete qualitative und/oder quantitative Messgrößen abgeleitet werden.

2.3.8 Methodik: induktive vs. deduktive Ableitung von Kennzahlen

Bei der Bewertung von intangiblen Ressourcen kann im Allgemeinen zwischen *deduktiv-summarischen* und *induktiv-analytischen* Vorgehensweisen unterschieden werden (vgl. North 2005, S. 219). Erstere Methodik definiert anhand der Differenz zwischen Markt- und Buchwert den Wert des intellektuellen Kapitals einer Organisation. Das immaterielle Vermögen wird also über deduktiv abgeleitete Indikatoren monetär bewertet. Insbesondere monetäre Bewertungsverfahren (vgl. Kap. 4.6.) verfolgen eine deduktive Vorgehensweise. Beispiele sind die Markt-Buchwert-Relation, Tobin's q sowie der Calculated Intangible Value (CIV) (vgl. Stewart 1997; North, Raub & Romhardt 1998). Schwachpunkt dieser Ansätze ist, dass der Unterschied zwischen Markt- und Buchwert nicht oder nur unzureichend erklärt wird. Eine alleinige deduktive Bewertung der intangiblen Ressourcen reicht für eine wissensorientierte Unternehmensstrategie nicht aus (vgl. North 2005, S. 220ff.). Im Gegensatz dazu beschreiben und beurteilen induktiv-analytische Verfahren bestimmte Bestandteile des intellektuellen Kapitals, um deren Entwicklung darzustellen. Hierbei können zwei verschiedene Typen von Ansätzen identifiziert werden:

Methoden, die sich mit der Darstellung und Bewertung unterschiedlicher nicht-monetärer Bestandteile des immateriellen Vermögens befassen. Zu diesen zählen beispielsweise der Intangible Assets Monitor von Sveiby (1997) und Ansätze der Wissensbilanzierung (z.B. BMBA 2004).

Methoden, die monetäre und nicht-monetäre Kennzahlen zur operativen sowie strategischen Steuerung des Unternehmens verbinden, z.B. der Skandia Navigator von Edvinsson (vgl. North 2005, S. 220ff.).

Indikatorenbasierte Ansätze sind mehrheitlich aus der Praxis heraus induktiv-analytisch entstanden (Reinhardt, Bornemann, Pawlowsky & Schneider 2001). Häufig gibt es jedoch auch Mischformen. Das heißt, es existieren indikatorenbasierte Ansätze, die sowohl induktiv als auch deduktiv vorgehen. Ein Beispiel ist die Wissensbilanz-Made in Germany (BMBA 2004): Hier werden zum Teil unternehmensübergreifend gültige Indikatoren vorgegeben. Weitere Indikatoren können vom Unternehmen selbst generiert werden.

2.3.9   Beurteilungsdimensionen: Selbst- vs. Fremdbewertung

Im Rahmen dieser Kategorie wird differenziert, ob die festgelegten Indikatoren und Messgrößen von den betroffenen Akteuren und Mitarbeitern selbst beurteilt werden oder ob eine Fremdbewertung durch Außenstehende (z.B. die Personalabteilung) vorgenommen wird. Im Gegensatz zur Selbstbewertung durch die jeweiligen Akteure stellt letztere Option objektivere Daten zur Verfügung. Als nachteilig ist jedoch der zum Teil ungenügende Einblick außenstehender Personen in konkrete Ausprägungen von Intellectual Capital-Indikatoren zu sehen. Um vollständige Daten zu erhalten sowie verschiedene Perspektiven zu berücksichtigen, werden bei der Anwendung von Intellectual Capital-Verfahren in der Praxis oftmals beide Beurteilungsdimensionen herangezogen.

2.3.10   Zielgruppe: intern vs. extern orientiertes Berichtssystem

Intellectual Capital-Reports zielen zum Teil auf unterschiedliche Zielgruppen ab: Mitarbeiter, Analysten und das Management als interne Zielgruppe versus Kunden, Investoren, potentielle Mitarbeiter und Kooperationspartner als externe Zielgruppe. Je nach Ausrichtung und Zielgruppe werden unterschiedliche Inhaltsbereiche und Vorgehensweisen fokussiert bzw. ausgewählt. Dient die Bilanzierung immaterieller Werte internen Steuerungszwecken, werden unternehmensspezifische und somit kontextgebundene Indikatoren aufgestellt (vgl. Alwert 2005, S. 21). Um in Folge Veränderungen im Intellektuellen Kapital erfassen, Beziehungen zum Geschäftserfolg des Unternehmens aufzeigen sowie Ansatzpunkte für das Management intangibler Faktoren ableiten zu können, werden die Inhalte der Bilanzierung sehr umfassend und detailliert ausgewertet sowie allen (internen) Interessengruppen zur Verfügung gestellt. Bei der Ausrichtung auf externe Zielgruppen spielt der Aspekt der Vergleichbarkeit eine zentrale Rolle. Hier gilt es einen kontextübergreifenden Maßstab zu finden, der es externen Personen ermöglicht, Organisationen im Hinblick auf ihr intellektuelles Potential zu vergleichen. Außerdem sollen bisherige und zukünftige wissensintensive Investitionen (von externen Stakeholdern) im Hinblick auf deren Wirkung legitimiert werden. Auf Grund der besonderen Eigenschaften intangibler Ressourcen, wie Personengebundenheit, „Kontextsensitivität" (vgl. ebd., S. 21) und Komplexität, ist die Entwicklung valider Vergleichskriterien jedoch mit Hindernissen verbunden. Da zudem eine strategische Selektion der Inhaltsbereiche und Ergebnisse, die an externe Zielgruppen weiter gegeben werden, erfolgt (vgl. Alwert, Heisig & Mertins 2005, S. 11), ist es für externe Interessenten zum Teil schwierig verlässliche und aussagekräftige Daten zu erhalten.

Die Abbildung 6 verdeutlicht, dass sich einige Bilanzierungsverfahren an internen und externen Zielgruppen orientieren und somit eine Brücke zwischen externer Vergleichbarkeit und Rechtfertigung sowie interner Informationsbereitstellung schlagen.

Abbildung 2.5   Interne versus externe Orientierung ausgewählter Intellectual Capital-
                     Ansätze

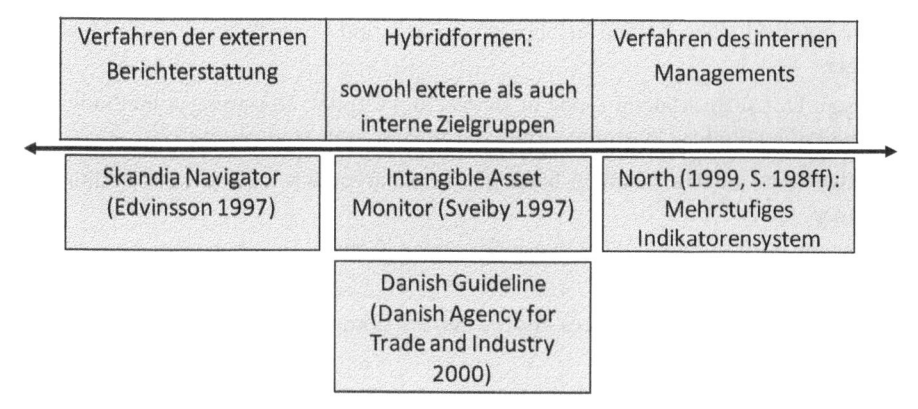

2.4   Resümee und Ausblick

Es wurde die wachsende Bedeutung intangibler Ressourcen im wirtschaftlichen und politischen Bereich aufgezeigt. Wissensbasierte Ressourcen werden als zunehmend wertvoller und mächtiger angesehen als materielle Produktionsfaktoren. Die Analyse von Entwicklungen und aktuellen Trends auf dem Gebiet des Intellectual Capital zeigt, dass der Ausgangspunkt für die aktuelle Debatte zu großen Teilen in der Unternehmenspraxis zu finden ist. Jedoch ist auch die Intellectual Capital-Forschungsrichtung auf dem besten Wege als Wissenschaftsdisziplin anerkannt zu werden. Aus diesen Ansätzen wurde in diesem Beitrag ein Kategorisierungssystem abgeleitet, dass eine systematische Differenzierung der unterschiedlichen Ansätze unterstützen soll. Hier bedarf es zukünftig einer klaren Abgrenzung und Positionierung. Ist in der Vergangenheit eine starke Fokussierung immaterieller Ressourcen auf der organisationalen Ebene zu erkennen, so zeichnet sich aktuell eine Interessenerweiterung auf übergreifende Ebenen ab: Die Relevanz intangibler Werte für Städte, Regionen und Nationen wird zunehmend erkannt. Die Bewertung und Messung von Intellektuellem Kapital stellt eine wichtige Handlungsbasis dar, um den Anforderungen einer dynamischen Umwelt zu begegnen. Aus diesem Grund sollte das Themenfeld Intellectual Capital verstärkt auf der politischen Agenda rezipiert werden. Ziel sollte es sein, Potentiale zu bündeln, Spannungsfelder zu identifizieren und Problemlösungsansätze zu forcieren. Im Kern kann es dabei in Zukunft um die Beschreibung der Beziehung zwischen Innovation und Intellectual Capital gehen.

Literaturverzeichnis

Alwert, K. (2005): Wissensbilanzen – Im Spannungsfeld zwischen Forsschung und Praxis. In: Alwert, K.: Heisig, P. & Mertins, K. (Hrsg.): Wissensbilanzen: Intellektuelles Kapital erfolgreich nutzen und entwickeln, S. 19-39. Heidelberg: Springer.

Alwert, K.; Heisig, P. & Mertins, K. (2005): Wissensbilanzen – Intellektuelles Kapital erfolgreich nutzen und entwickeln. In: Alwert, K.; Heisig, P. & Mertins, K. (Hrsg.): Wissensbilanzen: Intellektuelles Kapital erfolgreich nutzen und entwickeln, S. 1-17. Heidelberg: Springer.

Andriessen, D. (2003): Making sense of Intellectual Capital: Designing a methode for the valuation of intangibles. Burlington: Elsevier Butterworth-Heinemann.

Auswärtiges Amt (2007): Lissabon Strategie, Bundesrepublik Deutschland Berlin. Online verfügbar unter http://www.eu2007.de/de/Policy_Areas/European_Council/Lissabon.html. Abruf: 11.06.2009.

Barney, J. B. (1991): Firm Resources and Sustained Competitive Advantage. In: Journal of Management 17 (1), S. 99-120.

Becker, G. S. (1993): Human Capital: A Theoretical and Empirical Analysis, with Special Reference to Education. 3. Aufl. Chicago: The University of Chicago Press.

BMWA (2004): Wissensbilanz –Made in Germany Leitfaden. Berlin.

Boisot, M. H. (1998): Knowledge assets – securing competitive advantage in the information economy. Oxford: Oxford University Press.

Bontis, N. (1998): Intellectual Capital: An exploratory study that develops measures and models. In: Management Decision 36 (2), S. 63-76.

Bontis, N. (1999): Managing organizational knowledge by diagnosing intellectual capital: Framing and advancing the state of the field. In: International Journal of Technology Management 18 (5-8), S. 433-463.

Bontis, N. (2001): Assessing knowledge assets: a review to the models used to measure intellectual capital. In: International Journal of Management Reviews 3 (1), S. 41-60.

Bontis, N. (2005): National Intellectual Capital Index: Benchmarking of Arab countries. In: Bounfour, A. & Edvinsson, L. (Hrsg.): Intellectual Capital for Communities – Nations, Regions and Cities, S. 113-138. Oxford: Elsevier Butterworth-Heinemann.

Bontis, N.; Crossan, M. M., & Hulland, J. (2002): Managing An Organizational Learning System By Aligning Stocks And Flows. In: Journal of Management Studies 39 (49), S. p.437-469.

Bontis, N.; Dragonetti, N. C.; Jacobsen, K. & Roos, G. (1999): The Knowledge Toolbox: A review of the tools available to measure and manage intangible resources. In: European Management Journal 17 (4), S. 391-402.

Bounfour, A. (2003): The Management of Intangibles: The Organization's Most Valuable Assets. London u. a.: Routledge.

Bounfour, A. & Edvinsson, L. (2005): Intellectual Capital for Communities – Nations, Regions and Cities. Oxford: Elsevier Butterworth-Heinemann.

Brooking, A. (1996): Intellectual Capital: Core Asset for the Third Millenium Enterprise. New York: International Thomson Business Press.

Bundesbank: http://www.bundesbank.de/bankenaufsicht/bankenaufsicht_basel.php. Abruf am: 11.06.2009

Business Wire. (2008): WICI, the world's business reporting network, release framework and XBRL Taxonomy to promote quality and transparency in business reporting. Online verfügbar unter http://www.businesswire.com/news/home/20081017005158/en. Abruf am 17.04.2009.

Danish Agency for Trade and Industry (2000): A Guideline for Intellectual Capital Statements. Copenhagen: Danish Ministy for Trade and Industry.

Deking, I. (2003): Management des Intellectual Capital: Bildung einer strategiefokussierten Wissensorganisation. Wiesbaden: Gabler.

Edvinsson, L. & Brünig, G. (2000): Aktivposten Wissenskapital. Unsichtbare Werte bilanzierbar machen. Wiesbaden: Gabler.

Edvinsson, L. & Kivikas, M. (2007): Intellectual capital (IC) or Wissensbilanz process: Some German experiences. In: Journal of Intellectual Capital 8 (3), S. 376-385.

Edvinsson, L. & Malone, M. S. (1997): Intellectual Capital. Realizing your company's true value by finding its hidden roots. New York: HarperCollins Publishers.

Edvinsson, L. & Sullivan, P. (1996): Developing a Model for Managing Intellectual Capital. In: European Management Journal 14 (4), S. 356-364.

Ehlers, U.-D. (2004): Bildungscontrolling, individuelles Bildungsmanagement und E-Portfolios. In: Ehlers, U.-D. & Schenkel, P. (Hrsg.): Bildungscontrolling im E-Learning – Erfolgreiche Strategien und Erfahrungen jenseits des ROI. Berlin: Springer.

Erpenbeck, J. & Heyse, V. (1999): Die Kompetenzbiographie – Strategien der Kompetenzentwicklung durch selbstorganisiertes Lernen und multimediale Kommunikation. Münster: Waxmann.

EU ENTR/01/054, Call for Tender (2003): Study on the Measurement of Intangible Assets and Associated Reporting Practices. Online verfügbar unter http://ec.europa.eu/enterprise/services/business_related_services/policy_papers_brs/intangiblesstudy.pdf. Abruf am 25.03.2009.

Europäische Union (2007): Lissabon. http://www.eu2007.de/de/Policy_Areas/European_Council/Lissabon.htm/. Abruf am 11.06.2009.

European Commission DG Research. (2006): RICARDIS: Reporting Intellectual Capital to Augment Research, Development and Innovation in SMEs. Luxembourg: Office for Official Publications of the European Communities.

European Observatory on Intangible Assets: http://www.ll-a.fr/intangibles. Abruf am 15.08.2008.

Eustace, C. (2003): The PRISM Project: Report of Research Findings and Policy Recommendations. European Commision Information Society Technologies (IST) Programme 2000-29665. Online verfügbar unter http://www.intangability.com/wp-content/uploads/2009/03/prism-project-report-of-research-findings-and-policy-recommendations.pdf. Abruf am 24.06.2009.

Feiwel, G. R. (1975): The Intellectual Capital of Michal Kalecki: A Study in Economic Theory and Policy. Knoxville: The University of Tennesse Press.

Freiling, J. (2004): A competence-based theory of the firm. In: Management Revue 15 (1), S. 27-52.

Grant, R. M. (1996): Toward a knowledge-based theory of the firm. In: Strategic Management Journal 17, S. 109-122.

Habersam, M. & Piber, M. (2003): Exploring intellectual capital in hospitals: Two qualitative case studies in Italy and Austria. In: European Accounting Review 12 (4), S. 753-779.

Hamel, G. & Prahalad, C. K. (1993): Strategy as Stretch and Leverage. In: Harvard Business Review 71 (2), S. 75-84.

Handy, C. (1986): Understanding organizations. Harmondsworth: Penguin Books.

Heisig, P. (2005): Europäische Aktivitäten zur Wissensbilanzierung – ein Überblick. In: Alwert, K.; Heisig, P. & Mertins, K. (Hrsg.): Wissensbilanzen: Intellektuelles Kapital erfolgreich nutzen und entwickeln, S. 337-359. Heidelberg: Springer.

Itami, H. & Thomas, W. (1991): Mobilizing invisible assets. Cambridge: Harvard University Press.

Jerrentrup, R. & Terhorst, S. (2008): Bewertung des Humankapitals als Herausforderung an das Personalcontrolling, OM-Schriftenreihe: Beiträge für die Wirtschaftspraxis, Nr. 11. Essen: Akademie Verlag.

Jessl, R. (2009): Der HPI-Code. In: Personalmagazin 5, S. 12-17.

Johnson, H. T. & Kaplan, R. S. (1987): Relevance Lost: The Rise and Fall of Management Accounting. Boston: Harvard Business School Press.

Kaplan, R. S. & Norton, D. P. (1996): The Balanced Score Card. Translating Strategy into Action. Boston: Harvard Business School Press.

Khan, M. (OECD) (2005): Investment in knowledge. Vortrag auf der IC Conference Paris, 20.06.2005.

Marti, J. M. V. (2005): Cities'Intellectual Capital Benchmarking System (CICBS): A method-ology and a framework for measuring and managing Intellectual Capital of cities: A prac-tical application in the city of Mataro. In: Bounfour, A. & Edvinsson, L. (Hrsg.): Intellec-tual Capital for Communities – Nations, Regions and Cities, S. 317-335. Oxford: Elsevier Butterworth-Heinemann.

Müller, C. (2006): Wissen, intangible Assets oder intellektuelles Kapital- eine Begriffswelt in Diskussion. In: Matzler, K.; Hinterhuber, H. H.; Renzl, B. & Rothenberger, S. (Hrsg.): Im-materielle Vermögenswerte: Handbuch der intangiblen Assets, S. 3-22. Berlin: Erich Schmidt.

Nonaka, I. & Takeuchi, H. (1995): The knowledge-creating company – How Japanese com-panies create the dynamics of innovation. New York: Oxford University Press.

North, K. (1999): Wissensorientierte Unternehmensführung: Wertschöpfung durch Wissen. 2. Aufl. Wiesbaden: Gabler.

North, K. (2005): Wissensorientierte Unternehmensführung. 4. akt. und erw. Aufl. Wiesba-den: Gabler.

North, K.; Probst, G. & Romhardt, K. (1998):Wissen messen – Ansätze, Erfahrungen und kritische Fragen. In: Zeitschrift Führung & Organisation 3, S. 158-166.

OECD (2008): http://www.oecd.org/dataoecd/8/21/41596008.pdf. Abruf am 18.06.2009.

OECD Factbook (2009): Economic, Environmental and Social Statistics. OECD Publishing.

Penrose, E. T. (1959): The Theory of the Growth of the Firm. New York: Wiley.

Probst, G.; Raub, S. & Romhardt, K. (2003): Wissen managen: Wie Unternehmen ihre wert-vollste Ressource optimal nutzen. 4. überarb. Aufl. Wiesbaden: Gabler.

Pulic, A. & Van der Zahn, M. (2005): Intellektuelles Kapital – Performance auf nationaler Ebene. In: Alwert, K.; Heisig, P. & Mertins, K. (Hrsg.): Wissensbilanzen: Intellektuelles Kapital erfolgreich nutzen und entwickeln, S. 305-322. Heidelberg: Springer.

Reinhardt, R. (2000): Wissen als Ressource: Theoretische Grundlagen, Methoden und In-strumente zur Erfassung von Wissen, Habilitationsschrift. Chemnitz: Technische Universität Chemnitz.

Reinhardt, R.; Bornemann, M.; Pawlowsky, P. & Schneider, U. (2001): Intellectual Capital and Knowledge Management: Perspectives on measuring knowledge. In: Dierkes, M.; Berthoin Antal, A.; Child, J. & Nonaka, I. (Hrsg.): Handbook of Organizational Learning and Knowledge. Oxford: Oxford University Press, S. 794-822.

Romer, P. M. (1986): Increasing Returns and Long Run Growth. In: Journal of Political Economy 5, S. 1002-1037.

Roos, J. (1996): Distinction Making and Pattern Recognition in Management. In: European Management Journal 14 (6), S. 590-595.

Roos, J.; Roos, G. & Dragonetti, N. C. (1998): Intellectual Capital: Navigating In The New Business Landscape. New York University Press.

Senior, N. W. (1836): An Outline of the Science of Political Economy. London: Richard Griffin and Co.

Serenko, A. & Bontis, N. (2004): Meta-review of knowledge management and intellectual capital literature. In: Knowledge and Process Management 11 (3), S. 185-198.

Serenko, A. & Bontis, N. (2009). ???

Spender, J.-C. (1996): Making knowledge the basis of a dynamic theory of the firm. In: Strategic Management Journal Special Issue (17), S. 45-62.

Stam, C. (2006): The Intellectual Capital Perspective. Sustainable Program on Intellectual Capital Education, European Commission Asia-Link Programme. http://www.intellectualcapital.nl/publications/The%20IC%20perspective%20(SPICE-KCT1.2).pdf. Abruf am 22.06.2009.

Stam, C. (2006): The Intellectual Capital Perspective: Sustainable Programme on Intellectual Capital Education (SPICE), European Commission Asia Link project. http://www.intellectualcapital.nl/publications/The%20IC%20perspective%20(SPICE-KCT1.2).pdf. Abruf am 09.06.2009.

Stewart, T. (1991): Brainpower. In: Fortune Magazine. http://money.cnn.com/magazines/fortune/fortune_archive/1991/06/03/75096/index.htm. Abruf am 23.06.2009.

Stewart, T. A. (1997): Intellectual Capital: The new wealth of organizations. New York: Doubleday.

Stewart, T. A. (1999): Intellectual Capital: The new wealth of organizations. New York: Doubleday.

Sullivan, P. H. (2000): Value-driven intellectual capital: How to convert intangible corporate assets into market value. New York: Wiley.

Sveiby, K. E. & Lloyd, T. (1987): Managing Knowhow. London: Bloomsbury.

Sveiby, K. E. & Lyoyd, T. (1990): Das Management des Know-how. Frankfurt a. M.: Campus-Verlag.

Sveiby, K. E. (1997): The New Organizational Wealth: Managing and measuring knowledge based assets. San-Francisco: Berrett-Koehler.

Sveiby, K. E. (1997): Wissenskapital, das unentdeckte Vermögen: Immaterielle Unternehmenswerte aufspüren, messen und steigern. Landsberg/Lech: Verlag moderne Industrie.

Teece, D. J. (2000): Managing Intellectual Capital. Oxford u. a.: Oxford University Press.

Teece, D. J.; Pisano, G. & Shuen, A. (1997): Dynamic capabilities and Strategic Management. In: Strategic Management Journal 18 (7), S. 509-533.

Teece, D. J. (1987): The competitive challenge: strategies for industrial innovation and renewal. Cambridge: Ballinger.

Tenbieg, M. S. & Kivikas, M. (2004): Intellectual Capital Management auf Basis eines IC-RatingTM – Hintergrund, Methodik und Nutzen. Online verfügbar unter http://www.braiconn.de/file/20040629175652artikel02.2003intellectualcapitalmanagementaufbasiseinesicrating.pdf. Abruf am 16.06.2009.

Ulrich, D. (1998): Intellectual Capital = Competence x Commitment. In: Cortada, J. W. & Woods, J. A. (Hrsg.): The Knowledge Management Yearbook 1999-2000, S. 126-144. Oxford: Elsevier Butterworth-Heinemann.

Wallmann, S. (1999): The Importance of Measuring Intangible Assets: Public Policy Implications. In: Barton, J. H.; Keen, P. G. & Imparato, N. J. (Hrsg.): Capital for Our Time: The Economic, Legal and Management Challenge Of Intellectual Capital. Stanford: Hoover Institution Press.

Willke, H. (1998): Systemisches Wissensmanagement. Stuttgart: Lucius & Lucius.

World Bank Institue (2008): Measuring knowledge in the world's economies. Knowledge Assessment Methodology and Knowledge Economy Index. Online verfügbar unter http://siteresources.worldbank.org/INTUNIKAM/Resources/KAM_v4.pdf. Abruf am 09.06.2009.

3 Intellectual Capital Ansätze in Unternehmen - Erfahrungen aus der Praxis

Claus Nagel

3.1 Ausgangssituation

Gerade in der aktuellen Wirtschaftslage lässt sich bei der Analyse verschiedener Trends die Notwendigkeit eines nachhaltigen Umgangs mit immateriellen Ressourcen erkennen.

Die aktuelle Wirtschaftskrise hat deutlich gezeigt, dass Ansätze zur Unternehmensbewertung, die sich nur auf monetären Größen beschränken, keine hinreichende Verlässlichkeit bieten, um eine mittelfristige und damit nachhaltige Entwicklung von Unternehmen zu prognostizieren. Es wurde der Ruf nach neuen Bewertungsansätzen laut, die sich dem gegenüber stärker auf die Nachhaltigkeit konzentrieren. Einige wesentliche Aspekte einer solchen nachhaltigen Unternehmensentwicklung sollen im Folgenden kurz umrissen werden.

Die demografische Entwicklung der vergangenen Jahre zeigt eine deutliche Entwicklung hin zu einer immer älter werdenden Gesellschaft (Bundeszentrale für politische Aufklärung, S. 1). Die Auswirkungen dieser Entwicklung bekommen zunehmend Unternehmen aller Größenordnungen zu spüren. Bei den verantwortlichen Personen in den Unternehmen rückt damit zunehmend das Thema Demografie im Vordergrund. Gerade in Branchen mit überdurchschnittlichem Wachstum ist die Frage nach einer angemessenen „Wissenssicherung" bei altersbedingtem Ausscheiden aus dem Unternehmen ein drängendes Problem, dass auch durch die aktuelle Wirtschaftskrise nicht an Bedeutung verliert. Durch das Ausscheiden älterer und erfahrener Mitarbeiter aus Unternehmen geht betriebsnotwendiges Wissen vielfach unwiederbringlich verloren (vgl. North & Reinhardt, S. 73). Nur eine frühzeitige und strukturierte Auseinandersetzung mit dem Thema „Wissenssicherung" kann den Abfluss relevanten Wissens verringern und damit negative Auswirkungen auf die Unternehmensabläufe und Kundenstruktur vermeiden. Die Erfahrung zeigt jedoch, dass dieses Thema oft erst an Priorität gewinnt, wenn die Folgen schon deutlich spürbar sind und die relevanten Mitarbeiter dem Unternehmen nicht mehr zur Verfügung stehen. Der Mehrzahl der verantwortlichen Geschäftsführer und Personalleiter in den Unternehmen ist der direkte Zusammenhang zwischen der demografischen Entwicklung, der Notwendigkeit der Wissenssicherung und dem Unternehmenswert oft nicht bewusst.

Nicht nur die demografische Entwicklung führt zunehmend zur Knappheit der Ressource Wissen, sondern auch ein zunehmender Fachkräftemangel trägt in den Industrienationen zu einem Engpass an notwendigem Know-How bei (Fuchs & Dörfler, S. 1ff.). Durch die Krise hat natürlich auch dieses Thema in einigen Branchen kurzzeitig etwas an Dringlichkeit verloren. Es gibt jedoch bereits heute schon erste Signale, dass bestimmte „Wissensträger" auch in den kommenden Jahren wieder als knappes Gut angesehen werden müssen.

Diese Knappheit wird durch eine dritte Entwicklung sogar noch verschärft.

Gerade bei diesen gesuchten „Wissensträgern", wie sie zum Beispiel auch in größerer Zahl in der Beratungsbranche benötigt werden, ist ein zunehmender Wertewandel auf individueller Ebene zu erkennen, der sich unter anderem in dem Wunsch nach einer ausgeglichenen „Work-Life- 4 Balance" widerspiegelt. Damit sinkt die Bereitschaft dieser Experten zur „unkritisierten Selbstausbeutung". Die Frage nach der Sinnstiftung durch die eigene Arbeit und einem ausgeglichenen Verhältnis von Arbeit und Freizeit gewinnt hingegen zunehmend an Bedeutung. Entscheidend ist allerdings, dass sich diese Träger von Expertenwissen ihrer Rolle als wichtige „Wissensinvestoren" zunehmend bewusst sind.

Werden deren Anspruchshaltungen an das Unternehmen nicht mehr erfüllt, investieren Sie ihr Wissen eben in ein anderes Unternehmen. Für die betroffenen Unternehmen bedeutet dies, dass die Attraktivität des eigenen Unternehmens für diese „Wissensinvestoren" gestärkt und verbessert werden muss. Diese Wissensinvestoren müssen ähnlich aufwändig betreut werden, wie „Finanzinvestoren", da der Schaden bei Abwanderung des „Wissenskapitals" für Unternehmen existenzbedrohend sein kann.

Damit erfordert der beschriebene Wertewandel in Verbindung mit der demografischen Entwicklung und dem Fachkräftemangel zunächst ein Umdenken, denn der limitierende Wachstumsfaktor für Organisationen liegt vielfach nicht mehr außerhalb des Unternehmens im Marktumfeld, sondern wird intern durch die ausreichende Verfügbarkeit von Mitarbeitern mit spezifischem Fachwissen vorgegeben. Für viele Organisationen hängt damit der zukünftige Erfolg stark davon ab, in wieweit es gelingt, notwendige Fachkräfte länger an die Organisation zu binden.

Ist es einer Organisation dann gelungen, ausreichend Wissensträger an sich zu binden, wird der Erfolg oder Misserfolg durch einen weiteren Trend maßgeblich beeinflusst.

Die zunehmende Globalisierung, bei gleichzeitiger Steigerung der Anteile wissensintensiver Dienstleistungen, erfordern eine immer größere Wiederverwendbarkeit und schnellere Liquidierbarkeit des vorhandenen Wissens. Das benötigte Wissen der Wissensträger muss zur richtigen Zeit, am richtigen Ort für alle betroffenen Mitarbeiter, Kunden und Lieferanten zur Verfügung stehen. Nicht nur die Wissenssicherung sondern auch der Wissenstransfer wird damit zunehmend zu einem kritischen Erfolgsfaktor in der Unternehmensführung.

Alleine dieser kleine Überblick über aktuellen Entwicklungen in der Wirtschaft zeigt auf, dass der richtige Umgang mit immateriellen Ressourcen zunehmend über den Erfolg oder sogar über das zukünftige Überleben von Organisationen entscheiden kann. Der richtige

Umgang mit Wissen muss deshalb auch zukünftig stärker in den Mittelpunkt der Management-Aktivitäten gerückt werden. Eine genaue Analyse des Umgangs mit diesen immateriellen Ressourcen liefert damit eine gute Aussage über die Zukunftsfähigkeit der Organisation und damit über deren nachhaltige Wertentwicklung.

3.2   Einführung zur Wissensbilanz

Als ein sehr leistungsfähiges Instrument zur genaueren Analyse immateriellen Ressourcen wird im Nachfolgenden die Wissensbilanz vorgestellt.

3.2.1   Grundlegendes

In dieser Expertise werden hauptsächlich Ansätze des Managements immaterieller Vermögenswerte (ICM) in Unternehmen beschrieben. Die beschriebenen Ansätze lassen sich jedoch ohne größere Probleme auch auf andere Organisationsformen übertragen, wie zum Beispiel Non-Profit-Organisationen oder auch Behörden, da wesentliche Aspekte nicht mit dem Unternehmensstatus,

beziehungsweise mit der damit verbundenen Gewinnerzielungsabsicht gekoppelt sind, sondern wesentlich durch die besonderen Merkmale solcher sozio-kulturellen Systeme bestimmt werden.

Wenn im nachfolgenden Dokument von Wissensbilanzierung gesprochen wird, dann ist damit stets die Vorgehensweise nach dem von Bundeswirtschaftsministerium geförderten Modell „Wissensbilanz – Made in Germany" gemeint. Dieses später noch ausführlicher beschriebene Modell weist durch die Kombination der verschiedenen Methodenbausteine bestimmte Vorzüge auf, die andere Modelle, die sich ebenfalls als Wissensbilanz-Modelle bezeichnen, nach unserer Auffassung nicht aufweisen.

Grundlegend bei der Vorgehensweise „Wissensbilanz – Made in Germany" ist die Einteilung der immateriellen Ressourcen in drei verschiedene Bereiche, sogenannte Kapitalarten. In den folgenden Abschnitten sollen das Humankapital, das Strukturkapital und das Beziehungskapital kurz beschrieben werden.

3.2.2   Humankapital

Das **Humankapital (HK)** einer Wissensbilanz beschreibt die personenbezogenen Einflussfaktoren auf das immaterielle Vermögen eines Unternehmens. Es umfasst unter anderem die Kompetenzen, Fähigkeiten und Fertigkeiten sowie die Motivation der Mitarbeiter.

Abbildung 3.1   Beispielhafte Einflussfaktoren aus dem Humankapital

HK-1: qualifiziertes Personal
HK-2: Sozialkompetenz
HK-3: Motivation / Zufriedenheit
HK-4: Personalführung / Führungskompetenz
HK-5: Zuverlässigkeit

Die Formen des Humankapitals werden in der Literatur meist als implizites Wissen, also als von Personen verinnerlichtes Wissen, beschrieben. Das Humankapital ist demzufolge im Besitz der Mitarbeiter des Unternehmens. Aus Unternehmenssicht stellt das Humankapital folglich ein gewisses Risikopotenzial dar, denn es kann nicht vollständig durch die Organisation kontrolliert werden. Es steht dem Unternehmen lediglich während der Betriebszugehörigkeit der Mitarbeiter zur Verfügung. Das Humankapital ist damit aus Sicht des Unternehmens als Fremdkapital zu bezeichnen.

3.2.3   Strukturkapital

Das **Strukturkapital (SK)** umfasst alle Abläufe und Prozesse, welche die Mitarbeiter benötigen, um in ihrer Gesamtheit produktiv und innovativ zu arbeiten. Beim Strukturkapital handelt es sich weitgehend um Wissen der Mitarbeiter, welches dauerhaft in Aufbau-und Ablaufstrukturen des Unternehmens überführt wurde. Es handelt sich dabei um jene Elemente, die bestehen bleiben, wenn die Mitarbeiter nach der Arbeit die Organisation verlassen. Das Strukturkapital steht somit im direkten Zugriff des Unternehmens, dessen Verfügbarkeit auch nach Ausscheiden einzelner Mitarbeiter gewährleistet ist. Es ist deshalb auch weniger flüchtig und damit weniger risikobehaftet, als das Humankapital. Die Einflussfaktoren des Strukturkapitals, wie zum Beispiel Prozessbeschreibungen, Arbeitsplatzbeschreibungen, IT-Systeme oder Leitbilder, können aus Unternehmenssicht als Eigenkapital betrachtet werden.

Abbildung 3.2   Beispielhafte Einflussfaktoren aus dem Strukturkapital

SK-1: QM-System und Arbeitsabläufe
SK-2: Aufbaustruktur
SK-3: Kommunikation & Informationsaustausch
SK-4: technischen & räumlichen Voraussetzungen
SK-5: Unternehmenskultur / Werte

3.2.4 Beziehungskapital

Während die Einflussfaktoren aus dem Human- und Strukturkapital sich jeweils auf Faktoren innerhalb des Unternehmens beziehen, beschreiben die Einflussfaktoren des Beziehungskapitals jene Elemente, die aus dem Unternehmen nach außen wirken.

Das **Beziehungskapital (BK)** einer Wissensbilanz umfasst alle relevanten Beziehungselemente, die für die Erreichung der Unternehmensziele notwendig sind. Das Beziehungskapital umfasst zum Beispiel die Beziehungen zu Kunden und Lieferanten, zu sonstigen Partnern oder Netzwerken einer Organisation, sowie zur allgemeinen Öffentlichkeit.

Abbildung 3.3   Beispielhafte Einflussfaktoren aus dem Beziehungskapital

BK-1: Kundenbeziehungen
BK-2: Beziehungen zu Lieferanten
BK-3: Beziehung zu Geldgebern
BK-4: Marketing & Öffentlichkeitsarbeit
BK-5: Image

Das Beziehungskapital wird sehr stark durch unternehmensfremde, Dritten geprägt und kann deshalb auch nur bedingt beeinflusst werden. Dieses Beziehungskapital lässt sich zum Beispiel über längerfristige Lieferverträge in gewissem Maße an das Unternehmen binden. Es kann damit als eine Art Hybridkapital bezeichnet werden, welches nur zu einem Teil im Besitz des Unternehmens ist, zum anderen Teil allerdings Fremdkapital darstellt.

In dieser Expertise wurden diese drei Kapitalarten zunächst als separate Bereiche betrachtet. Es gibt jedoch einige Einflussfaktoren, die nicht nur einer einzigen Kapitalart zuzuordnen werden können, sondern Bestandteile mehrerer Kapitalarten sind. So lässt sich zum Beispiel die Qualität der Kundenbeziehungen nicht nur durch das Beziehungskapital allein beschreiben, sondern wird auch stark durch Elemente des Humankapitals, wie der Motivation der Mitarbeiter bestimmt, auch kundenorientiert zu arbeiten.

3.2.5 Bedeutung der Kapitalarten für den Unternehmenserfolg

Die nachfolgende Abbildung soll verdeutlichen, inwiefern die Erstellung einer Wissensbilanz im Zusammenhang mit den späteren Unternehmensergebnissen gebracht werden kann.

Die zukünftigen Unternehmensergebnisse und damit der aus diesen Ergebnissen abgeleitete, zukünftige Unternehmenswert werden zunächst wesentlich durch den Marktanteil eines

Unternehmens bestimmt. Dieser Marktanteil wiederum ist Folge einer entsprechenden Zufriedenheit der Kunden mit den Produkten und Dienstleistungen des Unternehmens. Diese Wirkung der Produkt- und Service-Qualität auf Kunden und Märkte steht besonders bei dem Qualitätsmanagementsystemen im Vordergrund. Diese Werttreiber werden im Wesentlichen durch die drei Bereiche Humankapital, Strukturkapital und Beziehungskapital bestimmt.

Die Investitionen in das immaterielle Vermögen eines Unternehmens sind dabei als wesentliche Frühindikatoren für einen nachhaltigen Erfolg des Unternehmens am Markt zu betrachten. Je nach Branche des Unternehmens kann hier mit Zeitabstand von ungefähr 4 Jahren gerechnet werden, bis sich Fehlentwicklungen im immateriellen Vermögen auch auf Marktfähigkeit und damit auf die Unternehmensergebnisse auswirken. Der erfolgreiche Umgang mit immateriellen Vermögenswerten erzwingt somit mindestens eine mittelfristige Perspektive aller Management-Aktivitäten.

Abbildung 3.4 Die Bedeutung der immateriellen Werte für den Unternehmenserfolg von morgen

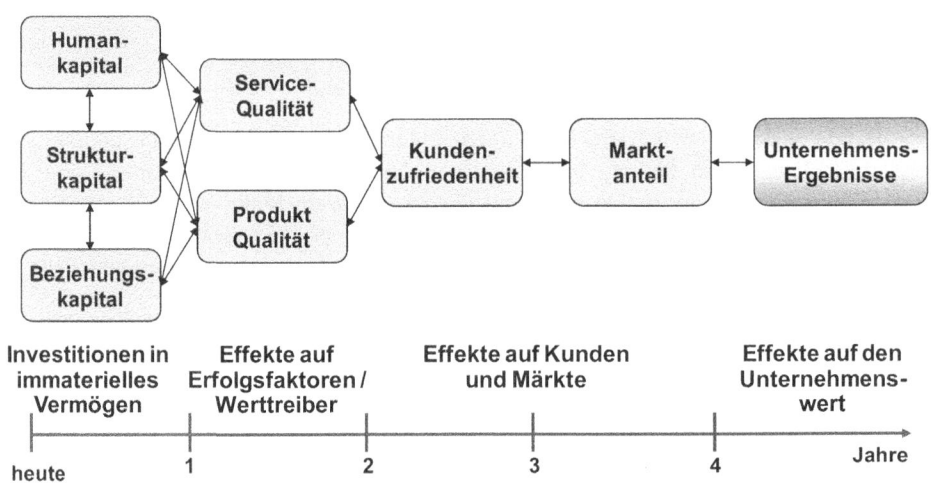

Die Wissensbilanz mit der Erfassung und Bewertung der immateriellen Erfolgsfaktoren aus den Kapitalarten kann damit als ein geeigneter Frühindikator für den zukünftigen Unternehmenserfolg betrachtet werden.

3.3   Die Wissensbilanzierung als Grundlage für ICM

Die Wissensbilanz ist das Ergebnis eines Prozesses mit spezifischen Methodenelementen. Alle bisherigen Wissensbilanz-Projekte haben gezeigt, dass der eigentliche Nutzen nicht allein im Endergebnis, der eigentlichen Wissensbilanz, besteht, sondern dass sich der Mehrwert für Organisationen vor allem aus dem spezifischen Erstellungsprozess ergibt. Deshalb soll im Folgenden der Prozess der Erstellung einer Wissensbilanz, also die Wissensbilanzierung etwas ausführlicher dargestellt werden.

3.3.1   Vorgehensweise bei der Wissensbilanzierung

Wie bereits einleitend kurz beschrieben, beziehen sich alle Aussagen in dieser Expertise auf das Wissensbilanzmodell nach dem Projekt „Wissensbilanz – Made in Germany" (BMWi, Dokumentation Nr. 574). Für ein besseres Verständnis der Vorteile dieser Vorgehensweise soll hier kurz auf die wesentlichen Methodenelemente eingegangen werden (vgl. Alwert 2006, S. 55ff.).

1. Beschreibung des Bilanzierungskontextes und des Unternehmensumfeldes

2. Beschreibung und Analyse der Unternehmensziele

3. Ermittlung zielrelevanter Einflussfaktoren

4. Einzelbewertung der Einflussfaktoren

5. Bewertung der Wirkungszusammenhänge zwischen den Einflussfaktoren

6. Auswertung der Ergebnisse

7. Definition von Indikatoren und Kennzahlen

8. Ableitung von Handlungsempfehlungen

Zu 1.) Die Bewertung der immateriellen Erfolgsfaktoren eines Unternehmens ist von den besonderen Rahmenbedingungen des unternehmerischen Umfeldes abhängig. Dazu zählen:

■ Die Unternehmensgröße (Umsatz , Mitarbeiterzahl)

■ Alter des Unternehmens und dessen historische Entwicklung (wesentliche Meilensteine in der Unternehmensgeschichte)

■ Marktumfeld (gesamtwirtschaftlich, branchenspezifisch und unternehmensindividuell)

■ Wettbewerbssituation

■ Besondere gesetzliche Aspekte

Ohne eine genaue Beschreibung dieser Rahmenbedingungen ist die Erstellung einer aussagekräftigen Wissensbilanz kaum möglich.

Zu 2.) Die Beschreibung und Analyse der eigentlichen Unternehmensziele stellt den zweiten wichtigen Schritt im Rahmen der Wissensbilanzierung dar. Die Unternehmensziele sind Bezugsgröße für die Ermittlung „zielrelevanter" Einflussfaktoren und zugleich die Basis für die anschließende Bewertung der Einflussfaktoren. Ohne eine saubere Zieldefinition bleibt die Wissensbilanz eine reine Beschreibung der unternehmerischen Ist-Situation. Systematisch abgeleitete Unternehmensziele sollten die vorher beschriebenen, unternehmerischen Rahmenbedingungen stets mit berücksichtigen.

Ändern sich im Zeitablauf wesentliche Inhalte der unternehmerischen Zielstellung, sollte auch der Prozess der Wissensbilanzierung erneut durchgeführt werden.

Zu 3.) Auf der Grundlage der beschriebenen Unternehmensziele werden im Anschluss relevante Einflussfaktoren aus den drei Kapitalarten ermittelt, welche aus Sicht des Unternehmens die vorher erfassten Ziele maßgeblich beeinflussen. Diese relevanten Einflussfaktoren erscheinen zunächst stark unternehmensindividuell. Auf Basis der Erfahrungen aus den bisherigen Wissensbilanz-Projekten lassen sich jedoch Standard-Einflussfaktoren ableiten. Für eine breite Akzeptanz der Wissensbilanzierung im Unternehmen ist es jedoch förderlich, mit den individuell erarbeiteten Einflussfaktoren die Begriffswelt des jeweiligen Unternehmens abzubilden.

Diese Übereinstimmung der maßgeblichen Einflussfaktoren oder Erfolgsfaktoren bildet auch die notwendige Voraussetzung für allgemeingültige, normenbasierte Managementsysteme. Könnten keine grundlegenden Elemente gefunden werden, die für eine erfolgreiche Unternehmensführung notwendig sind, könnten auch keine allgemeingültigen Managementsysteme entwickelt werden.

Zu 4.) In einem nächsten Schritt werden diese ermittelten Einflussfaktoren nach den drei Kriterien „Quantität", „Qualität" und „Systematik" bewertet. Die Quantität eines Einflussfaktors beschreibt dabei, ob dieser Faktor in ausreichendem Umfang im Unternehmen vorhanden ist, um die Unternehmensziele zu erreichen. Die Qualität der Einflussfaktoren beschreibt, inwiefern der Faktor in qualitativer Hinsicht stark genug ausgeprägt ist, um die Unternehmensziele zu erreichen. Die Bewertung der Systematik eines Einflussfaktors beschreibt hingegen, ob im Unternehmen ein planvoller und nachvollziehbarer Umgang mit dem jeweiligen Einflussfaktor vorliegt, damit die Unternehmensziele auch in effektiver bzw. effizienter Weise erreicht werden können.

Zu 5.) Die bisherigen Methodenschritte unterscheiden die Wissensbilanz noch nicht wesentlich von anderen Managementansätzen. Erst durch den Schritt der Bewertung der Wirkungszusammenhänge zwischen den einzelnen, zuvor bewerteten Einflussfaktoren untereinander und der Ermittlung der Wirkungsstärke der Einflussfaktoren auf die Unternehmensziele auf der anderen Seite, kommt ein neuartiger Methodenbaustein hinzu. Über die so erstellten Ursache-Wirkungszusammenhänge können unternehmensindividuelle Hebelwirkungen einzelner Faktoren herausgearbeitet werden. Mit diesem Methodenbaustein integriert die Wissensbilanzierung eine ganzheitliche, systemische Sichtweise, die in kaum einem anderen Instrument in dieser Form enthalten ist. Über diese Wirkungszusammenhänge können später nicht nur konkretere, sondern vor allem auch effektivere Handlungsempfehlungen abgeleitet werden, als dies mit anderen Managementinstrumenten möglich ist.

Zu 6.) Die Erstellung der eigentlichen Wissensbilanz und damit der Auswertung der bisherigen Prozessschritte besteht vor allem in der Zusammenfassung der Einzelergebnisse zu einem Gesamtbild über das intellektuelle Kapital des Unternehmens. Dieses Gesamtbild bezeichnet man als Potenzialportfolio. In einem solchen Potenzialportfolio oder auch Potenzialdiagramm werden die Ergebnisse der Einzelbewertungen der Einflussfaktoren nach den Kriterien Quantität, Qualität und Systematik auf der Abszisse und die Wirkungsstärke der Einflussfaktoren im Gesamtsystem auf der Ordinate des Diagramms abgetragen.

In dieser Auswertung werden vor allem die Elemente sichtbar, die unter der gegebenen Zielstellung die größte Wirkung auf die Unternehmensziele zeigen. Diese Einflussfaktoren befinden sich im Potenzialdiagramm in der oberen Hälfte. Entscheidend für die weitere Analyse ist die Unterscheidung der Einflussfaktoren, die nach den Kriterien „Quantität", „Qualität" und „Systematik" gut ausgeprägt sind, gegenüber den Einflussfakatoren, die nach diesen Kriterien weniger gut ausgeprägt sind. Eben diese Unterscheidung liefert konkrete Hinweise für die späteren Handlungsempfehlungen.

Zu 7.) Auf Basis der Auswertung des Potenzialdiagramms werden in einem nächsten Schritt entsprechend aussagekräftige Indikatoren und Kennzahlen abgeleitet, um eine Weiterentwicklung des immateriellen Vermögens anhand von messbaren Kenngrößen zu ermöglichen. Diese messbaren Größen können beispielsweise die Grundlage für eine Balanced-Scorecard liefern oder eine bereits bestehende Scorecard ergänzen. Der wesentliche Vorteil besteht in einem dadurch gewährleisteten, systematischen Aufbau des Kennzahlensystems unter Berücksichtigung der gegenseitigen Wechselwirkungen zwischen den einzelnen Elementen, ohne sich zu stark auf monetäre Größen zu beschränken. An dieser Stelle zeigt sich jedoch auch die hohe Kompatibilität der Wissensbilanz mit anderen Managementansätzen.

Zu 8.) Die Wissensbilanz endet allerdings nicht mit der Analyse der Ergebnisse. Weiteres wesentliches Element und geschätzter Mehrwert für Unternehmen ist die konkrete Ableitung von Handlungsempfehlungen zur Verbesserung des Umgangs mit dem immateriellen vermögen. Ein wesentlicher Teil der Handlungsempfehlungen ergibt sich dabei bereits aus der Einzelbewertung der jeweiligen Einflussfaktoren. Derartige Handlungsempfehlungen können sich zum Beispiel auf die Verbesserung der Systematik im Strukturkapital beziehen. Im Zusammenspiel mit den Ursache-Wirkungsketten, die aufzeigen, welche Faktoren die größten Wirkpotenziale auf die Unternehmensziele aufweisen, lassen sich bei gegebenen Unternehmensziele, die Maßnahmen herausarbeiten, die aktuell den größten Wirkungsgrad im Unternehmen aufweisen. Mit der Wissensbilanz lassen sich somit klare Entscheidungen über einen wirtschaftlicheren Einsatz der vorhandenen Ressourcen zur Zielerreichung darstellen.

3.3.2   Vorwiegende Anwendungsbereiche der Wissensbilanzierung in der Praxis

Wie einleitend kurz angesprochen, führt gerade der Begriff Wissensbilanzierung auch in Bezug auf die bevorzugten Anwendungsbereiche häufig zu Missverständnissen. Entgegen der ersten Vermutung wird die Wissensbilanz vorwiegend eben nicht zur externen Berichterstattung, in Sinne einer Finanzbilanz, eingesetzt, sondern dient zunächst als internes Managementinstrument. Dies ist allerdings keine Besonderheit der WissensbilanzMethode, sondern deutet exemplarisch auf eine Problematik, die das gesamten „Intellectual Capital Managements" betrifft, hin. Dies lässt sich besonders gut anhand der Entwicklung des schwerpunktmäßigen Anwendungsbereichs der Wissensbilanz skizzieren.

Abbildung 3.5   Eigene Erfahrungswerte zu Anwendungsbereichen der Wissensbilanzierung

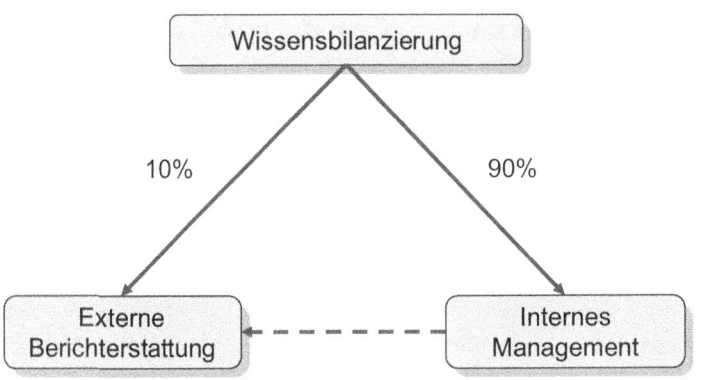

Das ursprüngliche Wissensbilanzmodell (des österreichischen ARCS, siehe www.arcs.ac.at) war vorwiegend als Kommunikationsinstrument für die externe Berichterstattung zum Umgang mit immateriellen Vermögenswerten angedacht.

Im Laufe der Anwendung der Wissensbilanz-Methode hat sich der eigentliche Nutzen jedoch bei der Erfassung und Steuerung immaterieller Erfolgsfaktoren in Organisationen herauskristallisiert. Von der anfänglichen externen Berichterstattung entwickelte sich der hauptsächliche Anwendungsbereich der Wissensbilanz zunehmend zu einen Instrument des internen Managements. Dies lässt sich auf folgende Ursachen zurückführen.

Ein wesentlicher Vorteil der Wissensbilanzierung gegenüber anderen Managementansätzen liegt in der oben beschriebene Vorgehensweise, die sehr gezielt auf die strukturellen Besonderheiten des zu bilanzierenden Unternehmens eingeht und damit ein sehr genaues Bild der Organisation zeichnet. Entscheidender Nachteil für eine externe Berichterstattung ist bei dieser Vorgehensweise die geringe Vergleichbarkeit der Ergebnisse. Als weiterer Nachteil im Rahmen der externen Berichterstattung, kann auf die fehlenden gesetzlichen

Vorgaben zur Berichterstattung über immaterielle Vermögenswerte verwiesen werden. Außer durch das österreichische Hochschul-Rahmengesetz, indem eine regelmäßige Wissensbilanzierung für österreichische Universitäten festgeschrieben ist, sind derzeit kaum Vorgaben zur Berichterstattung über immaterielle Vermögenswerte vorhanden. Erste Ansatzpunkte ergeben sich aktuell durch das Bilanzmodernisierungsgesetz (kurz BilMoG), indem erstmalig ein „Bilanzierungswahlrecht für immaterielle Vermögenswerte" unter bestimmten Voraussetzungen geregelt wurde (vgl. Schruff & Melcher 2009, S. 19ff.). Zusätzlich hat sich allerdings gezeigt, dass Informationen über immaterielle Vermögenswerte, so zum Beispiel auch durch die Wissensbilanz, einen sehr umfassenden Einblick in die berichtende Organisation erlauben. Mit dieser Offenlegung der immateriellen Vermögenswerte seitens einiger Unternehmen eine große Skepsis verbunden, damit zu viel Informationen auch den Wettbewerbern gegenüber zugänglich zu machen.

Im Gegensatz zu dem beschriebenen, fehlenden externen „Zwang" und der vorhandenen Skepsis der Informationsweitergabe steht der hohe interne Nutzen der Wissensbilanz als Steuerungsinstrument für intellektuelles Kapital. Diese beiden Tendenzen führen im Endeffekt zu der oben dargestellten Verteilung in den Anwendungsbereichen von Intellectual Capital Management-Systemen.

3.3.3 Bisherige Erfahrungen mit der Wissensbilanzierung

Die nachfolgend beschriebenen Erfahrungen basieren auf ca. 40 Wissensbilanzen bei Organisationen unterschiedlicher Größenordnung und aus unterschiedlichen Branchen und Rechtsformen. Dieser Auszug soll auch erste Hinweise darüber liefern, warum ein "Intellectual Capital Management-System" in vielen Organisationen ein notwendiges und hilfreiches Instrument darstellt und deshalb zukünftig weiter forciert werden sollte.

3.3.3.1 Gemeinsamkeiten und Unterschiede zwischen den Wissensbilanzen

Gerade in Hinblick auf eine vertiefende Forschung sei anzumerken, dass die Problemfelder im Umgang mit immateriellen Vermögen, unabhängig von der Größe oder der Branche oder der Rechtsform der Organisation, ähnlich oder nahezu identisch sind, so dass sich ein typisches Set an möglichen Einflussfaktoren herausgebildet hat (vgl. Bornemann & Reinhard 2008, S. 93f.). Dieses Set an Wissensbilanz-Einflussfaktoren findet sich auch in der Erfolgsfaktoren-Forschung oder im Rating wieder. Selbstverständlich gibt es in jeder Wissensbilanz organisationsspezifische Besonderheiten, die aber bei genauerer Betrachtung vernachlässigbar sind. So ist zum Beispiel erkennbar, dass kleinere und jüngere Unternehmen tendenziell noch einen stärkeren Fokus auf dem Humankapital, also auf den einzelnen Mitarbeitern, haben und meist weniger Strukturkapital aufgebaut haben. Das Strukturkapital wächst entweder durch ein Qualitätsmanagement-System deutlich an oder verbessert sich notwendigerweise mit der Größe und dem Alter der Organisation. Bei größeren und älteren Organisationen ist das Strukturkapital hingegen deutlich stärker ausgeprägt.

Bei der Auswahl der zielbeeinflussenden Einfluss- bzw. Erfolgsfaktoren bestehen jedoch wieder größere Gemeinsamkeiten. Die größten Gemeinsamkeiten finden sich im Humankapital. Diese Themenfelder, die sich mit den Mitarbeitern und deren Know-how beschäftigen sind für alle wissensintensiven Organisationen gleichermaßen wichtig, unabhängig von der Branche, der Größe oder des Alters.

Im Bereich des Strukturkapitals können sich aufgrund des Alters und der Größe des Unternehmens tendenziell eher Unterschiede ergeben, wobei sich die Unterschiede meist auf die individuelle Ausprägung einzelner Einflussfaktoren beschränken und weniger das Set der Einflussfaktoren selbst betreffen. So hat in allen Organisationsformen das Thema der Kommunikationsstrukturen und damit der Art und Weise des Wissensaustausches einen wesentlichen Einfluss auf die Unternehmensziele. Wie diese Kommunikationsstrukturen ausgeprägt sind und wie systematisch an diesen Strukturen gearbeitet wird, unterscheidet sich in den Unternehmen allerdings wieder deutlich.

Die größten Unterschiede treten im Beziehungskapital der Organisationen auf. Die Ausprägung des Beziehungskapitals einer Organisation wird sehr stark von der Größe, dem Alter des Unternehmens, der Branche, der eigenen Strategie und den Produkten geprägt. Zwar lassen sich auch hier gewisse Gemeinsamkeiten finden, die allgemeine Schlüsse über den Umgang mit dem intellektuellen Kapital zulassen, diese sind aber sehr viel geringer, als bei den anderen beiden Kapitalarten.

3.3.3.2   Vertretbarer Aufwand

Gerade für klein- und mittelständische Unternehmen besteht ein wesentlicher Vorteil in dem vergleichsweise geringen Aufwand für die Erstellung einer Wissensbilanz, wobei grundsätzlich zwischen internem und externem Aufwand unterschieden werden sollte.

Die Wissensbilanz ist grundsätzlich so ausgelegt, dass die Erstellung vollständig durch interne Mitarbeiter des Unternehmens erfolgen kann. Dazu wurden im Rahmen des Forschungsprojektes „Wissensbilanz – Made in Germany" durch das Bundeswirtschaftsministerium ausführliche Informationsmaterialen, wie der Leitfaden oder eine ausführliche Hilfefunktion in der Wissensbilanz-Toolbox zur Verfügung gestellt.

Es empfiehlt sich jedoch aus verschiedenen Gründen gerade bei der Erstellung der ersten Wissensbilanz einen erfahrenen externen Berater mit einzubinden (vgl. Bornemann & Reinhard 2008, S. 68). Eine solche externe Unterstützung beschränkt sich meist auf die Vorbereitung, Durchführung und Nachbereitung der Wissensbilanz und kann damit mit wenigen Personentagen angesetzt werden. Der interne Aufwand ist etwas umfassender, da für die verschiedenen Wissensbilanz-Workshops, Mitarbeiter aus möglichst unterschiedlichen Organisationsbereichen mitwirken sollten. Bei einem durchschnittlichen Projekt in einem mittelständischen Unternehmen kann mit ungefähr 12 Personen und 3-4 Arbeitstagen kalkulieren werden. Wird diese Zeit als produktive Zeit mit internen Verrechnungssätzen angesetzt, ist der interne Aufwand mit ca. 50 Personentagen nicht unwesentlich. Diese Betrachtung berücksichtigt meist jedoch nicht, dass sowohl die Ergebnisse der Wissensbilanz für andere Aufgaben, wie zum Beispiel die Erstellung einer Balanced-Scorecard, dem

Aufbau eines Risikomanagements oder als erweitertes Managementaudit im Rahmen des Qualitätsmanagements weiter verwendet werden können. Aber gerade der hohe Grad an Wiederverwendbarkeit der Ergebnisse ist im Vergleich zu anderen Managementansätzen positiv zu vermerken. Weiterhin werden im Rahmen der Wissensbilanzierung oftmals Fragestellungen diskutiert, die im Rahmen strategischer Überlegungen ohnehin der Klärung bedürfen. Die Wissensbilanzierung liefert auch gerade dafür eine systematische Vorgehensweise und dokumentiert sowohl die Vorgehensweise wie auch die Ergebnisse dieser Diskussion.

Für eine realistische Einschätzung des Aufwands sollte jedoch unbedingt darauf geachtet werden, dass die eigentliche Analysephase durch die Wissensbilanz, von einer möglichen anschließenden Umsetzungsphase der aus der Wissensbilanz abgeleiteten Maßnahmen getrennt betrachtet wird. Die Analyse im Rahmen der Wissensbilanz ist in wenigen Tagen durchgeführt, die Umsetzung der Verbesserungsmaßnahmen kann sich allerdings über Monate oder Jahre erstrecken. Aufgrund dieser breiten Leistungsfähigkeit und dem spürbaren Nutzen sind die Anwender einer Wissensbilanz letztendlich vom Verhältnis des Aufwands zum konkreten Nutzen für die Organisation positiv überrascht.

3.3.3.3 Nutzen in speziellen Unternehmenssituationen

Entgegen der bisher beschriebenen Vorteile gibt es genügend Organisationen, die zunächst keinen Bedarf an der Nutzung eines "Intellectual Capital Management Systems" sehen. Die Analyse der bisherigen Projekte zeigt, dass der Nutzen der Wissensbilanzierung für Organisationen dann besonders hoch einzuschätzen ist, wenn Veränderungen anstehen oder notwendig sind und damit ein gewisser Handlungsdruck besteht.

Für Unternehmen in einer eher ruhigen und stabilen Situation ist der Nutzen eines Intellectual Capital Management-Systems grundsätzlich nicht geringer. In Situationen ohne konkreten Handlungsdruck fehlt auf Unternehmensseite jedoch häufig die Einsicht für eine proaktive und damit zukunftsorientierte Analyse, deren Wirkungen sich aufgrund der Komplexität nicht sofort in monetären Größen widerspiegeln.

Gerade für Unternehmen, die aufgrund interner Gründe (geplante Expansionsstrategie) oder externer Veränderungen (hohe Marktdynamik) zu einem Veränderungsprozess „gezwungen" werden, kann eine Wissensbilanz aufgrund des vergleichsweise geringen Aufwandes innerhalb kurzer Zeit, zum Beispiel innerhalb 4-6 Wochen, umfassende und detaillierte Informationen für den anstehenden Veränderungsprozess liefern.

Weitere typische Situationen, in denen die Wissensbilanz eine Hilfestellung geben kann:

- Starke Marktveränderungen (Chancen oder Risiken)

- Umfassende, geplanten Umstrukturierungen (z.B. Fusionen)

- Notwendige Turn-Around-Situationen

- Starkes Unternehmens-Wachstum

3.3.3.4   Unterstützung durch die Unternehmensleitung

Unabhängig von der Situation, in der sich ein Unternehmen temporär befindet, setzt die erfolgreiche Durchführung einer Wissensbilanz und die Umsetzung der nachfolgend abgeleiteten Maßnahmen generell – wie bei allen anderen Managementinstrumenten auch – die vollständige Unterstützung und ein hohes Maß an Verständnis seitens der Unternehmensleitung voraus. Dies ist deshalb so wichtig, da viele Maßnahmen zur Verbesserung des Umgangs mit immateriellen Vermögenswerten oft erst eine mittelfristige Wirkung zeigen. Ohne eine dauerhafte Unterstützung durch die Geschäftsleitung besteht zudem die Gefahr, dass die Maßnahmen zu frühzeitig wieder eingestellt werden, bevor sie Ihre Wirkung entfalten können. In diesem Zusammenhang ist die Auswahl geeigneter Erfolgsindikatoren wichtig, die bereits frühzeitige Veränderungen sichtbar werden lassen. Kurzfristige Erfolgserwartungen sind im Rahmen des gesamten "Intellectual Capital Managements" unangebracht, da die verbunden Maßnahmen meist ein grundlegendes Umdenken, bzw. eine Veränderung der Unternehmenswerte, der Unternehmenskultur oder des Führungsverhaltens erfordern.

3.3.3.5   Ursache-Wirkungsketten unterstützen das unternehmerische Denken

Ein wichtiger Mehrwert der Wissensbilanzierung gegenüber anderen Managementsystemen und Instrumenten besteht in der Erstellung und Nutzung von Ursache-Wirkungsketten. Durch die zunehmende Komplexität in Organisation verlieren zunehmend auch immer mehr Führungskräfte den Überblick über detaillierte Zusammenhänge (vgl. Probst & Gomez, S. 5). Handlungen, Entscheidungen und Maßnahmen werden nur noch dem Hintergrund eines überschaubaren und beherrschbaren Ausschnittes der Organisation getroffen. Der Blick für das Große und ganze geht verloren. Mit der Erarbeitung von Ursache-Wirkungsketten und der Darstellung der vielfältigen Zusammenhänge werden den Mitarbeiter die vielfältigen Konsequenzen ihres Handelns dargestellt. Der Blick richtet sich von einzelnen Detaillösungen wieder verstärkt auf das Gesamtunternehmen und die Zielerreichung.

Im nachfolgenden werden nun die einzelnen Elemente der Wissensbilanzierung und die Erfahrungen mit der Methode auf andere Instrumente übertragen, um aufzuzeigen, dass heute bereits geeignete Instrumente zum "Intellectual Capital Management" in Organisationen eingesetzt werden, diese aber meist anders bezeichnet werden.

3.4   Normbasierte Managementsysteme als Baustein eines ICM

Im vorherigen Kapitel wurde die grundsätzliche Vorgehensweise bei der Erstellung einer Wissensbilanz aufgezeigt und um konkrete Erfahrungen bei der Umsetzung der Methode ergänzt. Dabei wurde aufgezeigt, dass ein wesentliches Bewertungskriterium der Wissensbilanz die Beurteilung der systematischen Vorgehensweise im Umgang mit immateriellen Vermögenswerten ist.

Eine wesentliche Verbesserung der Systematik erfolgsrelevanter Unternehmensfaktoren ist aber gerade auch das erklärte Ziel normbasierter Managementsysteme. Derartige Managementsysteme zeichnen sich grundsätzlich durch eine allgemeingültige, da in eine Norm gegossene Systematik aus. Gerade zertifizierungsfähige Managementsysteme, wie das Qualitätsmanagementsystem nach DIN ISO 9001 ist darauf ausgelegt, qualitätsrelevante Erfolgsfaktoren für außenstehende Dritte transparent und nachvollziehbar zu machen.

Im folgenden Kapitel soll aufgezeigt werden, das diese Managementsysteme bereits heute in den Unternehmen eine wichtige Aufgabe im Umgang mit immateriellem Kapital übernehmen.

Aus der Perspektive des Wissensmanagements bieten zertifizierungsfähige Managementsysteme zunächst allgemein folgende Vorteile:

- Die nationale oder internationale Norm liefert eine transparente, allgemeingültige und damit für Dritte verständliche Vorgehensweise.

- Die Anwendung der Norm mit dem Ziel der Erfüllung der Zertifizierungskriterien gewährleistet eine systematische Vorgehensweise bei der Umsetzung.

- Die Empfehlungen der Norm bilden die gebündelten Erfahrungen verschiedener Experten zu dem jeweiligen Thema ab. Mit der Anwendung der Norm erfolgt ein „Wissens-Insourcing" dieser Erfahrungen.

- Die regelmäßigen und notwendigen Wiederholungs-Audits zur Aufrechterhaltung der Zertifizierung erzeugen den notwendigen Handlungsdruck in der Organisation, damit die systematische Vorgehensweise nicht dem Tagesgeschäft geopfert wird.

- Organisationen, die eine Norm mit dem Ziel der Erst-und Rezertifizierung anwenden, müssen regelmäßige Verbesserungsmaßnahmen am Managementsystem nachweisen und haben damit die Basis für eine lernende Organisation geschaffen.

Neben diesen Vorteilen aus Sicht des Wissensmanagements lassen sich für die verschiedenen Managementsysteme weitere allgemeingültige Grundlagen aufzeigen.

3.4.1   Allgemeine Grundlagen von Managementsystemen

Zum besseren Verständnis der Vorteile eines Managementsystems als geeignetes Instrument des "Intellectual Capital Managements" werden die beschriebenen Managementsysteme nachfolgend in die Bereiche „fachliche Inhalte" und „Allgemeine Module" aufgeteilt, die jedoch in der Praxis nicht voneinander zu trennen sind.

Die fachlichen Inhalte der angesprochenen Managementsysteme werden zunächst durch die verschiedenen Normen wiedergegeben. Die einzelnen Normen, wie die DIN ISO 9001:2008 für das Qualitätsmanagement spiegeln zunächst externes Erfahrungswissen von

Expertengremien, dem Normungsinstitut und den Erfahrungen aus „Best-Practise-Fällen"
wieder. Durch die Anwendung der jeweiligen Norm im Rahmen des Aufbaus eines Managementsystems wird dieses externe Expertenwissen in die Organisation übertragen. Das
externe Wissen aus der Norm wird in internes Strukturkapital in Form des Managementsystems umgewandelt.

Verschiedene Beratungsprojekte in mittelständischen Unternehmen haben gezeigt, dass die
für die Strukturen verantwortlichen Personen oft sehr viel Zeit damit verbringen, entsprechende Vorgehensweisen zur Qualitätsverbesserung selbst zu entwickeln, ohne zu wissen,
dass die notwendigen Elemente bereits in entsprechenden Normen ausführlich und vor
allem konsistent beschrieben sind.

Diese allgemein-fachlichen Inhalte der Norm werden im Rahmen des Aufbau eines betrieb-
lichen Managementsystems in einem nächsten Schritt durch Anpassung an die eigene Organisation mit internem Erfahrungswissen über konkrete und unternehmensspezifische
Vorgehensweisen und Prozessabläufe angereichert. Die Anwendung der Norm auf das
eigene Unternehmen integriert damit das spezifisch-interne Erfahrungswissen in das all-
gemeingehaltene, externe Expertenwissen der Norm und schafft damit eine integrierte
Wissensplattform für die Organisation.

Für diese Abbildung und die spätere Weiterentwicklung des eigenen Erfahrungswissens
sind in allen Managementsystemen einheitliche Bausteine vorgegeben. Diese einheitlichen,
auch normübergreifenden Bausteine wiederum gewährleisten eine systematische und
standardisierte Vorgehensweise bei der Anwendung der Norm. Diese Einheitlichkeit ist
besonders für externe Adressaten des Managementsystems von hoher Relevanz.

Folgende Elemente eines Managementsystems tragen als allgemeingültige Bausteine zur
Standardisierung bei:

■ Die grundsätzliche Empfehlung zur nachvollziehbaren Dokumentation aller relevanten
  Aktivitäten in Zusammenhang mit dem Managementsystem und damit die Aufforde-
  rung zur „Explizierung" des Wissens.

■ Die Erstellung eines Handbuch, welche die dokumentierte und damit explizite Zusammenstellung aller relevanten Elemente des Managementsystems einer Organisation
  aufweist.

■ Die regelmäßige Schulung der Mitarbeiter über die Inhalte und Veränderungen des
  Managementsystems und damit der Versuch einer Internalisierung des externen Wissens aus dem Managementsystem.

■ Die regelmäßige und geplante Überprüfungen und Verbesserung des Managementsystems in Form von Audits. Neben einer Eigenbeurteilung im Rahmen eigener, interner
  Audits erfolgt auch eine Fremdbeurteilung durch externe Rezertifizierungsaudits.

■ Die Definition und Überwachung von Maßnahmen zur regelmäßigen Verbesserung des
  Managementsystems als Basis für eine lernende Organisation.

Abbildung 3.6   Bausteine unterschiedlicher Managementsysteme

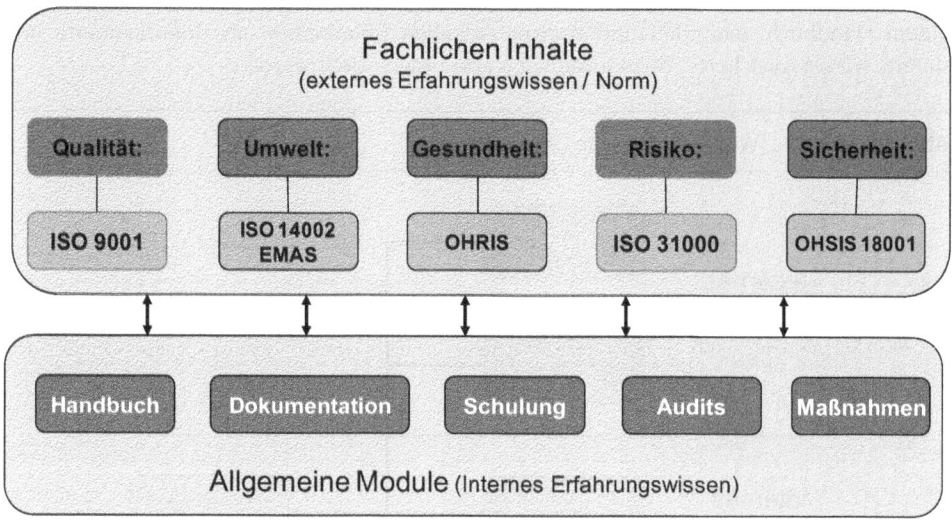

Betrachtet man die einzelnen Elemente der Managementsysteme nochmals aus dem Blickwinkel des Wissensmanagements, so ist als wesentlicher Bestandteil derartiger Systeme die Überführung von humankapitalbezogenem Erfahrungswissen der Mitarbeiter zu strukturkapitalbezogenen Wissen der Organisation aufzuführen. Durch die Implementierung eines Managementsystems in Organisationen wird das flüchtige Fremdkapital der Mitarbeiter systematisch, nach Vorgabe der Norm, in strukturelles Eigenkapital der Organisation umgewandelt. Dieses ist damit weniger risikobehaftet und steht der Organisation langfristig zur Verfügung. Diese integrierte Wissens-Explizierung und die damit zusammenhängende Wissenssicherung sind mit entsprechendem Aufwand verbunden, verhindert aber auch einen ungewollten Wissensabfluss. Im Sinne der Wissensbilanz tragen Managementsysteme in Unternehmen wesentlich zur Systematisierung des Umgangs mit immateriellen Vermögenswerten bei und verbessern in der Wissensbilanz das Bewertungskriterium der „Systematik". Der Vorteil der Nutzung von Managementsystemen liegt damit in der systematischen Vorgehensweise zur Wissenssicherung, Wissensdokumentation und Wissensnutzung. Aus Sicht des "Intellectual Capital Managements" besitzen Managementsysteme aber noch weitere Vorteile.

3.4.1.1   Managementsysteme beinhalten alle drei Kapitalarten

Schwerpunkt jedes normbasierten Managementsystems ist das Strukturkapital in Form der geforderten Vorgehensweisen. Durch die externen Vorgaben aus der Norm werden bestimmte Rahmenstrukturen empfohlen, die sich bereits in anderen Unternehmen bewährt haben. Diese Normvorgaben werden gegebenenfalls noch durch Erfahrungen externer Berater ergänzt. Dieses externe Wissen wird mit den Erfahrungen der Mitarbeiter zu einer unternehmensspezifischen Ausprägung der Normvorschriften umgestaltet. Diese konkrete Ausprägung der Norm findet in Form von Prozessbeschreibungen, Verfahrensanweisungen und Arbeitsanweisungen, Stellenbeschreibungen und Organigrammen statt, die im einem Handbuch gebündelt und transparent allen Mitarbeitern als dokumentierte und damit „wissensgesicherte" Strukturen zur Verfügung gestellt werden.

Abbildung 3.7   Wissensnutzung im QM-System

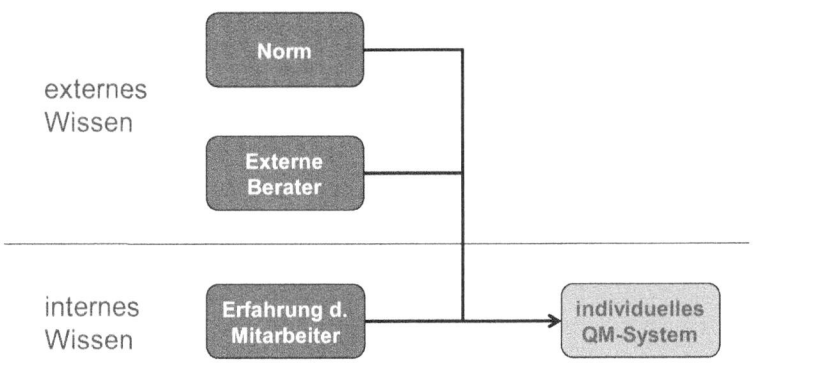

Neben dem Strukturkapital wird in einem Managementsystem aber auch das Humankapital berücksichtigt. Der Aufbau und vor allem die konsequente Nutzung und Erweiterung eines unternehmensspezifischen Managementsystems ist nicht ohne internes Know-How der Mitarbeiter möglich. Damit spielt die Qualifikation der Mitarbeiter als wichtigster Einflussfaktor aus dem Humankapitals eine wesentliche Rolle.

Diese wichtige Rolle der Mitarbeiter wird jedoch auch im Managementsystem selbst entsprechend gewürdigt, indem beispielsweise dem Thema (personelle) Ressourcen eigene Kapitel gewidmet sind. Schwerpunkt in diesen Kapiteln ist der kontinuierliche Wissenstransfer von einzelnen Experten auf alle betroffenen Mitarbeiter durch systematische Schulungen. Somit wird durch die Anwendung der Norm nicht nur der Weg der Explizierung von Wissen in Strukturkapital genutzt, sondern es ist auch der komplementäre Weg vorgesehen, der durch Schulung vorhandenes Strukturkapital wieder in implizites Wissen und damit Humankapital überführt.

Aus externer Sicht, liegt der wesentliche Vorteil normbasierter Managementsysteme in der Einheitlichkeit der Vorgaben bzw. der Vergleichbarkeit der Prozesse. Eine Zertifizierung durch neutrale Dritte, wie zum Beispiel dem TÜV, bestätigt externen Interessensgruppen die Norm-immanente Grundsystematik in Bezug auf Human- und Strukturkapital.

3.4.1.2   Managementsysteme betreiben nachhaltige Wissenssicherung

Weiterer Bestandteil von normbasierten Managementsystemen ist ein kontinuierlicher Verbesserungsprozess, der durch die Phasen „Planung (Plan)", „Umsetzung (Do)", „Kontrolle (Check)" und Verbesserung (Act)" gekennzeichnet ist. Dieser „PDCA-Zyklus" ist notwendige Grundlage für eine „Lernende Organisation". Voraussetzung diesen Zusatznutzen ist jedoch, dass die Erfahrungen, die im Rahmen dieses Verbesserungsprozesses erarbeitet werden, wieder in Strukturen überführt und damit standardisiert werden.

Abbildung 3.8   Kontinuierliche Wissenssicherung durch Standardisierung

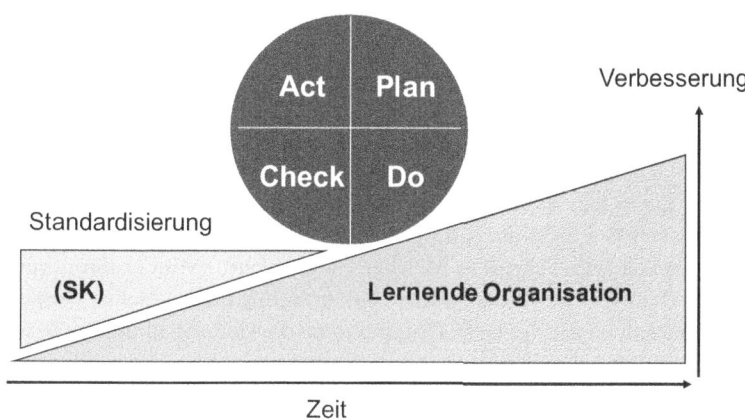

Wie bereits im vorherigen Abschnitt beschrieben, zeichnen sich Managementsysteme dadurch aus, dass externes und internes Erfahrungswissen in Form von Prozessbeschreibungen, Verfahrensanweisungen und Arbeitsanweisungen dokumentiert wird. Wesentliches Ziel eines Qualitätsmanagementsystems ist es zum Beispiel, auch dann die Qualität der Produkte und Dienstleistungen zu sichern, wenn Schlüsselpersonen und damit relevante Wissensträger dem Unternehmen für unbestimmte Zeit nicht mehr zur Verfügung stehen. Durch die Dokumentation der entsprechenden Vorgehensweisen wird das Wissen dieser Schlüsselpersonen zunächst über die entsprechende Dokumentation gesichert und damit für andere Mitarbeiter zur Verfügung gestellt. Durch einen kontinuierlichen Verbesserungsprozess, der in allen normbasierten Managementsystemen implementiert ist, wird dieser Wissenssicherungsprozess auch kontinuierlich weiter unterstützt. Regelmäßige externe Audits und Rezertifizierungs-Maßnahmen stellen sicher, dass dieser aufwendige Prozess der kontinuierlichen Wissenssicherung nicht unter ein Mindestmaß absinkt.

3.4.1.3   Managementsysteme liefern die Grundlage für eine spätere Bewertung

Die Bewertung immaterieller Güter bzw. Vermögenswerte ist eines der schwersten und zugleich auch umstrittensten Themen in der Wirtschaftsliteratur. Auf die Vielzahl der Bewertungsansätze und damit verbundenen Probleme soll an dieser Stelle nicht näher eingegangen werden. Für das nähere Verständnis der nachfolgenden Aussagen sind jedoch einige Anmerkungen notwendig.

Grundsätzlich muss zwischen der Bewertung der immateriellen Vermögenswerte für interne Controlling- und Steuerungszwecke und einer Bewertung für die externe Berichterstattung unterschieden werden. Die Bewertung immaterieller Vermögenswerte für rein interne Zwecke wird nur durch die wirtschaftliche Sinnhaftigkeit beschränkt und kann damit frei gestaltet werden. Ernsthafte Probleme treten erst bei der Bewertung immaterieller Vermögenswerte für eine externe Berichterstattung oder dem Wertausweis gegenüber unternehmensexternen Interessensgruppen auf. Wie bereits oben angedeutet, gibt es für diesen Bereich, trotz der zunehmenden Bedeutung wissensintensiver Unternehmen, nur wenige gesetzliche Vorgaben und Erfahrungsberichte.

Erstmalig konkretere Aussagen liefert im IFRS Rechnungslegungssystem der Standard IAS 38. „Leitlinien zur Implementierung von IAS 38 [...] sind derzeit nicht existent." (Heyd & Lutz 2005, S. 22).

In Anlehnung an die in IAS 38 definierten Prämissen für die bilanzielle Erfassung immaterieller Vermögenswerte wurde auch der entsprechende Abschnitt im Bilanzmodernisierungsgesetz entwickelt (vgl. Schruff & Melcher 2009, S. 19ff.). Mit der damit geschaffenen Möglichkeit bzw. dem Wahlrecht der bilanziellen Erfassung immaterieller Vermögenswerte besteht nun erstmals auch für deutsche Unternehmen die Chance, immaterielles Vermögen als bilanzieller Eigenkapital zu Erfassung. Aufgrund der Neuheit dieses bilanziellen Wahlrechts für immaterielle Vermögenswerte gibt es bisher noch keine Erfahrung mit der Anwendung. Es kann jedoch vermutet werden, dass sich dies zukünftig ändert.

Aus Sicht des Wissensmanagements liegt der wesentliche Vorteil derartiger Managementsysteme in der systematischen Dokumentation des Wissens. Damit wird implizites Wissen der Mitarbeiter zu explizitem Wissen des Unternehmens. Humankapitalorientiertes Fremdkapital wird damit zu strukturkapitalorientiertem Eigenkapital.

Für eine Bewertung des immateriellen Vermögens ist die Unterscheidung zwischen immateriellen Eigen- und Fremdkapital eine notwendige Voraussetzung. Durch den Prozess der Wissensexplizierung im Managementsystem wird Fremdkapital in Eigenkapital umgewandelt und womit eine notwendige Voraussetzung für eine Diese Verfügungsmacht wird durch den gewährleistet. Gleichzeitig wir risikobehaftetes Fremdkapital in Eigenkapital umgewandelt.

Durch die Dokumentation und die Einteilung in fachliche und prozessuale Abschnitte erfüllt ein Managementsystem darüber hinaus auch die Anforderung nach der Abgrenzbarkeit der immateriellen Wirtschaftsgüter. Das Wissen über bestimmte Prozessbereiche kann in der Dokumentation vom Wissen angrenzender Themenbereiche abgegrenzt werden. Forschungsaktivitäten können klar zu Entwicklungsaktivitäten abgegrenzt werden.

Als drittes wesentliches Kriterium für eine Bewertung immaterieller Vermögensgegenstände ist der zu erwartende Nutzen des immateriellen Gutes darzustellen. Der Nutzen eines Managementsystems wurde bereits am Beispiel der Wissenssicherung kurz angedeutet. Weiterhin kann die Reduzierung von Suchzeiten und die umfassende Verfügbarkeit des dokumentierten Wissens für Mitglieder der Organisation als zusätzlicher Nutzen angeführt werden.

Damit liefert die Einführung eines normbasierten Managementsystems die grundlegenden Voraussetzungen für eine Bewertung immaterieller Vermögenswerte liefert.

Für eine endgültige Bilanzielle Erfassung der immateriellen Vermögenswerte, wie sie aktuell durch das Bilanzmodernisierungsgesetz nun möglich wurde sind jedoch darüber hinausgehende Maßnahmen notwendig.

3.4.2 Qualitätsmanagement-Systeme

Während bisher nur allgemein über verschiedene Managementsysteme gesprochen wurde, soll nun der Zusammenhang zwischen dem Management immaterieller Vermögenswerte und einem normbasierten Managementsystem konkret am Beispiel des Qualitätsmanagements nach DIN ISO 9001 dargestellt werden. Die DIN ISO 9001 existiert nun bereits in verschiedenen Versionen. Die neueren Versionen stellen Überarbeitungen und Anpassungen an weitergehende Erfahrungen der vorherigen Versionen dar. Die aktuelle Version der DIN ISO 9001 ist die Version 2008, die im Vergleich zu den bisherigen Versionen (z.B. Version 2004) noch wesentlich stärker auf Aspekte des Wissensmanagements eingeht.

Abbildung 3.9   Prozessmodell der DIN ISO 9001-Reihe (Quelle: TÜV Akademie)

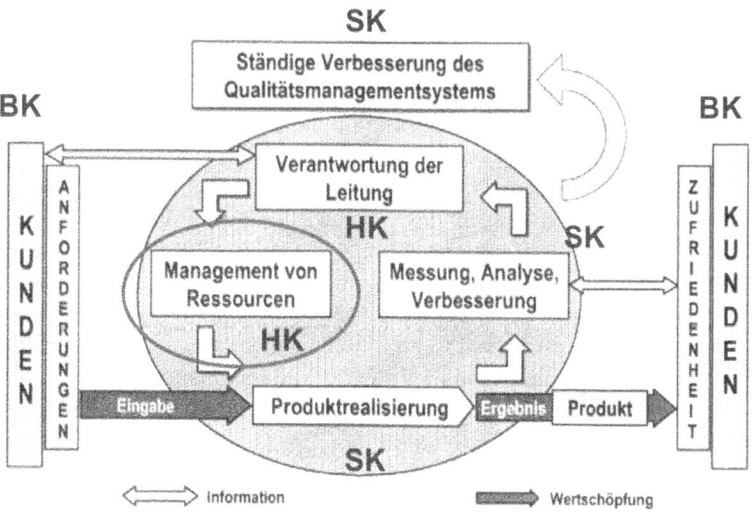

Die obige Abbildung zeigt zunächst eine Übersicht über die grundlegenden Elemente der DIN ISO 9001. Wichtigste Ausgangsbasis dieses Managementsystems sind dabei die Kundenanforderungen, die als Eingabe in die Produktrealisierungsprozesse dienen. Die Kenntnisse der Kundenanforderungen können im Sinne der Wissensbilanz als Einflussfaktor des Beziehungskapitals bezeichnet werden. Ziel der gesamten Qualitätsmanagement-Aktivitäten eines Unternehmens ist nach DIN ISO 9001 die Erfüllung dieser Kundenanforderungen und das Erreichen einer möglichst hohen Kundenzufriedenheit. Über die Messung der Kundenzufriedenheit und den Abgleich mit den Kundenanforderungen kann die eigentliche Qualität des Produktes oder der Dienstleistung ermittelt werden.

Diese Grundsätze des Qualitätsmanagementsystems beschreiben vor allem den richtigen Umgang mit dem Beziehungskapital und beziehen dabei das dafür notwendige Strukturkapital in Form der Kernprozesse zur Produktrealisierung mit ein. Über das „Management der (personellen) Ressourcen" und die „Verantwortung der Leitung" als Führungsaufgabe ist explizit auch das Humankapital in der DIN ISO 9001 erwähnt und berücksichtigt. Damit finden sich auch in der DIN ISO 9001 alle drei Kapitalarten der Wissensbilanz wieder.

Bisherige Erfahrungen zeigen aber, dass die Einführung eines Qualitätsmanagementsystems in Unternehmen zunächst nicht als „Intellectual Capital Management" betrachtet wird. Es steht zunächst meist der Qualitätsaspekt im Vordergrund. Auch wenn an anderer Stelle im Unternehmen bereits über Wissensmanagementsysteme nachgedacht wird, erfolgt meist keine gedankliche Verknüpfung zwischen beiden Konzepten. Erst durch eine genauere Darstellung der Elemente eines Qualitätsmanagementsystems aus Sicht des Wissensmanagements, wie oben ansatzweise erfolgt, 22 kann jedoch aufgezeigt werden, dass es vielfältige Übereinstimmungen zwischen den Elementen des Qualitätsmanagementsystems und den Elementen eines „Intellectual Capital Management Systems" gibt. Wird dieser Zusammenhang dargestellt und damit das Verständnis für eine gemeinsame Betrachtung geschaffen, wird ein deutlicher Mehrwert für die Unternehmen geschaffen indem der eigentliche Nutzen beider Systeme erkannt wird.

Diese Erfahrungen werden zusätzlich dadurch bestätigt, dass in verschiedenen Wissensbilanzprojekten nachgewiesen werden konnte, dass die Einführung eines Qualitätsmanagementsystems als Folge einer Wissensbilanz, zu einem deutlich umfassenderen Verständnis des gesamten Qualitätsmanagements geführt hat. Als weitere Bestätigung dieser Erkenntnis zeigen Wissensbilanzen, die in DIN ISO 9001 zertifizierten Unternehmen (oder anderen Qualitätsmanagementsystemen) durchgeführt wurden, insgesamt eine deutlich bessere Systematik im Umgang mit immateriellen Vermögenswerten auf. Nicht zuletzt hat diese positive Wirkung zwischen einem Qualitätsmanagementsystem auf der einen Seite und dem Zusatznutzen eines „Intellectual Capital Managementsystems", wie zum Beispiel der Wissensbilanz auf der anderen Seiten, dazu geführt, dass auch der TÜV das Thema Wissensbilanzierung in seine Ausbildungsgänge übernommen hat, um ein ganzheitliches Managementverständnis zu vermitteln.

3.4.3   Risikomanagement-Systeme

Als weiterer, in der Zwischenzeit sehr bekannter Vertreter aus der Reihe der Managementsysteme kann das Risikomanagement angeführt werden. Auch beim Risikomanagementsystem handelt es sich grundsätzlich um ein Managementsystem, welches in der Zwischenzeit nach einer Norm (aktuell ist dies die Norm ONR 49000 ff.) standardisiert ist und somit externe Erfahrungen gebündelt zur Verfügung stellt. Damit gelten alle grundlegenden Aussagen zu den Managementsystemen auch für das Risikomanagement.

Wesentlicher Unterschied ist nur die inhaltliche Ausrichtung. Während bei der DIN ISO 9001 als Qualitätsmanagementsystem die Zufriedenheit der Kunden und damit die Qualität der Produkte und Dienstleistungen im Vordergrund steht, konzentriert sich das Risikomanagementsystem nach der ONR 49000 ff. auf die Identifizierung, Bewertung, und Steuerung möglicher Organisationrisiken. Zielgruppen für Informationen aus dem Risikomanagement sind sowohl interne, wie auch externe Personen, die ein berechtigtes Interesse an der Vermeidung von Risiken jeglicher Art haben.

Aus unternehmerischer Sicht gibt es für den Aufbaue eines funktionsfähigen Risikomanagements mehrere Gründe. Je nach Rechtsform ist die Existenz eines funktionsfähigen Risikomanagements zwingend erforderlich. Aber auch für alle anderen Unternehmen macht es durchaus Sinn, sich über mögliche Risiken des gesamten Geschäftsbetriebs systematisch Gedanken zu machen, denn unternehmerisch tätig zu sein bedeutet auch immer Risiken bis zu einem bestimmten Grad einzugehen.

Wer unternehmerisch erfolgreich sein will und mögliche Chancen nutzen will, muss auch Risiken eingehen. Bei einem Risikomanagementsystem geht es jedoch darum, die vorhandenen Risiken systematisch zu erfassen, zu bewerten und Strategie zu einem adäquaten Umgang damit, entsprechend der eigenen Risikopolitik, zu entwickeln.

Im Rahmen der Erfassung und Bewertung unternehmensziel-relevanter Einflussfaktoren werden bei der Wissensbilanzierung sowohl Erfolgs-, wie auch Risikofaktoren ermittelt. Je nach Ausprägung dieser zielbeeinflussenden Faktoren kann sich daraus für das Unternehmen eine Chance oder ein Risiko ergeben. Risiken rechtzeitig zu erkennen und richtig zu bewerten, bedeuten in vielen Fällen die Vermeidung der Negativereignisse aus dem Risiko (vgl. Gietl 2006, S. 16). Gerade bei Investitionen in das „Intellectual Capital" bietet sich der Aufbau eines entsprechenden Risikomanagement-Systems an (vgl. Horváth & Möller 2004, S. 193). Durch die Einteilung der Einflussfaktoren in die Kapitalarten Human-, Struktur- und Beziehungskapital liefert die Wissensbilanzierung einen geeigneten Analyserahmen, der auch wieder in andere Managementsysteme übertragen werden kann.

Als weiterer Vorteil der Nutzung der Wissensbilanzierung als Risikoanalyseinstrument kann die intensive Einbeziehung der Mitarbeiter der Organisation in den Prozess der Erstellung angeführt werden. Die Mitarbeit an der eigenen Wissensbilanz unterstützt ein organisationsweiten Risikobewusstsein bei den Mitarbeitern und vermittelt durch die systematische Vorgehensweise relevantes Wissen über Risikozusammenhänge. Durch die Diskussion von organisationsspezifischen Ursache-Wirkungsketten erhalten die teilnehmenden Mitarbeiter darüber hinaus erstmals einen intensiven Einblick in das Wirkungsgeflecht betriebswirtschaftlicher Einflussfaktoren aus der eigenen Organisation und damit verbundene Risikopotenziale. Dies sensibilisiert die Mitarbeiter für die Identifikation weiterer Risikofaktoren und deren Bedeutung im unternehmensspezifischen Wirkungsgefüge. Die Mitarbeiter lernen somit in Zusammenhängen und Wirkungen zu denken. Die Akzeptanz und das Verständnis der Mitarbeiter auf allen Organisationsebenen sind wichtig für die Implementierung eines organisationsweiten Risikomanagementsystems (vgl. Rössing 2005, S 283ff.).

Die erstellten Ursache-Wirkungsketten ermöglichen anschließend aber auch die Simulation von Veränderungsprozessen und damit verbundenen Risiken. Durch eine simulierte Verbesserung oder Verschlechterung einzelner Einflussfaktoren können Einflüsse auf andere Erfolgsfaktoren und die Organisationsziele insgesamt besser beurteilt werden. Durch eine Erfassung der einzelnen Wirkungszeiträume zwischen den Faktoren können im Rahmen dieser Simulation auch Aussagen über auftretende Wirkungszeiträume bei Veränderungsprozessen gemacht werden. Entsprechende Maßnahmen zur Risikoabsicherung oder Vermeidung können auf die Wirkungszeiträume hin angepasst werden.

Einen Gesamtüberblick über das erfasste Risikoportfolio eines Unternehmens liefert die Wissensbilanz mit dem bereits beschriebenen Potenzialdiagramm. Das Einflussgewicht eines Faktors kann als Risikoindex in Bezug auf die Organisationsziele betrachtet werden. Je größer der Einfluss eines Faktors im System und auf die Organisationsziele ist, umso größer ist das potenzielle Risiko, dass eine Verschlechterung dieses Faktors zu einem strategischen Risiko für die Organisation wird. Als weiteres Risikomaß kann die Bewertung des Faktors entsprechend der quantitativen, qualitativen und systematische Ausprägung genutzt werden. Je geringer diese durchschnittliche Bewertung ausfällt, desto höher ist das Risikopetnezial dieses Einflussfaktors.

Abbildung 3.10   Potenzial-Portfolio der Wissensbilanz als Risikoindikator

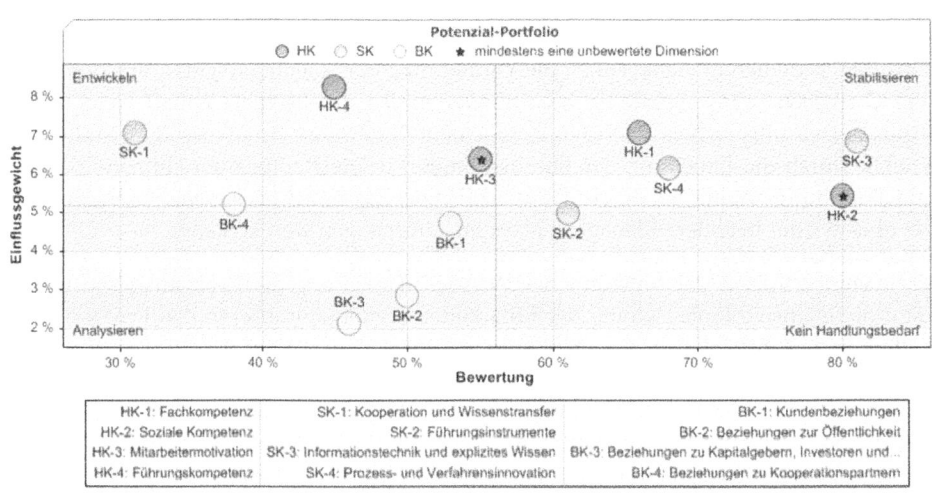

Einflussfaktoren mit einer unterdurchschnittlichen Bewertung und einem überdurchschnittlichen Einflussgewicht in der Organisation stellen wesentliche Risikofaktoren der Organisation dar und sollten zeitnah verbessert werden. Die zusätzliche Betrachtung der Einzelanalysen der Einflussfaktoren liefert darüber hinaus wertvolle Hinweise, welches der drei Bewertungskriterien (Quantität, Qualität oder Systematik) einer maßgebliche Risikoreduzierung bedarf.

Neben der reinen Analyse der Risikofaktoren ist für den Aufbau eines funktionsfähigen Risikomanagements aber vor allem die Definition und Überwachung von Folgemaßnahmen wichtig. In einem weiteren Schritt müssen deshalb für die identifizierten Risiken entsprechende Maßnahmen zur „Vermeidung", „Verminderung", „Übertragung" oder „Kompensation" (vgl. Gietl & Lobinger 2006, S. 62ff.). definiert werden und risikoverantwortlichen Personen zugeordnet werden. Auch der Schritt der Maßnahmendefinition ist wesentlicher Bestandteil der Wissensbilanzierung.

Alle in der Wissensbilanz erfassten Einflussfaktoren aus dem immateriellen Vermögen können grundsätzlich als Inputfaktoren oder Rahmenbedingungen für die Kernprozesse einer Organisation betrachtet werden und stellen damit geeignete Frühindikatoren für die Organisation dar. Im Vergleich dazu sind die meisten Finanzkennzahlen reine Spätindikatoren oder Ergebniskennzahlen. Durch Analyse dieser Inputgrößen innerhalb der Wissensbilanz können Fehlentwicklungen identifiziert werden bevor eine negative Wirkung auf finanzielle Ergebnisse erkennbar wird. Damit gewähren die Ergebnisse der Wissensbilanz den notwendigen Handlungsspielraum, um frühzeitig strategischen Fehlentwicklung entgegen zu steuern. Dieser Handlungsspielraum muss jedoch auch genutzt werden, indem die empfohlenen oder definierten Maßnahmen konsequent umgesetzt werden. Die Erfahrung aus der Praxis zeigt jedoch genau an dieser Stelle ein wesentliches Problem der Wissensbilanzierung im Speziellen und anderer Risikomanagementsysteme ganz allgemein. Ohne

einen konkreten Handlungsdruck werden notwendige Maßnahmen oft nicht mit der erforderlichen Konsequenz umgesetzt. Dadurch geht der gewonnene Zeitvorsprung durch die Analyse von Frühindikatoren wieder verloren.

Um diesem Handlungsdruck kontinuierlich aufrecht zu erhalten, empfiehlt es sich deshalb auch das Risikomanagement als ein zertifizierungsfähiges Managementsystems z.B. nach der ONR 49000 ff. in der Organisation zu etablieren, um durch interne und externe Zertifizierungsaudits den notwendigen Handlungsdruck kontinuierlich zu gewährleisten.

3.5 Bewertung immaterieller Vermögenswerte am Beispiel der Purchase-Price Allocation

Seit dem Zeitalter der Industrialisierung war die Wirtschaft sehr stark auf materielle Werte ausgerichtet. Maschinen, Gebäude, Rohstoffe und Fertigprodukte bildeten den Gegenstand der täglichen Arbeit. Diese Gegenstände konnten vermessen, gewogen und gezählt werden. Weiterhin gab es für diese Gegenstände einen Markt, auf dem konkrete Preise realisiert werden konnten. Diese Preise dienten allgemein als weitgehend akzeptierte Orientierung für eine erste Wertbestimmung dieser Güter. Entsprechende gesetzliche Regelungen zur Wertbestimmung wurden über Jahre hinweg an die Erfahrungen der Marktteilnehmer angepasst.

Mit der Entwicklung einer weltweit zunehmenden Dienstleistungsgesellschaft wurden die „Produktions- und Handelsgüter" der Unternehmen stärker immaterieller Natur. Die Herstellung dieser Güter benötigte zusätzlich auch immer weniger materielle Ressourcen, so dass wissensintensive Unternehmen tendenziell auch weniger (materielle) Vermögensgegenstände in Ihrer Bilanz aufwiesen, als konventionelle Produktionsunternehmen. Wichtigster Produktionsfaktor in diesen Unternehmen wurde der Mensch mit seinem Wissen. Dieser Produktionsfaktor erscheint aber auch nicht in der Bilanz des Unternehmens.

Bei einer Bewertung derartiger wissensintensiver Unternehmen trat zunehmend das Problem auf, dass der eigentliche Unternehmenswert, wie er zum Beispiel durch einen Unternehmensverkauf realisiert werden kann, signifikant vom bilanziellen Buchwert abweicht.

Abbildung 3.11 Marktwert-Buchwert-Relation (Fetsch & Beyer 2008, S. 34) (Quelle: Ocean Torno)

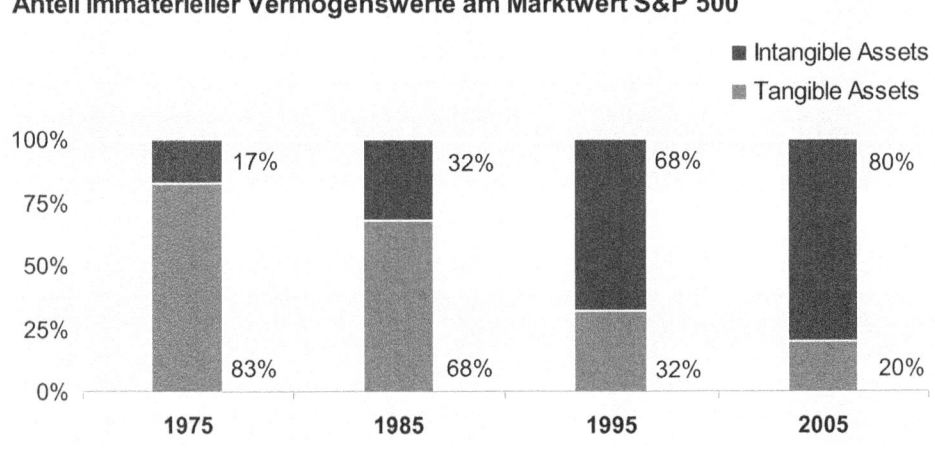

Wie die obige Grafik zeigt, hat sich der Anteil der immateriellen Vermögenswerte am Gesamtunternehmenswert in den vergangenen Jahrzehnten dramatisch vergrößert. Dieser Entwicklung tragen die gesetzlichen Vorgaben bisher nur unzureichend Rechnung. Erst durch den IAS Standard 38 und aktuell durch das Bilanzmodernisierungsgesetz wurden erste Möglichkeiten geschaffen, zunehmend auch selbstgeschaffene, immaterielle Vermögensgegenstände bilanziell zu erfassen.

Im Rahmen von Unternehmenskäufen bzw. Unternehmensverkäufen musste jedoch bisher schon der entsprechende Marktwert des Unternehmens inklusiv der immateriellen Vermögenswerte ermittelt werden. Die Differenz zwischen dem dann erzielten Kaufpreis des Unternehmens und dem bilanziellen Buchwert wird als Goodwill bezeichnet (vgl. Horváth & Möller 2004, S. 274). „Der Kaufpreis ist im Rahmen der Erstkonsolidierung auf die erworbenen Vermögenswerte (VW) und Schulden entsprechend ihrem Fair Value aufzuteilen: die sogenannte Purchase Price Allocation (PPA). Im Mittelpunkt steht hierbei fast immer die Bewertung von immateriellen Vermögenswerten, etwa von Marken, Patenten, Kundenstämmen oder Technologien." (Castedello & Klingbeil 2008, S. 1).

Aufgrund der fehlenden Erfahrungen mit Fragen aus dem Bereich der immateriellen Vermögensgegenständen insgesamt und der fehlenden, allgemeingültigen Verfahren gestaltet sich dieser, nach IFRS notwendige Schritt als äußerst aufwendig.

Die nachfolgende Grafik zeigt noch einmal die grundlegende Problematik der Purchase-Price-Allocation auf.

Abbildung 3.12 Grundproblematik der Purchase-Price-Allocation

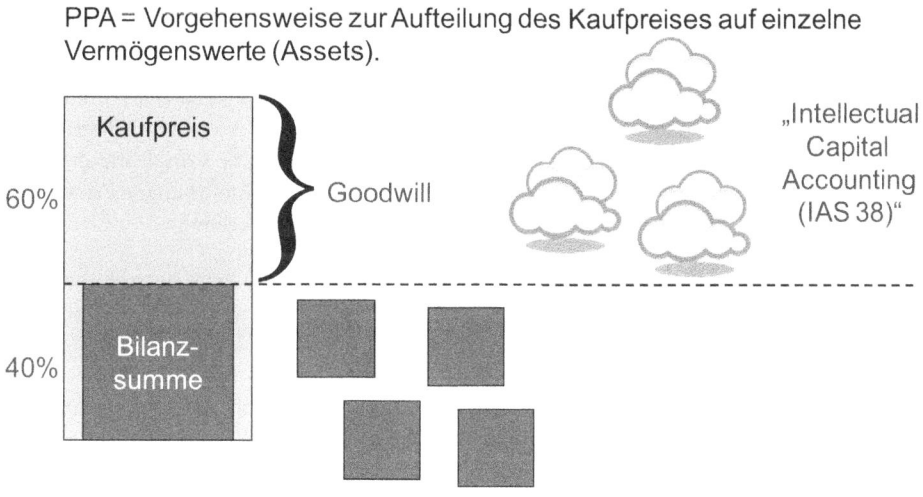

Die Abbildung soll nochmals verdeutlichen, dass eine Zuordnung von Anteilen des Kaufpreises auf materielle Werte vergleichsweise gut möglich ist. Bei immateriellen Werten ist diese Zuordnung mit deutlich mehr Aufwand verbunden und konnte bisher nur wesentlich ungenauer erfolgen.

Zunächst stellt sich die Frage, was sind mögliche werthaltige immaterielle Vermögenswerte. Entsprechend der Wissensbilanzsystematik können die immateriellen Vermögenswerte und damit der zu verteilende Goodwill zunächst in die drei Kapitalarten untergliedert werden. Wie oben dargestellt, besitzt vor allem das Strukturkapital eines Unternehmens die notwendige Eigenkapitaleigenschaft. Die einzelnen Einflussfaktoren aus dem Strukturkapital der Wissensbilanz geben einen weiteren Hinweis auf mögliche Vermögensgegenstände. Die Ursache-Wirkungsketten bzw. die Einzelkriterien der Einflussfaktoren liefern dann noch zusätzliche Informationen, in welchem Umfang der Goodwill auf die einzelnen Vermögenswerte aufgeteilt werden kann.

Erste Erfahrungen zeigen, dass die Ergebnisse der Wissensbilanz eine signifikante Reduzierung des Aufwands im Rahmen einer „Purchase-Price-Allocation" bewirken.

Es ist jedoch auch zu erwarten, dass es, durch das BilMoG geschaffen Wahlrecht zur Erfassung selbstgeschaffener immaterieller Vermögenswerte, zu einer weiteren Konkretisierung des immateriellen Vermögens eines Unternehmens kommt.

3.6   Zusammenfassung und Ausblick

Bei einer genaueren Betrachtung der verschiedenen Ansätze und Managementsysteme zeigt sich, dass bereits viele Managementansätze wesentliche Bestandteile eines „Intellectual Capital Management" enthalten, diese aber in der Praxis weitgehend nicht als solche erkannt werden.

Unsere bisherige Erfahrung aus Beratungsprojekten und Vorträgen hat gezeigt, dass es deshalb zunächst wichtig ist, den verantwortlichen Personen in Organisation aufzuzeigen, was durch bestehende Managementansätze bereits heute in ihrem jeweiligen Unternehmen zum Thema „Intellectual Capital Managements" vorhanden ist. Der Vorteil dieser Vorgehensweise liegt unter anderem in der Übertragbarkeit des erkannten Nutzens des Managementsystems auf das meist „neuartige" Intellectual Capital Management.

In einem nächsten Schritt sollte es dann noch gelingen, die Brücke zwischen den bestehenden Managementansätzen und der Grundphilosophie des Umgangs mit immateriellen Werten zu vermitteln. Dadurch kann zügig ein notwendiges Verständnis über immaterielle Vermögenswerte geschaffen werden. Durch die Kombination des ICM mit dem bestehenden Managementsystem entwickeln die Mitarbeiter auch weitergehende, unternehmensindividuelle Ansatzpunkte zum Umgang mit immateriellen Faktoren. Ab diesem Zeitpunkt wird das ICM im Unternehmen auch aktiv gelebt und weiterentwickelt. Mit diesem Gesamtverständnis wird dann der Nutzen eines umfassenden „Intellectual Capital Managementsystems" verständlich.

Die grundsätzliche Empfehlung, die sich aus diesen Erfahrungen ableiten lässt, kann mit den Begriffen „Integration" oder „Integriertem Managementsystem" beschrieben werden. Das Ziel zukünftiger Forschungsarbeiten sollte es, vor allem aus Sicht der Unternehmen und damit der Anwender sein, die verschiedenen Managementansätze sowohl zum Wissensmanagement, wie auch zum Management allgemein, besser aufeinander abzustimmen oder im Idealfall sogar zu integrieren. Wesentlich dabei sollte es sein, die Gemeinsamkeiten der Methoden verständlich herauszustellen. Aus der Perspektive des Wissensmanagements sollte der Fokus zukünftiger Arbeiten darin bestehen, bei bestehenden Managementansätzen verstärkt die Wissensperspektive zu verdeutlichen und deren Nutzen für das Unternehmen zu beschreiben.

Die verschiedenen Wissensbilanz-Projekte zeigen, dass "Intellectual Capital Management-systeme" nur als integrierte Ansätze erfolgreich sein können. Gerade vor dem Hintergrund des zunehmenden Interesses an einer monetären Bewertung immaterieller Vermögenswerte wird es notwendig werden, vergleichbare Vorgehensweise und Bewertungsansätze zu nutzen. Eine gute Basis dafür liefern die beschriebenen Managementsysteme, angereichert um die Wissensperspektive. Eine Integration der Anforderungen aus einem "Intellectual Capital Management System" in bestehende Managementsysteme kann dabei den Einführungsaufwand deutlich reduzieren, die Akzeptanz in Organisationen verbessern und insgesamt die, für eine monetäre Bewertung notwendige Vergleichbarkeit erhöhen.

Ein derart integriertes Managementsystem wird jedoch nicht nur aus bestehenden Elementen geschaffen werden können. Um zukünftig die gesetzlichen Anforderungen aus BilMoG oder IAS 38 zu erfüllen, wird dieses integrierte Managementsystem um zusätzliche Elemente erweitert werden müssen.

Diese Elemente beschäftigen sich speziell mit der Erfassung und Bewertung immaterieller Vermögenswerte für die externe Berichterstattung. Erste Konzepte zeigen, dass letztlich eine Art „Kostenstellenrechnung" für immaterielle Vermögenswerte aufzubauen sein wird. Dieses „Intellectual Capital Accounting System" wird dabei, neben den externen Vorgaben aus dem BilMoG oder IAS 38, auch unternehmensinterne Bewertungsannahmen über die „Haltbarkeit" der immateriellen Vermögenswerte enthalten müssen. Dass der Aufbau eines derartigen „Intellectual Capital Accounting Systems" mit Aufwand verbunden ist, sollte alleine durch das Verhältnis des Aufwands zur Erfassung des Buchwertes im Vergleich zum Anteil der immateriellen Vermögens am Gesamtwert eines Unternehmens ersichtlich werden.

Der Aufwand zum Aufbau eines Intellectual Capital Management Systems kann jedoch dann reduziert werden, wenn eine konsequente Integration in bereits vorhandene Managementsysteme vorgenommen wird.

Literaturverzeichnis

Alwert, K. (2006): Wissensbilanzen in Mittelständischen Unternehmen. Technische Universität Berlin. (Hrsg.): Mertins, K. Berlin: Fraunhofer IRB.

Alwert, K.; Bornemann, M. & Will, M. (2008): Wissensbilanz – Made in Germany. Leitfaden 2.0 zur Erstellung einer Wissensbilanz. (Hrsg.): Bundesministerium für Wirtschaft und Technologie (BMWi), Berlin.

Arendt, D. & Baldauff, M. (2007): Purchase Price Allocation (PPA) and intangible assets valuation. Deloitte Financial Advisory 06/2007.

Bornemann, M. & Reinhard, R. (2008): Handbuch Wissensbilanz. Berlin: Erich Schmidt.

Bundeszentrale für politische Bildung (2007): Entwicklung der Altersstruktur. O. O.: bpb.

Castedello, M.; Klingbeil, C. (2008): Purchase Price Allocation. KPMG Informationsbroschüre des Bereichs Advisory, Corporate Finance.

Fetsch, S. & Beyer, S. (2008): Patente, Marken, Verträge, Kundenbeziehungen – Werttreiber des 21. Jahrhunderts. O. O.: KPMG Informationsbroschüre.

Fuchs, J. & Dörfler, K. (2005): Projektion des Arbeitsangebots bis 2050: Demografische Effekte sind nicht mehr zu bremsen. IAB-Kurzbericht 11/2005. Nürnberg.

Gietl, G. & Lobinger, W. (2006): Risikomanagement für Geschäftsprozesse. München: Hanser.

Horváth, P. & Möller, K. (2004): Intangibles in der Unternehmenssteuerung. München: Franz Vahlen.

Heyd, R. & Lutz-Ingold, M. (2005): Immaterielle Vermögenswerte und Goodwill nach IFRS. München: Franz Vahlen.

North, K. & Reinhardt, K. (2005): Kompetenzmanagement in der Praxis, Mitarbeiterkompetenzen systematisch identifizieren, nutzen und entwickeln. Mit vielen Fallbeispielen. Wiesbaden: Gabler.

Probst, G. & Gomez, P. (1991): Vernetztes Denken – Ganzheitliches Führen in der Praxis. 2. Aufl. Wiesbaden: Gabler.

Rössing, R. von (2005): Betriebliches Kontinuitätsmanagement. Bonn: mitp-Verlag.

Schruff, W. & Melcher, W.: Umsetzung der HGB-Modernisierung. KPMP-Sonderdruck „Der Betrieb", Beilage Nr. 5/2009. O. O.: Verlagsgruppe Handelsblatt.

4 Auf dem Weg in die wissensbasierte Wirtschaft

Kay Alwert

Einführung

Wirtschaft, Wissenschaft und Öffentlichkeit sind sich einig: Die Zukunft des Wirtschaftsstandortes Deutschland hängt maßgeblich vom Umgang mit Wissen ab. Denn globale Wertschöpfungsketten, offene Innovationsprozesse und international agierende Wissensarbeiter, eingebunden in eine scheinbar grenzenlose Welt aus digital vernetzter Information, sind inzwischen eher Alltag als Utopie.

Die Frage ist jedoch, wie es dann sein kann, dass wir alle aus unserem Alltag in der Firma, Uni, auf Ämtern und in Vereinen eine ganz andere Realität kennen. Eine, die eher an die verstaubten, hierarchischen, von Eigeninteressen getriebenen Regional-Bürokratien des letzten Jahrhunderts erinnert? Kann es sein, dass bisher nur einige wenige Pioniere sich wirklich auf dem Weg in die oben skizzierte wissensbasierte Wirtschaft befinden, während der große Rest noch nicht einmal losgelaufen ist? Kann es sein, dass den meisten Organisationen noch nicht einmal klar ist, was eine Wirtschaft ist, deren wichtigster Wertschöpfungsfaktor Wissen ist, welche Anforderungen diese an sie und ihre Führung stellt?

Auf diese und ähnliche Fragen soll im vorliegenden Beitrag eingegangen werden. Grundlage der vorgestellten Überlegungen sind die Erfahrungen die im Rahmen der Entwicklung, Verbreitung und praktischen Umsetzung des Managementinstrumentes „Wissensbilanz Made in Germany" in den letzten sieben Jahren auf breiter Basis gesammelt werden konnten.

Der Artikel wagt darauf aufbauend einerseits einen Blick auf das Management des Intellektuellen Kapitals in ganz normalen Organisationen und gibt damit Hinweise darauf, wo diese auf dem Weg in die wissensbasierte Wirtschaft jenseits aller Propaganda stehen. Andererseits steht die Wissensbilanz, als Vehikel zur Analyse, dabei natürlich selbst im Fokus. So gesehen handelt es sich bei dem Artikel auch um eine Art Wissensbilanz der Wissensbilanz.

4.1   Wissensbilanz Made in Germany: Von der Idee zum etablierten Managementinstrument

Am 03.09.2003 trafen sich in Frankfurt am Main ganz unterschiedliche Personen, um über das Management des Intellektuellen Kapitals in Deutschland zu diskutieren. Am Tisch saßen der Initiator des Treffens Leif Edvinsson (Schweden), Manfred Bornemann (Österreich), Mart Kivikas (Schweden & Estland), Peter Heisig und Kay Alwert (Deutschland). Ausgangspunkt des Treffen war Leif Edvinssons Frage, warum ausgerechnet an der größten Ökonomie Europas alle internationalen Ansätze und Entwicklungen zum systematischen Management und Reporting des Intellektuellen Kapitals unbeachtet vorbeigegangen waren und was getan werden müsste, um das zu ändern. Die Zusammensetzung der Gruppe war Programm: Internationales Wissen und Erfahrungen im Management des Intellektuellen Kapitals gepaart mit deutscher Marktkenntnis. Im Kern ein Team aus motivierten Forschern und Beratern, die Willens waren das Thema für die deutsche Wirtschaft weiterzuentwickeln und bei Unternehmen, angepasst auf deren Bedürfnisse, zu verbreiten. Aus diesem ersten Treffen ist in der Folge schnell der „Arbeitkreis Wissensbilanz (AK-WB)"[9] hervorgegangen, mit dem heute weit mehr als 100 Organisationen assoziiert sind und der die Verbreitung und Entwicklung eines professionellen Management des Intellektuellen Kapitals mithilfe der dafür entwickelten Methode „Wissensbilanz – Made in Germany" national und international unterstützt.

Seit dem Start des vom Bundeswirtschaftsministerium geförderten Pilotprojektes in 2003 sind einige Jahre dynamischer Entwicklungen im Bereich der Wissensbilanzierung vergangen. Das Pilotprojekt hat sich aufgrund der ausgesprochen positiven Resonanz zu einer Projektreihe entwickelt, deren Schwerpunkt die Erarbeitung und Verbreitung von Hilfsmitteln zur Wissensbilanzierung ist. Parallel dazu erfolgte mit dem EU Projekt „InCaS 2006-2009" die Internationalisierung der Methode und mit dem BMWi-Projekt „Zukunftscheck Mittelstand 2006-2007" die Anpassung der Methode auf die Bedürfnisse von Banken.

Ein wesentliches Erfolgsrezept der Projektinitiative war und ist der starke Fokus auf die Verbreitung und Verankerung der Methode in der Unternehmenspraxis. Dies ist der Überlegung der Initiatoren geschuldet, dass wissenschaftliche Ergebnisse nur dann einen gesellschaftlichen Wert entwickeln, wenn Sie von anderen aufgegriffen werden und in der Theorie vor allem aber in der praktischen Anwendung Nutzen erzeugen. Dies gilt umso mehr, wenn die wissenschaftlichen Ergebnisse aus öffentlichen Mittel finanziert wurden. Um dies zu gewährleisten, wurde von den Gründern des AK-WB von Anfang an ein „open content" Ansatz festgelegt, der dazu verpflichtet, alle Projektergebnisse uneingeschränkt und kostenfrei der interessierten Öffentlichkeit zur Verfügung zu stellen. Mit diesem offenen und transparenten Ansatz ist es allen Interessierten möglich einfach und kostengünstig in die Methode einzusteigen. Die Verbreitung der Materialien erfolgt vorwiegend über die Webseiten des Arbeitskreises und des Bundeswirtschaftsministeriums. Beworben wird das Material jedoch über zahlreiche Multiplikatoren und überzeugte „Botschafter", die sich

---

[9]   www.akwissensbilanz.org

unterschiedlicher Medien und Formate bedienen, vorneweg Veranstaltungen[10], Print- und Online-Medien. Die Verbreitungszahlen, die sich daraus bis heute ergeben, sind sehr ermutigend und stellen sich kurz zusammengefasst folgendermaßen dar:

Seit der ersten Veröffentlichung im Jahr 2004 wurden die Leitfäden zur Erstellung einer Wissensbilanz (BMWA 2004 und BMWi 2008) mehr als 30.000 mal abgerufen, die kostenfrei erhältliche Wissensbilanz Toolbox mehr als 50.000 mal und die Infobroschüren mehr als 20.000 mal. Fast alle prominenten Medien haben im Laufe der Zeit über das Instrument berichtet. Allein 2010 wurden mehr als 300 Onlineartikel publiziert. Zudem war die Wissensbilanz mit 43 Artikeln in Printmedien mit einer Gesamtauflage von ca. 3 Mio. und einer Leserreichweite von ca. 10 Mio. vertreten[11]. Der regelmäßig erscheinende Newsletter „WissensWert" hat mehr als 4.300 Abonnenten. Mehr als 200 Wissensbilanz-Moderatoren und Anwender wurden ausgebildet und unterschiedliche Studienergebnisse legen nahe, dass es Ende 2010 bereits mehrere tausend Anwender der Wissensbilanz in Deutschland gibt (BDU 2008 und BMWi 2010). Damit dürfte das 2004 auf der Abschlusskonferenz des Pilotprojektes definierte Ziel: „Vom Pilotprojekt zu einer Bewegung" in greifbare Reichweite rücken.

4.2   Wissensstandort Deutschland – Die Sicht der Unternehmen

Die Verbreitungszahlen rund um das Instrument Wissensbilanz machen deutlich, dass das Thema einen Nerv in der Praxis getroffen hat. Aus welchen Überlegungen speist sich aber dieses Interessen? Wie steht es um das Intellektuelle Kapital der Unternehmen, wenn diese ein so großes Interesse an einem Instrument zu dessen Management haben?

Von Juli 2009 bis Dezember 2010 hatten Unternehmen die Möglichkeit an einer Studie zum „Wissensstandort Deutschland" teilzunehmen (BMWi 2010). Ziel war es u. a. diese Fragen zu beantworten. Die Studie sollte klären, wie deutsche Unternehmen ihr Intellektuelles Kapital einschätzen, welches die wichtigsten Faktoren sind, wo Stärken und Schwächen liegen und welche Unterschiede es zwischen verschiedenen Typen von Unternehmen gibt. Bis Ende Dezember 2010 wurden rund 3.200 Datensätze aus Unternehmen in ganz Deutschland erfasst[12]. Nach Bereinigung blieben 947 hochwertige Datensätze für die Auswertung übrig.

---

[10] Siehe www.akwissensbilanz.org/veranstaltungen.htm (Abruf: 04.02.2011)
[11] Siehe www.akwissensbilanz.org/infoservice.htm (Abruf: 04.02.2011)
[12] Die Befragung wurde im Rahmen des vom Bundesministerium für Wirtschaft und Technologie (BMWi) geförderten Pilotprojekts „Wissensbilanz – Made in Germany" durch den Arbeitskreis Wissensbilanz unter wissenschaftlicher Leitung des Fraunhofer IPK, unterstützt durch die Online-Portale der Wirtschaftsmagazine Wirtschaftswoche und Impulse, durchgeführt. Die gesamte Studie (BMWi 2010), auf der dieses Kapitel basiert, findet sich zum download unter http://www.akwissensbilanz.org/Infoservice/infomaterial.htm. (Abruf: 04.02.2011)

Diese zeigt, dass die Unternehmen den Faktoren des Intellektuellen Kapitals einen signifikant höheren Einfluss auf den Geschäftserfolg zuschreiben, als den materiellen Ressourcen
wie Maschinen, Anlagen und Gebäude. Damit bestätigt die Studie die Ergebnisse der bereits 2004 durchgeführten Befragung des Fraunhofer IPK (Alwert 2006). Wie schon 2004
zeigen sich, unabhängig von Sektor, Größe oder Alter, die Faktoren des Humankapitals als
die wichtigsten (vgl. **Abbildung 4.1**) – wichtiger auch als die finanziellen Ressourcen.

Fachkompetenz, Kundenbeziehungen, Mitarbeitermotivation, Soziale Kompetenz und
Führungskompetenz führen das Ranking an. Bemerkenswert ist vor allem, dass die Kundenbeziehungen auf Rang 2 gleichzeitig der einzige Faktor des Beziehungskapitals unter
den ersten 12 Plätzen sind. Die Unternehmen fokussieren also deutlich stärker auf ihre
internen Ressourcen, als auf ihre Beziehungen im Umfeld, denen in fast allen Diskussionen
um die Wissensgesellschaft eine wesentliche höhere Bedeutung beigemessen wird. Interessant ist auch die Erkenntnis, dass der Einfluss der Beziehungen zu Kapitalgebern auf den
Geschäftserfolg, wie in vorherigen Studien zur Bedeutung des Intellektuellen Kapitals
(MER07), weiterhin als am niedrigsten eingestuft wird. Ein Grund dafür könnte sein, dass
die Beziehungen zu Kapitalgebern für die Unternehmen meist nur in Investitions- und
Refinanzierungssituationen von Bedeutung sind und, verglichen mit dem Alltagsgeschäft,
daher eine untergeordnete Rolle einnehmen. Andererseits spiegelt sich darin womöglich
auch die niedere Erwartung der Unternehmer wider, die nicht glauben, dass die Banken sie
beim Lösen finanzieller Probleme wirklich unterstützen...

Abbildung 4.1   Einfluss und Bewertung der wichtigsten Faktoren des Intellektuellen
                   Kapitals auf den Geschäftserfolg (BMWI 2010)

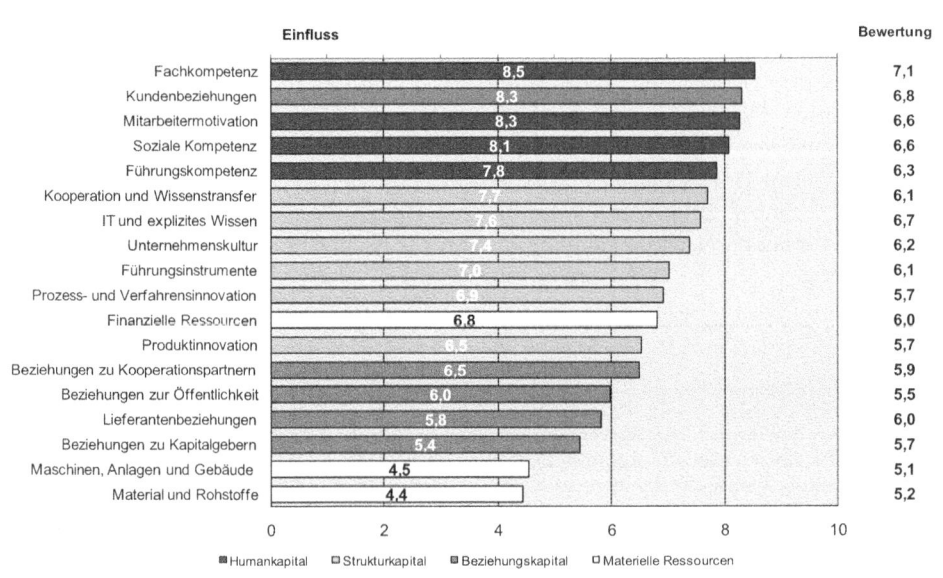

Die große Bedeutung des Humankapitals und die geringe Bedeutung der Kapitalgeber sind bei reinen Dienstleistungsunternehmen noch deutlicher zu beobachten. Vor allem die Humankapitalfaktoren Führungskompetenz und Soziale Kompetenz sind dort noch wichtiger und auch besser ausgeprägt, während die materiellen und finanziellen Faktoren in Bedeutung und Ausprägung hinter denen der Produktionsunternehmen zurück bleiben. Der Gruppenvergleich zeigt zudem, dass Dienstleistungsunternehmen bei ihren externen Beziehungen, neben den Kundenbeziehungen, inzwischen vor allem auf Kooperationspartner und die Öffentlichkeit setzen. Produktionsunternehmen setzen dagegen stärker auf gute Beziehungen zu Lieferanten und Kapitalgebern, was womöglich einer der Gründe ist, warum Produktionsunternehmen auch ihre finanziellen Ressourcen besser bewerten, als die teilnehmenden Dienstleister. Im Strukturkapital zeigen sich ebenfalls interessante Unterschiede. So schätzen die teilnehmenden Produktionsunternehmen ihren Umgang mit Prozessen wichtiger und besser als die Dienstleister ein. Dagegen sind dort die Unternehmenskultur sowie Kooperation und Wissenstransfer wichtiger und besser, was mit der besseren Bewertung der Führungs- und Sozialkompetenzen korreliert (BMWi 2010).

Da ein Großteil der Neugründungen in Deutschland derzeit im Dienstleistungssektor stattfindet, kann davon ausgegangen werden, dass sich diese Trends fortsetzen und die Bedeutung des Intellektuellen Kapitals, insbesondere das des Humankapitals am Standort weiter zunimmt. Auf der anderen Seite wird die Bedeutung der materiellen und finanziellen Faktoren aufgrund geringerer Investitionsintensität des Dienstleistungssektors weiter sinken, was auch die Abhängigkeit der Unternehmen von Banken- zu deren Freude- reduzieren sollte. Addiert man zu diesem Ergebnis noch die zu erwartenden Konsequenzen aus der demographischen Entwicklung und dem anhaltend proklamierten Fachkräftemangel, ist klar, dass alle Unternehmen, die zukünftig erfolgreich sein wollen, Strategien entwickeln müssen mit diesen Herausforderungen umzugehen. Sei es durch eine professionelle Personalakquisition und -entwicklung, geschickte Kooperation mit den richtigen Partnern oder durch Prozesse sich von personengebundenem Wissen unabhängiger zu machen (BMWi 2010).

Neben den Unterschieden zwischen Dienstleistungs- und Produktionsunternehmen, gibt es auch Unterschiede zwischen Unternehmen unterschiedlicher Größe. Wenig überraschend ist dabei, dass kleinere Unternehmen stärker von einzelnen Mitarbeitern abhängig sind als Große. Interessant ist allerdings, dass die Bewertung des Humankapitals, also die Qualität der Kompetenzen und Motivation der Mitarbeiter, mit der Unternehmensgröße abnimmt. Größere Unternehmen bewerten also die Eignung ihrer Mitarbeiter für die Herausforderungen des Unternehmens tendenziell schlechter als kleine. Ob dies wirklich durch eine vergleichsweise schlechtere Qualifikation oder durch einen höheren Anspruch an die Mitarbeiter zustande kommt, bleibt durch die Befragung unbeantwortet. Fakt ist allerdings, dass größere Unternehmen offensichtlich einen höheren Weiterbildungsbedarf bei ihren Mitarbeitern sehen als kleine Unternehmen.

Ein besonders interessanter Unterschied zeigt sich zwischen eigner- bzw. managementgeführten Unternehmen. Denn eignergeführte Unternehmen bewerten die Faktoren des Humankapitals und die meisten Faktoren des Strukturkapitals besser als managementgeführte

Unternehmen. So werden den rund 68% eignergeführten Unternehmen der Studie nicht nur signifikant bessere Fachkompetenzen, Soziale Kompetenzen und Führungskompetenzen zugeschrieben, sondern auch motiviertere Mitarbeiter und bessere Beziehungen zu Kunden. Zusätzlich sind Kooperation und Wissenstransfer, Führungsinstrumente, IT und explizites Wissen sowie die Unternehmenskultur signifikant besser ausgeprägt. Insbesondere die schlechteren Bewertungen der Führungskompetenz und der vorhandenen Führungsinstrumente dürfte die Manager treffen, denn diese Bereiche werden als die ureigenste Domäne von Managern angesehen. Während also fast die gesamte Ressourcenlage in eignergeführten Unternehmen besser bewertet wird, werden in managementgeführten Unternehmen die Beziehungen zur Öffentlichkeit wichtiger und besser bewertet. Der Vergleich wirft damit insgesamt ein wenig schmeichelhaftes Bild auf Manager und bestätigt teilweise vorhandene Vorurteile, die besagen, dass es Managern oft mehr um die Öffentlichkeit, denn um die inneren Werte eines Unternehmens geht. Demgegenüber scheinen eignergeführte Unternehmen aus Sicht der Teilnehmer einen besseren Zugang zu ihren Mitarbeitern zu besitzen sowie nachhaltigere Unternehmensstrukturen zu fördern und zu pflegen. Im Wissenswettbewerb könnte dies Vorteile bringen (BMWi 2010).

Neben Unterschieden zwischen verschiedenen Typen von Unternehmen, gibt es auch regionale Unterschiede. Die Auswertung bestätigte die Anfangshypothese von unterschiedlichen Einschätzungen des Intellektuellen Kapitals in unterschiedlichen Bundesländern zwar nicht, jedoch zeigen sie u. a. Ungleichheiten im grundsätzlichen Interesse am Intellektuellen Kapital sowie in der Verbreitung der Wissensbilanzierung. Um dies auszuwerten, wurden die offiziellen Angaben des Statistischen Bundesamtes[13] zur Anzahl von Unternehmen der relativen Beteiligung der Unternehmen an der online Befragung[14] gegenübergestellt. Hypothese war, dass die Verteilung weitgehend gleich ausfallen müsste, da die Befragung ausschließlich in überregionalen Medien (Impulse, Wirtschaftswoche, Webseiten und Newsletter) beworben worden war. Die regionale Teilnahme an der Befragung – so die These – lässt daher einen direkten Rückschluss auf das Interesse der Unternehmen am Thema zu.

---

[13]   Der Datensatz bezieht sich auf das Jahr 2007. (C)opyright Statistisches Bundesamt, Wiesbaden 2010.
[14]   http://www.wissensbilanz-schnelltest.de/home (Abruf: 04.02.2011)

Abbildung 4.2   Relative Anzahl an Unternehmen je Bundesland im Vergleich zur relativen Anzahl an Unternehmen, die sich an der Studie Wissensstandort Deutschland beteiligt haben.

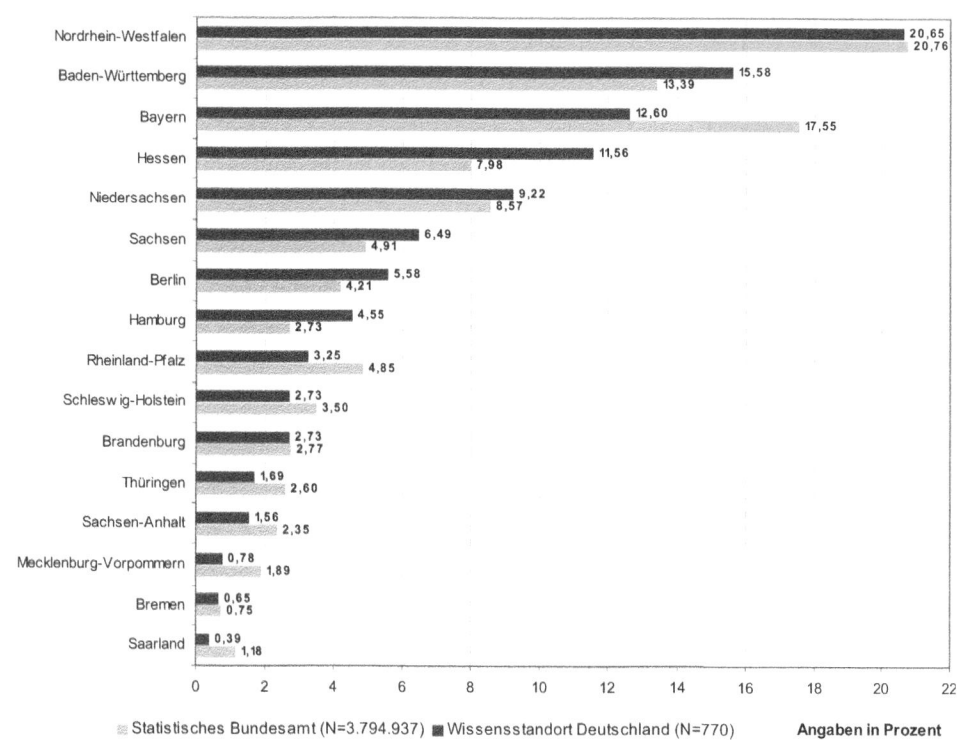

Abbildung 4.2 zeigt die Auffälligkeiten bei der Gegenüberstellung beider Datensätze. Während die Studie und damit die Themen Wissensstandort, Wissensbilanz und Intellektuelles Kapital z.B. in Hessen, Sachsen und Baden Württemberg auf überdurchschnittliches Interesse stoßen, bleiben Bayern, Rheinland-Pfalz und Schleswig-Holstein hinter den statistisch zu erwartenden Zahlen zurück. Ein ähnliches Ergebnis zeigt sich auch bei der Auswertung der regionalen Verteilung von Unternehmen, die angeben bereits eine oder mehrere Wissensbilanzen erstellt zu haben. Auch hier zeigen sich, allerdings auf Basis relativ geringer Fallzahl, die gleichen Tendenzen. Wieder weist das größte Bundesland NRW erwartungsgemäß auch die größte Anzahl an Wissensbilanzen auf, gefolgt von Baden Württemberg und Hessen, die sogar etwas über dem Erwartungswert rangieren. Niedersachsen aber insbesondere Bayern bleiben dagegen deutlich hinter den zu erwartenden Zahlen zurück. Dies kann unterschiedliche Gründe haben, die ohne eine weitergehende Analyse nur schwer zu ergründen sind, jedoch ist der Einfluss von kulturellen Unterschieden im Umgang mit diesen neuen Themen nicht von der Hand zu weisen.

Die Daten geben jedoch nicht nur Aufschluss über Unterschiede zwischen verschiedenen Gruppen von Unternehmen, sondern können auch auf Bereiche mit Handlungsdruck hin untersucht werden. Einen guten Hinweis liefert dafür der Unterschied in den Einschätzungen des Einflusses und der Bewertung des Intellektuellen Kapitals. Denn bleibt die Bewertung eines Faktors auffällig hinter dessen Einfluss zurück, zeigt dies ein Ungleichgewicht zwischen Wichtigkeit und aktueller Ausprägung des Faktors an, was als Handlungsdruck interpretiert werden kann (siehe auch BMWi 08). Den größten Nachholbedarf haben deutsche Unternehmen demnach in den Bereichen Mitarbeitermotivation sowie Kooperation und Wissenstransfer. Aber auch die Innovationsfaktoren Produkt- bzw. Prozessinnovation werden relativ schlecht bewertet. Allerdings zeigt sich hierbei eine deutliche Gruppenbildung: die knapp 20% innovativen Unternehmen, die dem Faktor eine sehr hohe strategische und operative Bedeutung beimessen und die rund 80% nicht-innovativen Unternehmen, welche den Innovationsfaktoren nur wenig Einfluss auf den Geschäftserfolg bescheinigen. Wenn Innovation für die Zukunftsfähigkeit des Standortes aber essentiell ist, wie in der medialen und politischen Diskussion meist proklamiert wird, muss dieses Ergebnis aus der Unternehmenspraxis zu denken geben. Denn es stellt sich die Frage, ob die knapp 20% innovativen Unternehmen reichen die Zukunftsfähigkeit des ganzen Standortes zu sichern (BMWI 2010).

Neben allen Unterschieden und Details, bleibt jedoch festzuhalten, dass der Großteil der Unternehmen ihre Prioritäten bereits auf die Anforderungen einer wissensbasierten Wirtschaft umgestellt haben. Dies zeigt sich nicht nur in der großen Bedeutung, welche die Unternehmen dem Intellektuellen Kapital im Vergleich zum materiellen und finanziellen beimessen, sondern auch in der Verbreitung der Wissensbilanz, als Instrument zum Management des Intellektuellen Kapitals. So geben bereits 9,9 % der befragten Unternehmen an eine Wissensbilanz, 3,5 % sogar mehr als eine Wissensbilanz erstellt zu haben.

4.3   Das etwas andere Paradigma der Methode

4.3.1   Vom Management des Objektiven zum Management des Relativen

Besonders Bemerkenswert an den hohen Verbreitung der „Wissensbilanz Made in Germany" ist, dass sich die Methode trotz (oder vielleicht auch gerade wegen?) einiger methodischer Unterschiede zu anderen Managementinstrumenten durchzusetzen scheint. Zwar setzt sie auch auf eine ökonomische Perspektive und versucht Entscheidungen zu typischen Herausforderungen im Management zu unterstützen, jedoch lässt sie sich u.a. nicht auf den in Wirtschaftskreisen üblichen, zahlenverliebten Objektivismus ein. Statt sich, wie andere Methoden zur Beschreibung des Intellektuellen Kapitals, auf das Erfassen von Kennzahlen zu konzentrieren (die im gedachten Idealzustand auch noch monetäre Werte ausweisen), setzt die Methode des AK-WB vorrangig auf die fachlich fundierte und begründete Bewertung von erfahrenen Führungskräften, Mitarbeitern und Experten der Organisation. Diese intersubjektive und vom Kontext abhängige Sicht auf das Intellektuelle Kapital ist dabei nicht nur interessantes Beiwerk, sondern zentraler Bestandteil.

Dieses etwas andere Paradigma, das sich in den letzten Jahren in vielen wissenschaftlichen Disziplinen, allen voran z.B. Soziologie, Philosophie, Psychologie aber auch Physik, Mathematik und neuerdings auch den Wirtschaftswissenschaften durchzusetzen beginnt, basiert maßgeblich auf systemtheoretischen und konstruktivistischen Überlegungen zur Funktionsweise von Organisationen (siehe z.B. Förster 1995, Luhmann 1990). Der Organisationstheoretiker Karl Weick drückt dies pointiert folgendermaßen aus: "Organisationen haben einen wesentlichen Anteil an der Schaffung der Realitäten, die sie dann als »Fakten« sehen, denen sie sich anpassen müssen." (Weick 1985). Organisationen sind in dieser Sichtweise nicht ein eindeutig zu definierendes Gebilde, sondern ein bewegliches Vielfaches, dessen wahrgenommene Resultierende vom individuellen Erklärungsmodell des „Beobachters" abhängt. Weick kommt aus diesen Überlegungen heraus auch zu einem überraschenden und amüsanten Fazit in Bezug auf das was Organisationen sind: [They] „consists of nothing more than talk, symbols, promises, lies, interest, attention, threats, agreements, expectations, memories, rumors, indicators, supporters, detractors, faith, suspicion, trust, appearances, loyalties and commitments, all of which are more intangible and more influenceable than material goods" (Weick 1990).

Das Verstehen und Management dieser vielfältigen und maßgeblich selbst geschaffenen „Realitäten" ist – so die zugrunde liegende Theorie – nur möglich, wenn die Struktur bildenden Sichtweisen, Beziehungen und großteils zirkulären, also selbstbezüglichen Abhängigkeiten transparent gemacht werden. Die Konsequenz für die Managementpraxis ist, dass es weniger um vermeintlich „objektive" Zahlen, als vielmehr um die subjektiven Sichtweisen der am Organisationsalltag Beteiligten und den daraus resultierenden individuellen und kollektiven Handlungen gehen muss.

4.3.2 Lernende und wissende Organisationen: Einige theoretische Überlegungen

Als strategisches Instrument konzipiert, ermöglicht die Methode „Wissensbilanz Made in Germany" ein messbares und systematisches Management der wichtigsten immateriellen Erfolgsfaktoren einer Organisation: von der Erfassung und Bewertung über die Priorisierung bis hin zum Controlling von Veränderungsmaßnahmen. Außerdem können die Ergebnisse dazu genutzt werden die Transparenz bei ausgewählten Partnern zu erhöhen. Das intellektuelle Kapital gliedert sich dabei, wie auch in anderen international verbreiteten Methoden, in Human-, Struktur- und Beziehungskapital[15]. Unter Humankapital (HK) werden die individuellen Kompetenzen und Einstellungen der Mitarbeiter gefasst. Das Strukturkapital (SK) umfasst alle Strukturen, Prozesse und Regelungen, welche die Art zu kommunizieren und zu arbeiten prägen und das Beziehungskapital (BK) umfasst alle

---

[15] Eine ausführlicher Entwicklungsgeschichte zum Intellektuellen Kapital und der Wissensbilanz im Besonderen findet sich in Alwert 2006 sowie im Leitfaden 2.0 BMWi 2008

geschäftsrelevanten Beziehungen zu externen Partnern, wie Kunden, Lieferanten und Investoren (siehe BMWA 2004 und BMWi 2008). Das Wissensbilanzmodell des AKWB, das
auf dem Modell der Austrian Research Centers Seibersdorf aufbaut (Koch et al. 2000) und
alle relevanten Elemente der Methode beinhaltet, besteht aus drei Teilmodellen: einem
Organisationsmodell, einem Geschäftsprozessmodell und einem Steuerungsmodell (vgl.
Abbildung 4.3).

Abbildung 4.3   Das Wissensbilanzmodell des Arbeitskreis Wissensbilanz (BMWA 2004)

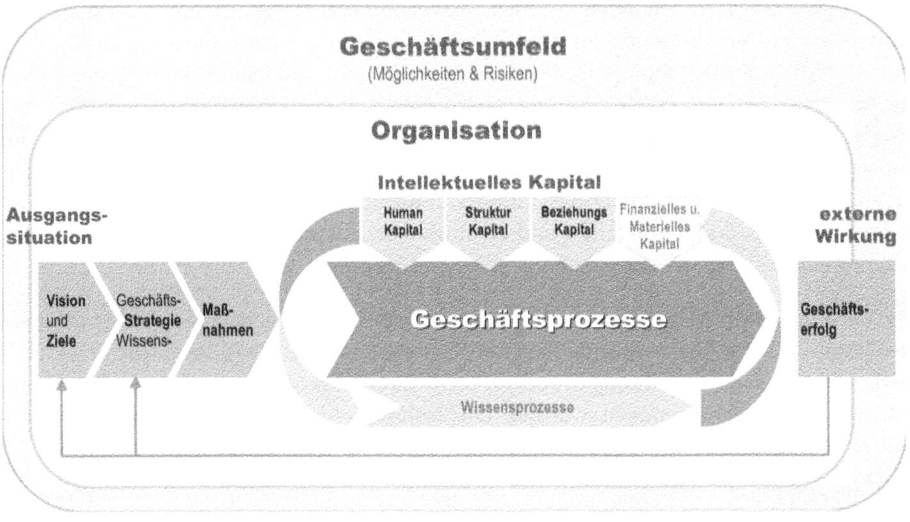

Das Organisationsmodell ist systemtheoretisch fundiert und macht eine klare Unterscheidung zwischen der Organisation und ihrer (teilweise selbst geschaffenen) Umwelt, dem
Geschäftsumfeld, welches die Möglichkeiten und Risiken vorgibt, an denen sich die Handlungen der Organisation ausrichten.

Das innere des Systems ist als Geschäftsprozessmodell dargestellt, in dem die Elemente des
Intellektuellen Kapitals sich als Einflussfaktoren mit ihren typischen Wirkungsbeziehungen
bis hin zum definierten Geschäftserfolg zeigen. Parallel zu den oft explizit definierten Geschäftsprozessen laufen weitere, meist weniger explizite Prozesse ab, die zu komplexen
Wechselwirkungen zwischen den Einflussfaktoren des Intellektuellen Kapitals führen können und im Modell durch den Regelkreis der Wissensprozesse repräsentiert sind. Aus dem
sich ergebenden Zusammenspiel zwischen den Geschäftsprozessen und Wissensprozessen
entstehen die Geschäftsergebnisse. Diese Ergebnisse werden dem Geschäftsumfeld übergeben und erzielen dort externe Wirkung, die von der Organisation als Geschäftserfolg oder
Misserfolg interpretiert werden. Das Prozessmodell macht also deutlich, dass es nicht um
eine statische, vom Kontext unabhängige Betrachtung von (Wissens-)Objekten geht, sondern um das Intellektuelle Kapital im dynamischen Prozess der Anwendung.

Das an der Grenze zwischen Innen und Außen dargestellte, klassische Steuerungsmodell ist als Regelkreis aufgebaut. Im modellhaften Idealzustand leitet die Organisation aus der Interpretation der erzielten externen Wirkung Konsequenzen für zukünftig erforderliche Entwicklungen ab, die ggf. eine Anpassung von Vision, Zielen und Strategien nach sich ziehen. Daraus abgeleitete und nachhaltig umgesetzte Maßnahmen sollen die gewünschten Organisationsveränderungen bewirken. Die Trennung zwischen Steuerungsmodell und operativem Prozessmodell macht auch deutlich, dass eine Organisation, einmal mit funktionierenden Prozessen aufgesetzt, grundsätzlich ohne explizite Steuerung auskommen kann (March 1976), so lange das dynamische intern aufgebaute Wirkungsgefüge es schafft die externen Wirkungen zu erzielen, die es am Leben halten, also in der Regel Einkommensströme, welche die Kosten übertreffen. Kurz: So lange der Laden Geld verdient, ist Steuerung nicht zwingend erforderlich.

Viele Untersuchungen und Überlegungen stützen diese These (siehe z.B. March 1976, Mintzberg 1987, Weick 1986), denn die meisten untersuchten Unternehmen haben keinen vollständig funktionierenden strategischen Steuerungsprozess im theoretisch dargestellten Sinne. Meist lassen sich mindestens ein bzw. gleich mehrere Brüche in dem Prozess finden, so dass die in der Praxis zu findende Unternehmenssteuerung eher einem fragmentarischen und nur teilweise funktionierenden Gebilde gleicht. Die sich im Nachhinein scheinbar klar zeigenden Unternehmenssteuerungsprozesse sind dabei meist eine hineininterpretierte Resultierende, die sich aus vielen inkrementellen und oft wenig koordinierten Mini-Handlungen ergab (Mintzberg 1987, Whittington 2001). Dennoch geht es vielen der untersuchten Unternehmen wirtschaftlich gut. Ein akkurat funktionierender Steuerungsprozess ist also für den wirtschaftlichen Erfolg eines Unternehmens offensichtlich nicht zwingend notwendig. Scheinbar reicht es, wenn der Prozess halbwegs bzw. manchmal funktioniert, in jedem Fall aber keine Schäden verursacht. Die Frage ist dann aber, warum dem Prozess in so vielen Managementmodellen ein so besonderer Stellenwert eingeräumt wird?

Für andere Methoden kann ich nicht sprechen, der Grund ihn trotz aller berechtigter Skepsis am klassischen Steuerungsmodell in das Wissensbilanzmodell aufzunehmen ist dessen große Verbreitung in der Praxis und der nahezu ungebrochene Glaube daran, dass ein aus einer Vision abgeleiteter strategischer Plan die ideale Grundlage zur Unternehmenssteuerung ist. Unabhängig davon, ob das richtig oder falsch ist, ist es allein der Glaube an diese Pläne, die es notwendig machen diese näher zu betrachten, will man die Organisation und ihr Verhalten verstehen. Wie mächtig der Glaube an Pläne sein kann beschreibt eine Anekdote, die Weick 1990 erzählt: „A small Hungarian detachment was on military maneuvers in the Alps. Their young lieutenant sent a reconnaissance unit out into the icy wilderness just as it began to snow. It snowed for two days, and the unit did not return. The lieutenant feared that he had dispatched his people to their deaths, but the third day the unit came back. Where had they been? How had they made their way? Yes, they said, we considered ourselves lost and waited for the end, but then one of us found a map in his pocket. That calmed us down. We pitched camp, lasted out the snowstorm, and then with the map we found our bearings. And here we are. The lieutenant took a good look at this map and discovered, to his astonishment, that it was a map of the Pyrenees. (This story was related by the Nobel Laureate Albert Szent-Gyorgi and was turned into a poem by Holub, 1977.)

In fast allen praktischen Anwendungsfällen haben die Wissensbilanz-Modellelemente eine sehr gute Hilfsstruktur geboten, um die Organisationen zu beschreiben, selbst wenn diese dem Ideal nicht entsprochen haben oder es noch nicht einmal anstrebten. Denn auch das wird durch die Reflexion der Elemente transparent, die damit ein gutes Mittel sind den als „Realität anerkannten Kontext" der Organisation zu explizieren und dadurch die Verhaltensweisen der Organisation und ihrer Mitglieder zu Verstehen. Die dabei explizierten Zielsetzungen der Organisation haben für die Wissensbilanzierung eine besondere Bedeutung, denn sie liefern den Maßstab zur Bewertung des Intellektuellen Kapitals. Obwohl einige Organisationen keine expliziten Ziele haben, noch nicht einmal welche wollen, lassen sich praktisch für jede Organisation Ziele und damit ein Bewertungsmaßstab für die Wissensbilanzierung finden und definieren. Denn implizit verfolgen solche Unternehmen meist dennoch mindestens ein Ziel, das sich aus ihrer passiven Handlung ergibt, nämlich „Weiter wie bisher" oder im reflektierten Fall: „Anpassungsfähig auf Veränderungen reagieren".

Die Einbeziehung aller im Modell beschriebenen Elemente hat einen weiteren wichtigen Grund, der mit der Art und Weise zu tun hat, wie Organisationen lernen und Wissen erwerben. Mit dem Konzept des „organizational learning" lässt sich dies verdeutlichen. In dieser Betrachtung werden drei maßgebliche Lernarten unterschieden und auf Organisationen übertragen. „Single-loop-learning", „double-loop-learning" und „deutero-learning" (Argyris 1996).

Organisationales Wissen: Können nur Menschen Lernen und über Wissen verfügen? Der dogmatische Leser, möge diesen Absatz überspringen, da er meiner Erfahrung nach Argumenten in diesem Punkt wenig aufgeschlossen gegenüber steht. Den hoffentlich vielen verbleibenden Lesern möchte ich hier eine kurze Argumentation liefern, die durchaus Zweifel an der anthropozentrischen Sichtweise zu säen vermag. Wilke drückt das Argument folgendermaßen aus: „Jedes Handeln, in einer kognitiv anspruchsvollen Situation, also das, was wir intelligentes Handeln nennen, erfordert eine Wissensbasis. Sobald man sieht, dass Organisationen handeln können, und zwar als eigenständige kollektive oder korporative Akteure [...], steht außer Frage, dass sie auch eine eigenständige, kollektive oder korporative Wissensbasis für dieses Handeln brauchen." Und weiter: „Kein Individuum verfügt heute über das erforderliche Wissen, um einen modernen Computer, ein Auto oder ein Flugzeug zu bauen. Organisationen aber »können« das. Und präzise in diesem Sinne sind heute komplexe Organisationen intelligenter als jeder Mensch." (Willke 1998). Kern der Argumentation ist die Feststellung, dass wir nur über klar definierte Kriterien entscheiden können, ob jemand oder etwas über Wissen verfügt. Werden alle Kriterien von anthropozentrischen Dogmen im Sinne von „Aber das können nur Menschen haben" befreit, bleiben Kriterien übrig, die, wenn Sie erfüllt sind, keinen anderen Schluss zulassen, als dass der „Betrachtungsgegenstand" über Wissen verfügt. Welche Kriterien Anwendung finden, ist grundsätzlich offen. Aus wissenschaftlicher Sicht ist nur wichtig, dass keine unterschiedlichen Maßstäbe zur Anwendung kommen und die Prämissen offen gelegt werden. Grundsätzlich liegt es in einem ersten Schritt nahe, das in unserer Gesellschaft am häufigsten angewendete Kriterium für die Zuweisung von Wissen zu verwenden und auch in Bezug auf nicht menschliche Akteure (Latour 2005) zu testen. Es kommt in jedem Prüfungsverfahren zum Einsatz: Kann ein Prüfling auf eine Frage die richtige Antwort geben oder durch Handlung sein Können demonstrieren, wird davon ausgegangen, dass er über das notwendige Wissen verfügt. Was genau in ihm dabei vorgeht bleibt unbekannt. Dieses, in seinem Kern behavioristische Verfahren, ist daher durchaus fehleranfällig, denn in jedem Fall muss ein Beobachter das Ergebnis der Handlungen oder Kommunikationen interpretieren. Dessen Kenntnisstand spielt dabei eine oft entscheidende Rolle. Die Anwendung des Kriteriums ist also durchaus fehleranfällig. Wird es aber, wie in den meisten Gesellschaften üblich, akzeptiert, muss konsequenterweise allen Systemen, die das Kriterium erfüllen, Wissen zugeschrieben werden. Eine Organisation, die ein Produkt herstellt, hat demzufolge das hierzu erforderliche Wissen, denn durch das wunschgemäß erzeugte Produkt demonstriert sie ihr Wissen und Können. Selbst die beobachtbaren Kommunikationen und koordinierten Handlungen des Systems lassen auf Wissen schließen. „Aber", werden einige einwenden „die Handlungen und Kommunikationen in Organisationen werden doch von menschlichen Akteuren ausgeführt". Unabhängig davon, dass der einzelne Mensch nur Teil einer funktionierenden Kommunikation oder koordinierten Handlung ist und damit zu klären wäre, welche Entität denn die „koordinierte, kollektive Handlung" ausgeführt hat oder wer denn Träger des „koordinierten Wissens" ist, denke man sich im Extrem z.B. eine vollautomatisierte Produktion ohne einen einzigen menschlichen Akteur. „Ja aber die Anlage wurde doch von Menschen gemacht und programmiert!" Na und? Kinder wurden auch von Menschen „gemacht" und dann von Menschen „programmiert" richtige Antworten zu geben. Warum spricht dem Kinde keiner sein Wissen ab?

Im Wissensbilanzmodell repräsentieren die Wissensprozesse, die durch Wechselwirkungen zwischen einzelnen Elementen und Prozessen operative Veränderungen und Anpassungen herbeiführen, das „single-loop-learning" der Organisation. Das Lernen findet hierbei in der täglichen Arbeit quasi „automatisch" und aus Sicht des Systems „Organisation" unreflektiert statt (auch wenn sich natürlich einzelne Mitarbeiter durchaus überlegen, was sie tun).

Das „double-loop-learning", also die zweite Lernschleife ist im strategischen Regelkreis zu finden. Diese zweite Lernschleife ist eine Reflexion der Geschäftstätigkeit als Ganzes und mündet ggf. in eine Anpassung der Organisation, die zu anderen, bessern Ergebnissen führt. Die Organisation hat dann aus der Reflexion auf ihre Tätigkeit und die damit erzielbaren Ergebnisse gelernt (s. o.).

Wird die Wissensbilanzierung mit Betrachtung aller Elemente in einer Organisation konsequent implementiert, kann das als „deutero-learning" interpretiert werden. Denn jetzt wird mit der Betrachtung der ersten beiden Lernschleifen auch das Lernverhalten selbst einer Reflexion unterzogen. Dabei wird transparent, wie die Lernprozesse funktionieren und die Organisation kann mit Veränderungsmaßnahmen darauf reagieren, also ihre Lernprozesse bewusst und gezielt anpassen. Wie schon bei Argyris, stellt das „deutero-learning" auch in der Wissensbilanzierung die „Königsdisziplin" dar, die nur von wenigen Organisationen beherrscht wird. Sie erfordert nicht nur ein sehr hohes Maß an Selbstreflexion und Selbstkritik bei Mitarbeitern und Endscheidern sondern zudem die Fähigkeit aus den Erkenntnissen abgeleitete Veränderungen konsequent umzusetzen. Denn erst nach erreichter Veränderung im Lernverhalten kann von erfolgreichem Lernen auf der „deutero"- Ebene gesprochen werden. Ein Beispiel prototypischer Probleme soll diese abstrakte Darstellung etwas näher erläutern: Stellen Sie sich vor, die Geschäftsführung der „Typisch GmbH" hat aufgrund der Wissensbilanz erkannt, dass eines ihrer zentralen Probleme das „Versanden" von Veränderungsmaßnahmen ist. Sie beschließt also ein Projekt, zur Verbesserung der Maßnahmenumsetzung [Bis hierhin läuft eigentlich alles super]. Allerdings behandelt sie diese „deutero"- Maßnahme in der Folge genauso wie üblicherweise Maßnahmen im Unternehmen behandelt werden: Es wird ein Projektteam aus erfahrenen Projektmitarbeitern zusammengestellt, um das Problem zu lösen. Es kommt zu zahlreichen „Meetings" in denen u.a. die Best-Practices der letzten Jahre reflektiert werden. Ein Konzept wird begonnen. Einige viel versprechende Ideen sind dabei, die allerdings grundsätzliche Änderungen in der Organisation verlangen und bei vielen Kollegen auf Widerstand stoßen: „So etwas funktioniert bei uns nicht. Viel zu kompliziert und zu aufwendig, es muss einfacher sein, besser zu uns passen..." Dann gibt es eine Unterbrechung, da der Druck aus dem operativen Geschäft aufgrund knapper Ressourcen wieder einmal zu groß wird. Alle müssen ran. In der Zwischenzeit wurde eine neue, als extrem wichtig eingestufte Maßnahme, beschlossen, die den Vertrieb verbessern soll. Zwei der Projektmitarbeiter verwenden dafür schon einen Großteil ihrer Ressourcen, können also am ersten Projekt nicht mehr wirklich mitwirken. Zudem ist der Diplomand, der sich gut auskannte und daran weitergearbeitet hat inzwischen fertig und wo anders beschäftigt. Seine Diplomarbeit zu lesen hat niemand Zeit bzw. Lust, „ist auch zu theoretisch und zu kompliziert...." Die zwei verbleibenden Projekt-Mitarbeiter sind Land unter und denken am liebsten nicht an das unbeliebte Projekt.... Bei der nächsten Wissensbilanz stellt das Wissensbilanzteam fest, dass die Maßnahme genauso, wie die im Vertrieb, versandet ist...[16]

---

[16]   Haben Sie die typischen Fehler gefunden? Hier eine Auswahl:
1. Der Kardinalfehler liegt bereits am Anfang, denn Probleme in der Struktur eines Unternehmens lassen sich nicht lösen, indem der Struktur gefolgt wird. Beispiel: Wenn Sie grundsätzlich alles vergessen, was Sie in ihren Kalender schreiben, dann nützt es nichts, wenn sie sich in den Kalender schreiben, nicht zu vergessen den Kalender zu lesen....
2. Daher sind erfahrene Projektmitarbeiter, welche die Projektarbeit über Jahre hinweg zu dem gemacht haben, was sie ist, auch wenig geeignet diese zu verändern. Ihnen fällt es erfahrungsgemäß besonders schwer über die Struktur hinaus zu denken. Viele Regeln werden implizit und explizit als unverrückbar angenommen (Weick 1986).
3. Allein Best-Practices aus dem eigenen Unternehmen als Vorbild zu nehmen ist der beste Weg, um zu zeigen, dass man keine Strukturveränderung, sondern eher Optimierung wünscht. Bad-Practices oder Beispiele aus anderen Unternehmen wären besser geeignet, die eigene Struktur in Frage zu stellen.
4. Wichtige Projektarbeit von zentraler Bedeutung an Diplomanden auszulagern, zeigt den anderen Mitarbeitern die niedere Priorität des Projektes und ist der beste Weg, entstehendes Wissen nicht in der Organisation zu halten. Zudem haben Diplomanden meist weder das Interesse, noch den Über- und Weitblick das tatsächliche, scheinbar unlösbare Problem, zu lösen. Falls Sie es zufällig doch schaffen, werden Sie mit Sicherheit von niemandem Ernst genommen.
5. Wichtige Projekte zur Organisationsveränderung dem operativen Tagesgeschäft in der Priorität unterzuordnen, hilft sehr dabei die Veränderung zu verhindern und Ressourcen zu vergeuden...

Ein anderes, etwas extremes Beispiel für „deutero"-Lernen ist z.B. die im Mittelstand nicht selten vorkommende Akzeptanz der eigenen Steuerungs-Inkompetenz: „Strategien gibt es bei uns nur in ein paar alten Dokumenten. Wir haben das mal versucht, hat uns viel Zeit und Geld gekostet und außer ein paar hübschen Broschüren ist nichts dabei herausgekommen. Umsetzen ließ sich nichts davon" Erlernte Konsequenz in diesen Unternehmen war die (Wieder-)Abschaffung des strategischen Steuerungsprozesses: Keine weiteren Strategiemeetings, keine systematische Markbeobachtung und Jahresplanung mehr, keine internen Organisationsveränderungsprojekte mehr usw. Diese Unternehmen sind deshalb noch lange nicht dem sicheren Untergang geweiht. Denn was ihnen immer noch bleibt, ist die inkrementelle, aktionistische und oft ausreichend gut funktionierende Anpassung an überraschend auftauchende Zwänge. Ob dieser selbst gewählte Verzicht auf langfristige Planung weniger erfolgreich ist, ist schwer zu beantworten, da ein direkter Vergleich der Organisationen mit der fiktiven Realität des „so wäre es, wenn" kaum möglich ist. Wahrscheinlich ist jedoch, dass der Erfolg solcher Extreme u. a. vom Geschäftsumfeld und dessen Akzeptanz („Macht uns nichts, dass ihr keine Strategie habt, Hauptsache ihr könnt liefern") sowie dem „personal fit" der Mitarbeiter abhängt („Ich finde gut, dass ich je nach Situation die Prioritäten selber setzen kann").

Der eigentliche Mehrwert der „Wissensbilanz Made in Germany", liegt jedoch weniger in diesen zugegebenermaßen recht abstrakten und theoretischen Überlegungen, sondern in der daraus abgeleiteten Methode zur Einführung und Umsetzung der Wissensbilanzierung im Unternehmen. Im folgenden Kapitel soll die Methode daher kurz vorgestellt werden.

4.3.3 Wissensbilanzierung leicht gemacht: Methodische Umsetzung der theoretischen Überlegungen

Im Zentrum der Methode stehen drei Workshops, in denen neben den allgemeinen Informationen zu Organisation, Geschäftsumfeld, Zielen und Strategien die wichtigsten Faktoren des Intellektuellen Kapitals aus den Bereichen Human-, Struktur- und Beziehungskapital erfasst und bewertet werden (vgl. **Abbildung 4.4**; ausführlich in BMWI 2008).

Abbildung 4.4   Typischer und vereinfachter Projektverlauf bei der Erstellung einer
                     Wissensbilanz (BMWI 2008)

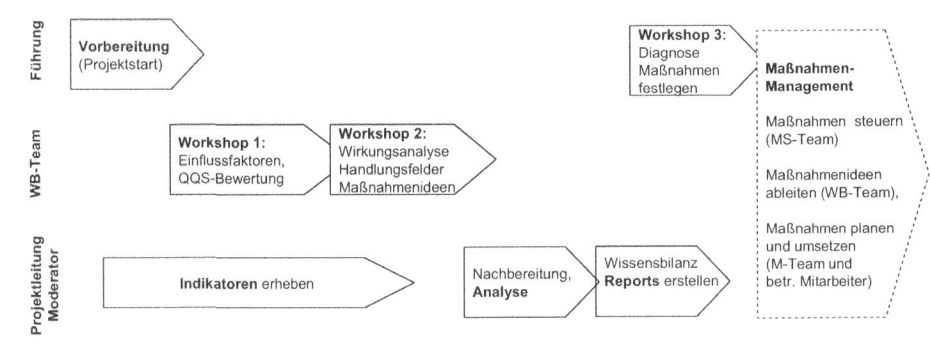

Die erforderlichen Inhalte werden durch eine repräsentative Gruppe von Mitarbeitern (WB-Team) aus unterschiedlichen Bereichen und Hierarchieebenen erarbeitet, was neben direkten positiven Effekten auf die übergreifende Kommunikation u. a. die Validität der Ergebnisse bei hoher Kosteneffizienz sichert. Wichtigster Grund ist jedoch, dass alle Ergebnisse aus einer Diskussion entstehen, in die alle wesentlichen Sichtweisen und Argumente eingefließen und verhandelt werden. Das Ergebnis ist daher eine resultierende Sichtweise, die etwas anderes ist, als die bloße Summe der Einzelsichtweisen, auch wenn sie sich aus diesen speist. Sie kommt den tatsächlichen, alltäglichen Verhältnissen in der Organisation, die ebenfalls durch Sichtweisen und Verhandlungen geprägt sind, sehr nahe und kann daher als Sichtweise der Organisation, als „collective mind" (Weick85) interpretiert werden. Müßig zu erwähnen, dass die Qualität des Ergebnisses natürlich von der Qualität der Teammitglieder und der Moderation abhängt... Prototypisch funktioniert der gesamte Prozess ungefähr folgendermaßen:

Nach der Vorbereitung, die sich vor allem um die Erfassung der Ausgangssituation der Organisation kümmert, wird im ersten Workshop das spezifische intellektuelle Kapital der Organisation erfasst und nach Quantität und Qualität bewertet. Neben dieser Bewertung des Status Quo wird zusätzlich die vorhandene Systematik im Umgang mit dem jeweiligen Faktor erfasst, um darüber Prognosen über zukünftige Entwicklungen zu ermöglichen, aber auch vorhandene Risiken aufzudecken. Die repräsentativ ausgewählten Mitarbeiter erörtern dazu alle relevanten Sachverhalte im Unternehmen (ggf. gestützt durch Indikatoren) und legen dann gemeinsam die Bewertungen im Konsens fest. Eine einfache prozentuale Bewertungsskala, unterstützt durch ein Abstimmungsverfahren mit farbigen Karten, strukturiert und beschleunigt diesen Prozess. Am Ende des ersten Workshops, der i. d. R. einen Tag in Anspruch nimmt, liegt ein ausführliches und begründetes Stärken- und Schwächenprofil über das intellektuelle Kapital der Organisation vor.

Darauf aufbauend geht es im zweiten Workshop darum, die wesentlichen Wechselwirkungen zwischen den immateriellen Faktoren und dem Geschäftserfolg des Unternehmens zu erfassen. Durch die Erfassung und Analyse der oft komplexen Wirkungszusammenhänge zwischen den „weichen" Faktoren, den Geschäftsprozessen und dem Geschäftserfolg, wird die Funktionsweise der Organisation sowie die Bedeutung der einzelnen Faktoren transparent. Um dies zu erreichen, kommt eine einfache Methode aus der Kybernetik (Förster 1995) zum Einsatz, die die Wirkung der einzelnen Faktoren auf einer Skala von 0 (keine Wirkung) bis +-3 (überproportionale Wirkung) in einer einfachen Wirkunsmatrix erfasst (Vester 1999, Bornemann & Sammer 2004). Am Ende des Workshops können Handlungsfelder sichtbar gemacht und Maßnahmenideen gesammelt werden.

Im dritten und meist letzten Workshop, der Diagnose, werden die Ergebnisse auf Endscheiderebene zusammengeführt (vgl. **Abbildung 4.5**), um daraus Schlussfolgerungen abzuleiten. Ziel ist es die Prioritäten für die Organisationsentwicklung und möglichst konkrete, daraus abgeleitete Maßnahmen festzulegen.

Ist die Wissensbilanzierung als Instrument bereits vollständig implementiert, werden in diesem Workshop auch die Entwicklungen des Unternehmens mithilfe von „Zeitreihencharts" diskutiert. Hierbei wird explizit auch auf den Erfolg und Misserfolg von Veränderungsmaßnahmen eingegangen, denn über die Zeitreihen wird es möglich die Wirkung von Maßnahmen auch im Intellektuellen Kapital zu überwachen. Erst in diesem Stadium kann die Wissensbilanz ihr volles Potenzial entfalten. Denn jetzt wird es möglich das oben beschriebene Lernverhalten der Organisation an konkreten Maßnahmen nachzuvollziehen und zu reflektieren. So zeigt sich auch in vielen Organisationen, die bereits mehrfach eine Wissensbilanz erstellt und die Zeitreihenbetrachtung vorgenommen haben, eine zentrale Maßnahme: nämlich Verbesserung des Maßnahmenmanagements, also des organisationalen Lernverhaltens (s. o.). Selbst wenn die Wissensbilanzierung als Analyseinstrument bei der eigentlichen Umsetzung von Maßnahmen nur wenig unterstützen kann, führt sie offensichtlich dennoch dazu, dass das Lernverhalten als wichtiger organisationaler Aspekt ins Bewusstsein der Stakeholder gerückt wird. Aufgrund der großen sich zeigenden Bedeutung erfolgreich abgeleiteter und umgesetzter Maßnahmen, wurde 2010 durch den AKWB und das BMWi ein Verfahren zur Verbesserung des an die Wissensbilanzierung anschließenden Maßnahmenmanagements entwickelt (Alwert & Will 2011).

Abbildung 4.5   Portfolio der bewerteten und priorisierten Faktoren sowie ein Wir-
kungsdiagramm eines mittelständischen Stahlunternehmens (visualisiert
mit der kostenfreien Wissensbilanz Toolbox)

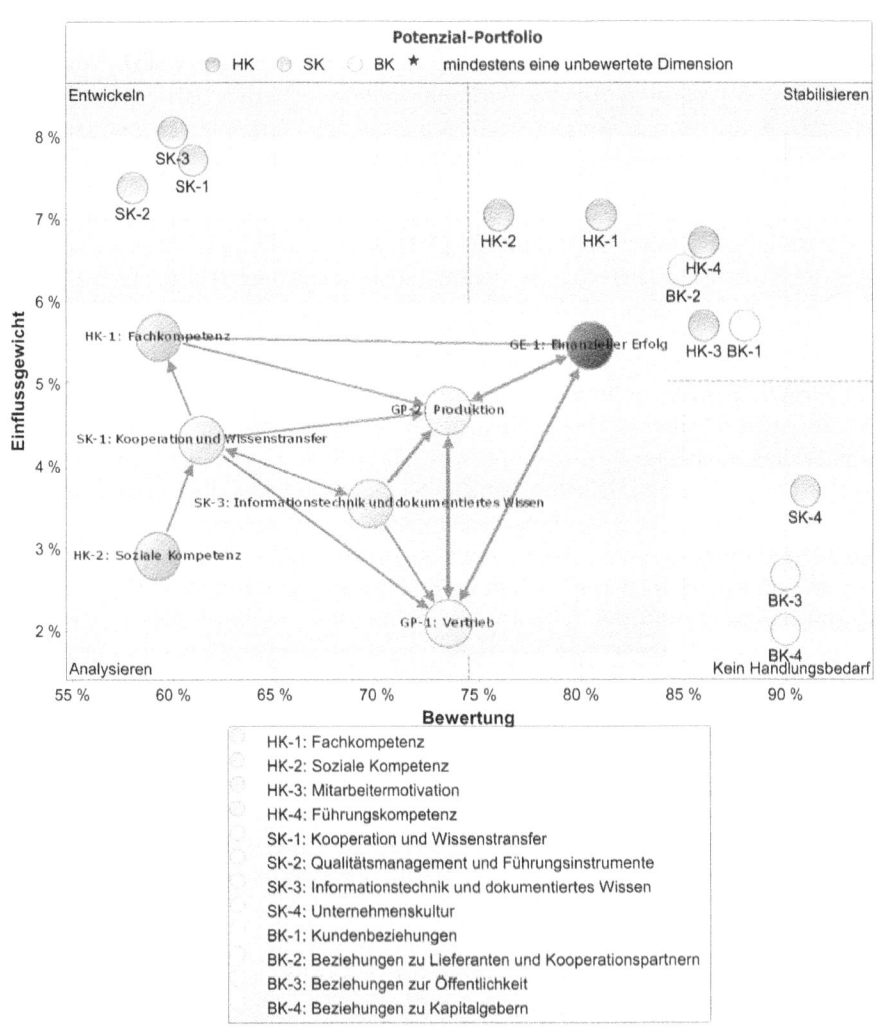

Je nach Zielsetzung werden die Ergebnisse am Ende in einem Dokument zusammengefasst
und so aufbereitet, dass sie den Anforderungen der internen oder externen Zielgruppen
genügen.

Um die Wissensbilanzierung zu vereinfachen, wird der gesamte Erstellungsprozess durch
die Wissensbilanz-Toolbox und zusätzlich bereitgestellte Hilfsmittel unterstützt (vgl. **Ab-**

bildung 4.5). Eine einfache Navigation führt das Unternehmen Schritt für Schritt durch die Wissensbilanzierung – von der ersten Erfassung der Daten bis hin zur Definition von Maßnahmen und zum Ausdruck der fertigen Wissensbilanz.

Obwohl das Verfahren für die Teilnehmer aufgrund der Toolbox und der entwickelten Workshoptechniken zur Bewertung i. d. R. recht einfach erscheint, ist der Gesamtprozess doch kompliziert und setzt großes Wissen und Fingerspitzengefühl beim Workshopleiter voraus. Es hat sich daher bewährt, die Workshops von einem erfahrenen Moderator begleiten zu lassen. Er sorgt für die erforderliche Neutralität und dafür, dass alle Beteiligten zu Wort kommen, Bewertungen im Konsens erfolgen und die wichtigen Argumente zur späteren Nachverfolgung dokumentiert werden (BMWi 2008).

Diese kurz Einführung in die Methode soll mit dem Verweis auf den Leitfaden vorerst genügen Zwei Aspekte der Wissensbilanzierung werden in Praxis und Theorie allerdings ungebrochen intensiv und dominant diskutiert: die Messung des Intellektuellen Kapitals mittels Indikatoren und dessen monetäre Bewertung. Da diese Teilaspekte bzw. Randthemen die Wahrnehmung des Themas nach wie vor stark prägen, möchte ich die Gelegenheit nutzen, diese in den folgenden beiden Kapiteln etwas ausführlicher zu beleuchten.

4.3.4　Vom Sinn und Unsinn der Messung des Intellektuellen Kapitals

Betrachtet man die Diskussion um die Messung und Bewertung des Intellektuellen Kapitals (IK) in der Literatur und Unternehmenspraxis, fällt auf, dass vier Dinge oft vermischt und wenig differenziert behandelt werden (Alwert 2006): Die Erfassung und Beschreibung des Intellektuellen Kapitals als treibende „Kraft" in Organisationen, die Messung von Eigenschaften einzelner Faktoren des IK, die Bewertung dieser Faktoren im Sinne eines Stärken- und Schwächenprofils sowie die Ermittlung eines monetären Wertes für diese Faktoren. Problematisch an der Vermischung ist vor allem die daraus entstehende scheinbare Vereinfachung, die schon manchen Praktiker viel Geld gekostet hat. Denn die teilweise aufeinander aufbauenden Elemente haben alle ihre Tücken, die zu mehr oder weniger großen Problemen aber in jedem Fall zu Aufwand und Kosten führen.

Bereits der erste Schritt, die Erfassung des Intellektuellen Kapitals, bringt einige Schwierigkeiten mit sich. Denn während bei der Erfassung materieller Gegenstände primär unsere sechs Sinne den Ausgangspunkt bilden, versagt diese Methode bei immateriellen „Gegenständen". Von Anfang an muss im abstrakten, sprachlichen „Raum" mit diesen Faktoren umgegangen werden. Jedem sind die Tücken von Sprache bekannt. Zahlreiche Interpretationsspielräume erschweren die Eingrenzung und genaue Definition und die Suche nach DER Definition wird von zahlreichen Autoren sogar grundsätzlich in Frage gestellt (Wittgenstein 1953, Quine 1980, Abel 1995). Für die Messung und Bewertung von immateriellen Faktoren ist die klare Definition und damit eindeutige Identifizierbarkeit und Abgrenzung gegenüber anderen möglichen Betrachtungsgegenständen jedoch wichtig, soll es nicht zu Missverständnissen kommen (M`Pherson & Pike 2001).

Auch die Festlegung von relevanten Eigenschaften der „Betrachtungsgegenstände" gestaltet sich schwierig. Denn welche relevanten und messbaren Eigenschaften beschreiben z.B. Wissen, Kundenbeziehung oder Innovationen? Kann man sich auf wenige Kriterien beschränken, ohne die Relevanz zu verlieren? Ist beispielsweise die Qualität eines Mitarbeiters bereits hinreichend beschrieben, wenn wir seine Körpergröße gemessen haben, nämlich 1,81m? Selbst wenn wir verhältnismäßig gute Messkriterien gefunden haben, muss ein geeignetes, zuverlässiges und vom Beobachter unabhängiges Messverfahren entwickelt und implementiert werden. Spätestens jetzt kommen dem letzten Praktiker Zweifel am ökonomischen Sinn. Dass dies kein Scheinproblem ist, kann leicht aus der Praxis belegt werden. Denn der Versuch, immaterielle Faktoren möglichst umfassend mit Kennzahlen zu messen, hat dazu geführt, dass manche Wissensbilanzen, insbesondere im österreichischen Hochschulumfeld, weit über hundert Kennzahlen ausweisen. Selbst wenn Automatismen zur Erfassung der Kennzahlen zur Verfügung stehen, ist fraglich, ob der Nutzen der Messung den Aufwand aufwiegt, denn es muss nicht nur alles erfasst werden, irgendjemand muss es auch noch lesen (und wie viele Menschen tun sich so etwas freiwillig an?).

Aber das war es noch nicht. Ist all das gewährleistet, liegt mit dem Ergebnis der Messung noch immer kein direkt verwertbares Ergebnis vor, denn dazu ist noch zu klären, ob das Ergebnis als gut oder schlecht zu interpretieren ist. Ohne eine solche Einschätzung hat das Ergebnis weder für das interne Management, noch für die externe Unternehmensbewertung irgendeinen Wert. Spätestens jetzt kommt zum Verdruss von Objektivisten, eine subjektive Komponente ins Siel, die eigentlich durch die Messung vermieden werden sollte. Um eine möglichst valide Bewertung zu gewährleisten ist zusätzlich zum schon oben beschriebenen Messverfahren, ein Bewertungsverfahren notwendig, das die Messwerte, nach einem nachvollziehbaren Umrechnungsverfahren, mit einem klar definierten Bewertungsmaßstab in Beziehung setzt (M`Pherson & Pike 2001; Andriessen 2004). Was? Nicht verstanden? Also hier ein Beispiel: Ein Softwareunternehmen braucht Software-Ingenieure, die Java programmieren können (Erfassung). Um das laufende Geschäft zu bewältigen müssen es mindestens 20 erfahrene Software-Ingenieure sein (Bewertungsmaßstab). Hätte die Organisation 20 erfahrene Software-Ingenieure (Messwert) wäre dies gut. Hätte sie hingegen nur 10 (Messwert) wäre dies nach Definition des Bewertungsmaßstabes schlecht.

Soll das Ergebnis zudem extern vergleichbar sein, wird es übrigens noch schwieriger, denn jetzt reicht eine Bewertung im Kontext der Organisation nicht mehr aus. Ein Vergleichsmaßstab muss gefunden werden, der sich auf andere Kontexte übertragen lässt. Für immaterielle Faktoren, die stark kontextgebunden sind und ihren Wert oft nur in der besonderen Konstellation einer Organisation entwickeln, gestaltet sich dies aber besonders schwierig. Einige, auf Indikatoren basierende Ansätze, beschränken sich daher auf den externen Vergleich von Organisationen mit gleichem Kontext und daher großer Ähnlichkeit. Da kein Geschäftsmodell aber dem anderen exakt gleicht, bleibt immer offen, wie viel Apfel in der Birne steckt.

Alles in Allem bleibt festzuhalten, dass die Bewertung mittels unabhängig gemessener Kennzahlen nicht einfach ist und zusätzlichen, teils erheblichen Aufwand verursacht. Es geht jedoch auch ohne. Denn indem nur wertende Eigenschaften der „Betrachtungsgegenstände" fokussiert werden, kann eine vorherige Messung entfallen. Die Messskala besteht dabei aus semantischen Differentialen wie z.B. gut-schlecht, wichtig-unwichtig oder wertvoll-wertlos. Dieses Verfahren hat sich die „Wissensbilanz Made in Germany" zu nutze gemacht. Denn vor allem für interne Steuerungszwecke reicht es eine direkte Bewertung aus dem Kontext der Organisation heraus vorzunehmen, die alle relevanten Argumente und bekannten Fakten mit einbezieht. Eine genauere Messung, zeigt sich in der Praxis, ist meist nicht erforderlich, da bei der Bewertung auf das Wissen der Teammitglieder zugegriffen werden kann. Die zusätzliche Erfassung von unabhängigen Indikatoren dient dann lediglich dazu, das Ergebnis der direkten (Selbst-)Bewertung valider zu machen. Dies ist immer dann wichtig und sinnvoll, wenn begründete Zweifel an der Selbsteinschätzung bestehen. Da die meisten Organisationen und Wissensbilanzteams ihre Organisation jedoch gut genug kennen (Wer sollte diese auch besser kennen?), um Stärken und Schwächen im Intellektuellen Kapital zuverlässig herauszuarbeiten, ist eine zusätzliche Messung selten notwendig. Das zeigt auch die derzeitige Praxis. Denn nur sehr wenige Organisationen, insbesondere diejenigen, welche ihre Wissensbilanz auch für die externe Kommunikation einsetzen, verwenden überhaupt Indikatoren. Diese geben auf Nachfrage i. d. R. an, dass Sie darüber die Glaubwürdigkeit der Ergebnisse bei der externen Zielgruppe erhöhen wollen (wohlgemerkt nicht, dass sie diesen dadurch mehr oder bessere Inhalte geben!). Die weit größte Zahl an Unternehmen mit einer Wissensbilanz, setzen diese vorrangig zum internen Management ein und vertrauen dabei großteils ihrer gut begründeten und nachvollziehbaren Selbsteinschätzung, auch weil damit das beste Kosten-Nutzen-Verhältnis zu erreichen ist. Diese Unternehmen setzten Indikatoren, wenn überhaupt, nur sehr gezielt ein.

4.3.5   Der Wert monetärer Bewertungen

Unabhängig davon, wie man zum Einsatz von Indikatoren steht, ist es in jedem Fall ratsam das Thema von dem der monetären Bewertung zu trennen. Denn der monetären Bewertung liegt neben dem Wunsch nach möglichst objektiver Messung, eine zusätzliche Denkweise zugrunde, die man bei der Diskussion des Themas m. E. nicht implizit belassen sollte und die mit dem Stellenwert von Geld in unserer Gesellschaft im Allgemeinen zu tun hat. Einen guten Analyseeinstieg bietet die wirtschaftliche Entwicklung der letzen Jahre, die durch die unkontrollierte (bzw. unkontrollierbare?) Abkopplung der Finanzwirtschaft von der Realwirtschaft geprägt war. Vorläufiger Höhepunkt dieser Entwicklung ist eine der größten Finanzkrisen in den letzten 80 Jahren, deren globale Auswirkung noch nicht wirklich abzuschätzen ist. Neben vielen Erkenntnissen zur Arbeitsweise und Praktiken in der Finanzwirtschaft, hat die Krise auch das Ausmaß zu Tage gefördert, mit dem sich „Geld" vom Mittel des Wirtschaftens zum Zweck des Wirtschaftens entwickelt hat. Eine ganze Industrie hat sich fast ausschließlich darauf spezialisiert Geld mittels kreativer (Geld-)Produkte in mehr Geld zu verwandeln, ganz ohne, dass auch nur an einer einzigen Stelle des Prozesses irgendein nicht monetärer Wert geschaffen oder realwirtschaftliche Wertschöpfung unterstützt wird. Dies mag theoretisch betrachtet durchaus interessant sein, scheint es doch die Luhmannsche These der geschlossenen autopoetischen Systeme zu unterstützen, ist aber praktisch, unter gesamtgesellschaftlicher Perspektive im besten Fall fragwürdig und offensichtlich wenig wünschenswert. Denn dieses stark auf Geld hin zentrierte Denken hat Auswirkungen auf alle Bereiche der Gesellschaft. Der Begriff „Wert" ist in weiten Teilen der Wirtschaft zu einem Synonym für Geld geworden, was weit reichende Konsequenzen auf die Bewertung von Organisationen, im Besonderen die Bewertung des Intellektuellen Kapitals als Basis der Wertschöpfung in einer wissensbasierten Wirtschaft hat. Viele Organisationen, vor allem am Finanzmarkt, akzeptieren nicht oder nur widerwillig nicht in Geldwerten ausgedrückte Werte. Damit entgeht der Geldwirtschaft in ihrer Betrachtung jedoch das Intellektuellen Kapital, welches aus Sicht der Unternehmen die wichtigste Basis der Wertschöpfung in Hochlohländern ist (BMWi 2010). Denn das Intellektuelle Kapital ist fast immer an das konkrete Geschäftsmodell und den spezifischen Kontext der Organisation gebunden, in dem es seinen Wert in der Produktion von Gütern und Dienstleistungen entwickelt. Einen davon unabhängigen Wert gibt es meistens nicht und der Versuch immaterielle Werte aus ihrem Wertschöpfungszusammenhang herauszulösen und auf andere Organisationen zu übertragen, ist meistens zum Scheitern verurteilt. Man versuche z.B. die Leistungskultur und Kooperationsfähigkeit eines kleinen effizienten Hochleistungsteams (Weick 1990, Pawlowsky et al. 2008) aus dieser herauszulösen und auf einen Konzern zu übertragen. Diese Art der „selbständigen Verkehrsfähigkeit", wie es die Finanzbürokraten nennen, wäre aber die Voraussetzung für eine Preisbildung an einen Markt, welche die Ermittlung eines halbwegs realistischen monetären Wertes ermöglichen würde (Das ganze natürlich immer unter der praktisch unrealistischen Annahme, dass sich genügend Marktteilnehmer mit ihren individuellen Wünschen, unter idealen Kommunikationsbedingungen zu einem effizienten Markt für den hoch spezialisierten immateriellen Wert zusammenschließen). Zwar gibt es viele Verfahren, die versuchen dieses Problem zu lösen und auch immateriellen Werten monetäre Beträge zuordnen (für eine Übersicht siehe Alwert 2006), jedoch lösen diese die grundlegenden Probleme nicht, sondern fügen der aus unternehmerischen Sicht sinnvollen Erfassung und Bewertung des Intellektuellen Kapitals nur zusätzliche meist sehr aufwendige, schwer nachvollziehbare und wenig valide Erfassungs- und Berechnungsverfahren hinzu. Aus ökonomischer Perspektive ist dies jedoch geradezu absurd, denn bereits vor der Anwendung dieser Verfahren liegen alle wesentlichen Informationen über das Intellektuelle Kapital vor, die ein guter Manager oder Unternehmensanalyst braucht, um die Situation des Unternehmens richtig einzuschätzen. Das zusätzliche anheften eines Preisschildes, fügt dem außer zusätzlichen Aufwand eigentlich nichts weiter hinzu, als den Anschein von Exaktheit und selbständiger Marktfähigkeit, die aus oben genannter Kontextabhängigkeit jedoch nicht gegeben sind. Die einzigen Bereiche in denen mehr oder weniger eine direkte Kopplung von monetärem und immateriellem Wert in der Praxis existiert, sind im Humankapital die am Arbeitsmarkt verhandelten Gehälter und im Bereich des Geistigen Eigentums die auf Einkommensströmen basierende Patent- oder Lizenzbewertungen. Unabhängig davon, dass beide Bereiche nur einen kleinen Teilaspekt des Intellektuellen Kapitals abbilden, sind sie zudem mit zahlreichen Problemen behaftet. So bündeln Mitarbeiter (wie übrigens auch Organisationen) eine ganze Reihe von immateriellen Faktoren, die für ein ordentliches Management jedoch separat bewertet werden müssen. Denn ein Unternehmen kann schwerlich Mitarbeiterentwicklung betreiben, ohne zu wissen, welche Kompetenzen, Motivationen, Verhaltensweisen und Einstellungen im Detail vorliegen und entwickelt werden sollen. Die Gehaltsabrechnung hilft als Kennzahl dabei wenig. Ähnliche und zusätzliche Probleme finden sich bei der Bewertung von Geistigem Eigentum (siehe z.B. OECD 2004). Denn der Wert der wenigsten Geistigen Eigentumsrechte ist auf ihren Einkommensstrom aus Lizenzen beschränkt. Die meisten haben inzwischen oft vorrangig das Ziel Technologiebereiche gegenüber anderen Marktteilnehmern abzuschirmen, um langfristig Wettbewerbsvorteile zu erlangen. Der vordergründig ermittelbare Wert aus Lizenzeinnahmen bildet diesen strategisch viel größeren Wert jedoch nicht ab.

Die Liste an praktischen Problemen beim Versuch der zuverlässigen Monetarisierung immaterieller Ressourcen könnte beliebig fortgesetzt werden, ist jedoch für die hier angeführte Argumentation letztlich nebensächlich. Sie soll lediglich demonstrieren, dass es nicht oder nur mit sehr großem zusätzlichen Aufwand möglich sein wird Methoden und Institutionen bereitzustellen, welche einen halbwegs belastbaren monetären Wert für immaterielle Werte ermitteln können, der vom Finanzmarkt mit seinem zahlenverliebten Objektivismus akzeptiert werden würde. Die Frage die sich mir bei diesen Gedanken jenseits aller praktischen Probleme der monetären Bewertung von immateriellen Wirtschaftsgütern stellt ist aber: WOZU? Ist es wirklich legitim und sinnvoll, dass ein einziger Wirtschaftszweig, die Geldwirtschaft, alle anderen in ihr Paradigma zwingt, insbesondere dann wenn es sich als theoretisch und praktisch fragwürdig erwiesen hat. Ist es nicht an der Zeit, dass die Finanzwirtschaft sich auch einmal auf die Realwirtschaft zu bewegt und Werte jenseits monetär quantifizierbarer Beträge in ihr Denken mit einbezieht? Ist es nicht schon aus diesen Gründen sinnvoll sich der monetären Bewertung immaterieller Güter zu entziehen, um die Gläubigen der Geldwirtschaft nicht in ihrer Hoffnung zu bestärken, dass es sich lediglich um eine Frage der Zeit handelt, bis ihr Paradigma sich durchsetzt und Geld als uneingeschränkte Bewertungseinheit alles andere ein für alle mal ersetzt?

Der Begriff „Wissensbilanz" (BMWi 2008):

„Der deutsche Name „Wissensbilanz" ist das Äquivalent der ursprünglich englischen Begriffskombination „Intellectual Capital Statement (ICS)" (Danish 2003) oder „Intellectual Capital Report (Edvinsson 1997). Der Begriff wurde durch die Entwicklungsarbeiten in Österreich Ende der 90er Jahre geprägt (Koch et al. 2000). In den letzten Jahren hat er auf Grund des Österreichischen Gesetzes zur Wissensbilanzierung (Republik Österreich 2002) sowie der gleichnamigen Benennung der deutschen Initiative „Wissensbilanz – Made in Germany" weite Verbreitung gefunden. Obgleich der Begriff Wissensbilanz, durchaus bewusst, mit der Doppeldeutigkeit des Bilanzbegriffes als Provokation spielt, handelt es sich um keine Bilanz im klassischen finanziellen Sinne mit monetären Beträgen auf einer Aktiv- und Passivseite so wie sie von Luca Pacioli im 15. Jahrhundert im Rahmen der kaufmännischen Buchführung angedacht wurde. Sondern es werden ganz im Sinne der zweiten Wortbedeutung des Bilanzbegriffes Zielerreichungen bilanziert. Die Wissensbilanz gibt dabei, wie andere Bilanzarten auch, „einen abschließenden Überblick" (Duden 2003) über Ergebnisse und Veränderungen in einem speziellen, für die Geschäftätigkeit wichtigen, Bereich und ergänzt dadurch den monetären Jahresabschluss um zusätzliche Informationen."

4.4   Unternehmen auf dem Weg in die wissensbasierte Wirtschaft - Anekdoten aus der Praxis

Es gibt inzwischen zahlreiche Unternehmen, die Erfahrungen mit dem Management des Intellektuellen Kapitals und mit der „Wissensbilanz Made in Germany" im Besonderen sammeln konnten. Wie beim Test und der Einführung neuer Methoden üblich, läuft dabei nicht immer alles erwartungsgemäß. Viele Erwartungen der Beteiligten wurden übertroffen, manche enttäuscht und manche Erfahrungen lagen jenseits irgendwelcher Erwartung. Neben zahlreichen Erfolgsgeschichten sind auch kleinere und größere Katastrophen darunter. So gibt es Unternehmen, die nach der ersten Wissensbilanz das Instrument ohne Umwege in ihr laufendes Managementsystem integrierten und seit dem kontinuierlich als festen Bestandteil der Unternehmensführung anwenden. Auf der anderen Seite gibt es aber auch Firmen in denen die Anwendung ein einmaliges Ereignis war. Bei methodisch korrekter Umsetzung blieb die Methode aber selten völlig wirkungslos, denn durch ihre Eigenart Harmonien genauso wie Dissonanzen aufzudecken, löst die workshopbasierte Methode fast immer Diskussions- und Erkenntnisprozesse aus, die zu massiven Konsequenzen und Einschnitten führen können. Größere Organisationsveränderungsmaßnahmen, Streits, personelle Konsequenzen, bessere und schlechtere Ratings, abgesagte Übernahmen und grundsätzliche Umbauten des Geschäftsmodells – alles hat es schon gegeben. Aus wissenschaftlicher Sicht ist es ein reicher Fundus an Erfahrungen, der hilft sich ein Bild davon zu machen, wie deutsche Unternehmen mit den Herausforderungen der wissensbasierte Wirtschaft umgehen und welche guten Erfahrungen aber auch Stolperfallen es mit dem Management des Intellektuellen Kapitals in der Praxis gibt.

Das vorliegende Kapitel ist zweigeteilt. Im ersten Teil möchte ich einige positive Beispiele beschreiben, die zeigen, wie Unternehmen sich auf eine wissensbasierte Wirtschaft einstellen[17]. Im zweiten Teil möchte ich auf das eingehen, was in der Literatur zur Wissensbilanz noch wenig beleuchtet ist, nämlich Beispiele, die veranschaulichen, was alles schief gehen kann. Das fast vollständige Fehlen solcher Beispiele ist umso bedauerlicher, als dass negative Erfahrungen besonders gut geeignet sind, Fehler plakativ vor Augen zu führen und damit zu vermeiden. Zudem, und das ist für einen Artikel nicht ganz belanglos, haben sie aufgrund einer gewissen Dramatik einen besonders hohen Unterhaltungswert.

---

[17]   Zahlreiche Beispiele mit Erfolgsgeschichten, welche die vorbildliche Anwendung und den erzielbaren Nutzen demonstrieren, sind inzwischen publiziert. Siehe z.B.: Newsletter „WissensWert", Broschüre Wissensbilanz – Chance für den Mittelstand und zahlreiche Artikel; alles im Infoservice auf www.akwissensbilanz.org,

4.4.1   Geradewegs in die wissensbasierte Wirtschaft

Die PRODUKTION[18]. GmbH wird in der 3. Familien-Generation geführt. Die beiden Geschäftsführer sind im Rentenalter, der familiäre Nachwuchs steht nach abgeschlossener Hochschulausbildung in den Startlöchern. Das Unternehmen konzentriert sich auf die Produktion und die dazu notwendigen klassischen Erfolgsfaktoren. Das Intellektuelle Kapital wird eher intuitiv auf Basis langjähriger Erfahrungen der „Alten" gemanagt. Mit dem Wechsel in die Geschäftsführung stößt einer der Nachfolger, seines Zeichens Controller, auf das Thema Wissensbilanz. Ihn beschäftigt die zunehmende Bedeutung des Intellektuellen Kapitals: Was bedeutet das für ein traditionelles, mittelständisches Produktionsunternehmen im internationalen Wettbewerb? Wie kann das Management solcher Werte verbessert werden? Das Controlling im Unternehmen möchte er ohnehin professionalisieren. Lässt sich das nicht gleich mit einer Erweiterung um das Intellektuelle Kapital bewerkstelligen? Er schafft es die beiden anderen Geschäftsführer, auch Familienmitglieder, von dem Experiment Wissensbilanz zu überzeugen. Trotz der guten Einstiegsbedingungen ist das Projekt ein Risiko in dem konservativen Produktionsumfeld. Man lässt den jungen Chef mit der verrückten Ideen aber dennoch gewähren und ist gespannt. Des Risikos bewusst, bereitet er die Wissensbilanzierung außerordentlich gut vor. Er beschafft sich professionelle Unterstützung und wählt die Teammitglieder sorgfältig aus. Die Workshops werden für alle ein sehr eindrückliches Erlebnis, denn ähnliches hat es im rund 250 Mitarbeiter starken und autoritär ausgerichteten Unternehmen noch nicht gegeben: Mitarbeiter aus allen Bereichen und Hierarchieebenen diskutieren das Geschäftsmodell und die Herausforderungen im Intellektuellen Kapital gemeinsam! Ausführlich – und das ist besonders bemerkenswert – werden auch die Führungsqualitäten und Herausforderungen durch den Generationswechsel erörtert. Die jungen und noch nicht in allen Belangen souveränen Geschäftsführer, müssen sich mit Erwartungen und Kritik an getroffenen Entscheidungen auseinandersetzen, sie gemeinsam mit den Mitarbeitern reflektieren, diskutieren und bewerten. Nach sehr intensiven Diskussionen werden am Ende gemeinsam Handlungsfelder und Maßnahmen zur Verbesserung des Intellektuellen Kapitals beschlossen. Auch wird im Team festgelegt, die Wissensbilanzierung in regelmäßigem, zwei bis dreijährige Abstand durchzuführen, um Strategien und Handlungen erneut auf den Prüfstand zu stellen und die Wirkung der Maßnahmen zu reflektieren. Die zweite Wissensbilanz, drei Jahre später, läuft trotz Wirtschaftskrise, wesentlich routinierter ab. Auffällig ist insbesondere die Entwicklung der Geschäftsführer, die ihre Offenheit für Diskussion weiter ausgebaut haben, inzwischen aber deutlich selbstsicherer auftreten, denn viele der Themen stehen inzwischen oft ständig auf der Agenda und werden auch mit Mitarbeitern zusammen reflektiert. Ergebnis der Wissensbilanz ist u.a. ein exzellentes Feedback für die neue Führungskultur und eine ungebrochen hohe Motivation der Mitarbeiter, trotz Krise. Die Führung, so das Feedback der Mitarbeiter, konnte in den ersten Jahren glaubhaft deutlich machen, dass sie, wie schon die Generation ihrer Väter, eine hohe Identifikation mit dem Unternehmen hat, dass sie aber im

---

[18]   Um Anonymität zu gewährleisten, habe ich den Großteil der folgenden Anekdoten so anonymisiert, dass ein direkter Bezug zu „lebenden" Unternehmen nicht mehr nachzuvollziehen ist. Dennoch vorhandenen Ähnlichkeiten mit realen Personen bzw. Organisationen sind rein zufällig.

Gegensatz zu den Vätern auch Willens ist, mehr Feedback aus den Reihen der Mitarbeiter aufzunehmen und in Entscheidungen einfließen zu lassen. Insgesamt zeigen sich deutliche Verbesserungen im Intellektuellen Kapital. Die eingeleiteten Maßnahmen haben Großteils gegriffen. Es herrscht große Einigkeit in Bezug auf die neuen Handlungsfelder: Das Geschäftsmodell muss internationalisiert und um innovative Aspekte ausgebaut werden, um die Wirtschaftskrise nachhaltig zu bewältigen. Im anschließenden Geschäftsführer-Treffen werden die Ergebnisse reflektiert und Maßnahmen unter strategischem Gesichtspunkt diskutiert, priorisiert und ausgearbeitet. Das interne Managementsystem wird auf Basis der neuen Erkenntnisse aus der Wissensbilanzierung angepasst.

Ist die Einführung eines neuen Managementinstrumentes wie der Wissensbilanzierung schon in einem mittelständischen Unternehmen eine Herausforderung, dann ist sie in einem Konzern eine Mammutaufgabe. Unter welchen Bedingungen es dennoch funktionieren kann, zeigt das Beispiel der EnBW[19]. Ausgangspunkt der Einführung 2005 war, nach langen Jahren der wirtschaftlichen Restrukturierung, das durch den damaligen Vorstandsvorsitzenden durchgesetzte strategische Ziel: „Wir wollen die Nummer 1 im Wissensmanagement werden". Eine Abteilung der Holding sondierte daraufhin den Markt und entschied sich dafür die Wissensbilanzierung zu testen. Ziel war es herauszufinden, ob das strategisch ausgerichtete Instrument geeignet ist, die Wissensmanagementaktivitäten im Konzern zu stimulieren und zu steuern. Dazu wurde ein Pilotprojekt zur Wissensbilanzierung in zwei extrem unterschiedlichen Konzerngesellschaften gestartet. Nach dem positiven Feedback aus beiden Bereichen war klar, dass die Methode im Konzern funktionieren kann. Mit externer Unterstützung wurde diese dann auf die ermittelten Konzern-Anforderungen angepasst. Hierzu gehörte u. a. die Entwicklung eines Konzernstandards sowie eine Methode zur Konsolidierung einzelner, gesellschaftsspezifischer Wissensbilanzen zu einer Konzernwissensbilanz (Alwert et al. 2009, Alwert et al. 2010). Anschließend wurde das Verfahren in allen Kerngesellschaften des Konzerns eingeführt. Wesentlich in dieser Anfangsphase war die Haltung des Top-Managements, welches den einzelnen Gesellschaften die Wissensbilanzierung als Instrument des Wissensmanagements verbindlich vorschrieb, ihr aber völlige Freiheit beim inhaltlichen Management des Intellektuellen Kapitals ließ. Das gute und ökonomische Funktionieren der Methode, verbunden mit dem großen Freiraum zur individuellen Selbststeuerung, sorgten für die erforderliche Akzeptanz in den einzelnen Gesellschaften. Dennoch ist der Umgang mit dem Instrument im Einzelfall durchaus unterschiedlich. Einige gehen pragmatisch mit der Verpflichtung um und machen das Beste für sich daraus: „Wenn wir es schon machen müssen, dann machen wir es richtig, damit es uns was bringt". Die immer kleiner werdende zweite Gruppe macht das Minimum, nämlich Bewertung und Ableitung von Maßnahmen und die immer größer werdende dritte Gruppe geht aktiv und kreativ mit dem Instrument um und passt es immer mehr auf ihre individuellen Managementbedürfnisse an, um zusätzlichen Nutzen für sich zu erschließen. Mit der Einführung von Zeitreihenbetrachtungen 2008, wurde das Potenzial als Controllinginstrument für Maßnahmen im Intellektuelle Kapital erschlossen,

---

[19]   Auf eine Anonymisierung wurde hier verzichtet, da das Beispiel der EnBW großteils publiziert ist und der interessierte Leser so die Möglichkeit hat, sich durch andere Publikationen zu vertiefen.

was die Relevanz und Akzeptanz der Wissensbilanzierung bei der Führung deutlich erhöht hat. Im Laufe der Zeit wurden im Rahmen der Wissensbilanzierung über 250 Maßnahmen zur Verbesserung des Intellektuellen Kapitals im Detail reflektiert und ggf. angepasst (Birkle & Schmidt 2011). Neben den Verantwortlichen im Zentralbereich der Holding gibt es inzwischen viele Fürsprecher der Wissensbilanzierung im ganzen Konzern. Denn im Laufe der Jahre kamen durch wechselnde Projekt- und Teamzusammensetzungen mehrere hundert Mitarbeiter mit dem Instrument direkt in Kontakt und haben großteils positive Erfahrungen damit gesammelt. Durch übliche Prozesse der Mitarbeiterrotation und den Umstand, dass einige Teammitglieder und ehemalige Projektleiter im Konzern Karriere gemacht haben, hat sich die Akzeptanz des Instrumentes immer weiter erhöht. Die wachsende Verankerung der Wissensbilanzierung zeigt sich auch in der externen Kommunikation, die im Laufe der Jahre immer selbstbewusster geworden ist. Hat sich die EnBW 2005 noch darauf beschränkt, im Teil „Wissensmanagement" des Geschäftsberichtes zu erwähnen, dass es eine Wissensbilanz gibt, wurden 2006 erstmals Details und 2007 erstmals Ergebnisse aus dem Maßnahmenmanagement veröffentlicht. Seit 2007 werden die Ergebnisse Jahr für Jahr in Form von Zeitreihen als integraler Bestandteil des Geschäftsberichtes (EnBW 2009) publiziert (vgl. **Abbildung 4.6**), auch wenn die teilweise brisanten Informationen am Kapitalmarkt noch nicht wirklich wahrgenommen werden. Wie gut die Wissensbilanz in der EnbW inzwischen verankert ist, zeigt auch der Umstand, dass sie den Weggang des ursprünglich treibenden Vorstandes „überlebt" hat. Wer Konzerne kennt, weiß wie ungewöhnlich das ist.

Abbildung 4.6   Zeitreihendarstellungen im Geschäftsbericht der EnBW 2009 (Alwert et al. 2010)

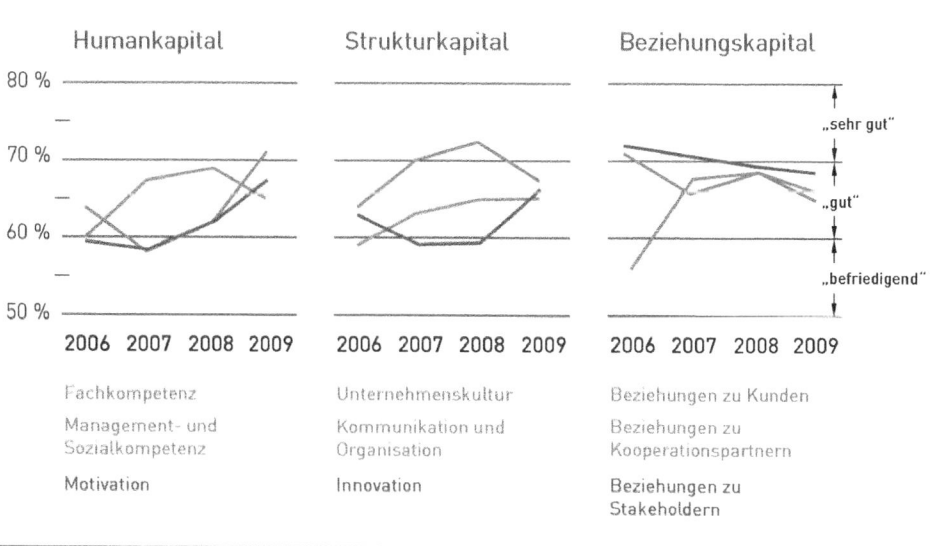

Die beiden Beispiele zeigen, dass es u. a. auf die Führung und das richtige Timing ankommt, um eine Organisation in Richtung wissensbasierte Wirtschaft zu bewegen. In beiden Beispielen war eine entscheidende Organisationsveränderung der Ausgangspunkt: Im ersten Fall der Generationswechsel, im zweiten eine neue, handlungsleitende Strategie. Die Beispiele machen aber auch deutlich, wie schwierig solche Änderungen umzusetzen und welchen Risiken für die Initiatoren damit verbunden sein können. Gibt es keinen Anlass oder besser gesagt Leidensdruck solche Änderungen durchzusetzen, ist es oftmals schwierig die erforderliche Akzeptanz für die zusätzlichen Aufwände zu bekommen. Reine Freiwilligkeit und Nutzenargumentation, so zeigen viele Erfahrungen des Wissensmanagements, reichen nicht, um Veränderungen, die in der Anfangsphase fast immer zusätzlichen Aufwand bedeuten, erfolgreich zu etablieren. Umbrüche bzw. Krisen bieten einen guten Anlass den daraus entstehenden Druck in die gewünschte Richtung zu kanalisieren. Positive „Krisen", wie in den oben genannten Beispielen, sind dafür anscheinend besser geeignet, als negative. Denn insbesondere in Zeiten essentieller Wirtschaftskrisen tendieren viele Firmen zum „Tunnelblick" und sie scheinen die Fähigkeit zur Abstraktion von Alltagsproblemen völlig zu verlieren. Aktionistische Krisenbewältigung steht im Vordergrund. Die langfristige Zukunft des Unternehmens, die es aus Sicht der Protagonisten vielleicht bald nicht mehr gibt, spielt in solchen Szenarien meist keine Rolle. Das ist durchaus verständlich. Problematisch ist nur, dass viele dieser Unternehmen auch die Zeiten positiver Krisen, z.B. zu gute Auftragslage und daraus resultierende Überlastung, nicht nutzen, um zu reflektieren und sich ggf. neu aufzustellen, denn wieder dominiert der Druck des Alltags. Das in der Praxis sehr häufig zu findende Resultat, ist ein „passives Getriebensein" das mit einem Sprichwort zusammenfassend beschrieben werden kann: Wir haben keine Zeit zum Segel setzen, wir müssen rudern! Dass dieses Alltagsdiktat dabei eine selbst gesetzte Geisel ist, die in einen Teufelskreis führt und jeden strukturierten Lernprozess auf halbem Weg erstickt, wird nur sehr selten erkannt.

Neben den beiden vorbildlichen Einführungsbeispielen, gibt es aber auch Fälle, die auf den ersten Blick nicht so leicht als Erfolg wissensbasierten Wirtschaftens zu erkennen sind:

Die IT-GmbH ist ein kleines Start-up, das im Wesentlichen von der Initiative des Gründers abhängt. Im Zuge der Geschäftsplanung beschließt dieser eine Wissensbilanz zu erstellen. Ziel ist es, das eigene Intellektuelle Kapital auf den Prüfstand zu stellen und mit den im Businessplan vorgesehenen Planungen abzugleichen. Mit einem befreundeten Berater werden alle Facetten des Intellektuellen Kapitals beleuchtet und es wird diskutiert, was zu tun ist, um die IT-GmbH zum nachhaltigen Erfolg zu führen. Das Ergebnis ist jedoch für alle überraschend: Er stellt seine Geschäftätigkeit ein. Seine Begründung: Die Reflexion des erforderlichen Intellektuellen Kapitals hat ihm klar gemacht, wie viele Voraussetzungen er als Treiber erst noch schaffen muss, um das Unternehmen zum Erfolg zu führen und wie wenig er sich dazu fähig und bereit fühlt.

Hans K. ist Manager eines mittelständischen Unternehmens. Als er erfährt, dass einer der Wettbewerber zum Verkauf steht, will er zuschlagen und das Unternehmen kaufen. Neben der üblichen betriebwirtschaftlichen Unternehmensanalyse, lässt er auch eine Wissensbilanz erstellen, um sie u. a. als Argumentationshilfe bei der Bank zu verwenden, welche die notwendigen Mittel finanzieren soll. Er nimmt an den repräsentativ zusammengestellten Workshops teil, hört sich die Diskussionen ausführlich an, fragt gelegentlich nach. Am Ende beschließt er das Unternehmen nicht zu kaufen, zu groß sei die Herausforderung im Management des Intellektuellen Kapitals.

Beide Beispiele zeigen, dass die systematische Betrachtung des Intellektuellen Kapitals großen Einfluss auf unternehmerische Entscheidungen haben kann. Wird erfolgreiches wissensbasiertes Wirtschaften so definiert, dass bei der Reflexion des Intellektuellen Kapitals wichtige Lernprozesse stattfinden, die wirtschaftliche Entscheidungen maßgeblich beeinflussen, müssen beide Beispiele, als Erfolg gewertet werden. Dass dennoch leichtes Unbehagen zurückbleibt liegt daran, dass das Ergebnis der systematische Betrachtung des Intellektuellen Kapitals Entscheidungen sind, die einen wirtschaftlichen Prozess beenden und nicht, wie bei positiven Beispielen erwartet, verbessern. Ausschlaggebend in beiden Beispielen sind denn auch die Risiken, die mit dem Intellektuellen Kapital verbunden sind. Ob die Risiken wirklich zu groß waren und wirtschaftlicher Schaden verhindert wurde, lässt sich nachträglich nicht mehr beurteilen, viele Beispiele gescheiterter Übernahmen, Fusionen oder Unternehmensgründungen zeigen jedoch, dass das nicht völlig von der Hand zu weisen ist.

4.4.2   Vom Stolpern und Fallen - Lernen aus Fehlern

Die theoretischen Ausführungen und praktischen Beispiele in den vorangegangenen Kapiteln geben u. a. Aufschluss darüber, was das Lernverhalten von Organisationen positiv beeinflusst. Dazu gehört u. a. dass

- die Führung akzeptiert, dass sie nicht allwissend ist und dass die Erfahrungen der Mitarbeiter einen Mehrwert für das Management bedeuten

- die wichtigen Akteure eine hohe Reflexivität, Lernwilligkeit und -fähigkeit haben

- eine offene Diskussionskultur herrscht, in der Argumente anderer gehört und nachvollzogen werden

- das Hauptinteresse der Organisationsmitglieder die langfristige Zukunft der Organisation ist

Auf der einen Seite fördert die Wissensbilanzierung diese Aspekte, auf der anderen Seite hängt sie aber auch von ihnen ab, denn sie entwickelt ihr volles Nutzenpotenzial erst dann, wenn diese Kriterien zumindest teilweise erfüllt sind. Ein typisches Henne-Ei-Problem. Sind die Voraussetzungen in keiner Weise gegeben, wird die Einführung des Instrumentes mit hoher Wahrscheinlichkeit scheitern. Sind alle bereits vollständig erfüllt, wird der Nutzen der Wissensbilanzierung verhältnismäßig gering sein, da die daraus entstehenden Erkenntnisse wenig Neuigkeitswert haben und der Vorteil des Instrumentes sich evtl. „nur" auf seine ökonomischeren Vorgehensweise beschränkt. Der ideale Einstiegszeitpunkt in die wissensbasierte Unternehmensführung alla Wissensbilanzierung ist also trotz zahlreicher Untersuchungen immer noch unklar. Unabhängig davon, bilden die Kriterien eine gute Struktur, um daran zu reflektieren, was im Rahmen der Wissensbilanzierung alles passieren kann, wenn sie nicht hinreichend erfüllt sind. Letztlich kann sich damit jeder selbst ein Bild machen.

4.4.3   Die andern haben doch keine Ahnung

Die X-GmbH hat bereits die zweite Wissensbilanz erstellt, um das Management und die Darstellung ihres Intellektuellen Kapitals zu unterstützen. Dafür wurden auch zahlreiche Indikatoren definiert und seit der ersten Wissensbilanz erhoben. Allerdings zeigt sich schon bei der Definition, dass die Indikatoren die Organisation nur sehr lückenhaft und unvollständig abbilden, da sie die tatsächlichen Herausforderungen nicht widerspiegeln, sondern lediglich Teilaspekte wichtiger Sachverhalte erfassen. Die Kosten für die Erhebung besserer Kennzahlen würden den Nutzen um ein vielfaches übersteigen. Das zeigt sich insbesondere im repräsentativ zusammengesetzten Workshop, in dem vom Vorstand über langjährige Abteilungsleiter bis hin zum neuen Mitarbeiter alle Sichtweisen vertreten sind. Die Messgrößen spielen bei der Bewertung der erfolgskritischen Sachverhalte keine Rolle. Es wird also beschlossen, sich auf die wichtigsten Indikatoren für die externe Darstellung zu beschränken. Die Workshops verlaufen sehr gut und auf hohem und reflektierten Niveau. Bewertungen werden mit allen Facetten ausdiskutiert, im Konsens beschlossen und Maßnahmenideen zur Verbesserung des Intellektuellen Kapitals entwickelt. Die Indikatoren, soweit sie Relevanz haben, stützen die Ergebnisse. Alles in Allem ein vorbildliches Ergebnis. Nach Aufbereitung aller Erkenntnisse geht es in den Gesamtvorstand, der nur über den Vorstandsvorsitzenden im Prozess beteiligt war. Dort sollen Maßnahmen beschlossen werden. Allerdings zeigt sich schnell, dass einer der Vorstände, der den weitesten Abstand zum operativen Geschäft der Organisation hat, mit den Ergebnissen unzufrieden ist. Er greift immer wieder die Validität der Bewertungen und die Unvollständigkeit der Indikatoren an. Sukzessive wird klar, dass er einerseits Probleme mit den inhaltlichen Bewertungen und andererseits Probleme mit dem Verfahren selbst hat, das die objektive Wahrheit noch nicht einmal vorgibt zu suchen. Auch wird deutlich, wie wenig er auf die Argumente der beteiligten Mitarbeiter gibt, die er geringschätzig abtut: „Die haben doch keine Ahnung". Als die beiden anderen Vorstände ihn in die inhaltliche Diskussion um die festgehaltenen Argumente zwingen, wird klar, dass er mit seiner Bewertung der Dinge entweder eine auch im Vorstand nicht haltbare Außenseiterposition einnimmt oder den inhaltlichen Argumenten und Bewertungen aus dem Workshop sogar zustimmen muss, was ihm noch weniger behagt. Teilweise widerlegt, attackiert er das Instrument und die Umsetzung umso heftiger – ein Teilsieg muss errungen werden. Am Ende werden alle in der Wissensbilanz festgelegten Handlungsfelder durch den Gesamtvorstand bestätigt und Maßnahmen zur Verbesserung beschlossen. Die Fortführung der Wissensbilanzierung wird aber vorerst eingestellt.

4.4.4   Das ungenutzte Analysepotenzial von Wissensbilanzen

2006-2008 fanden im Arbeitskreis Wissensbilanz gleich mehrere Projekte statt, um das Potenzial der Wissensbilanz für die Unternehmensbewertung zu testen[20]. Für eine Vorstudie in diesem Rahmen sollte u.a. gemeinsam mit Analysten getestet werden, wie gut Wissensbilanzen geeignet sind die Situation eines Unternehmens einzuschätzen. In der Vorbereitung dazu wurde eine prototypische, jedoch fiktive Wissensbilanz erstellt, deren Struktur und Inhalt im Laufe eines Workshops mit Analysten besprochen werden sollte. Das fiktive Beispiel wurde von den Experten des Arbeitskreises gemeinsam auf Basis realer Beispiele ausgearbeitet. Mehrfach wurde es intern getestet und überarbeitet, bis alle zustimmten, dass es so gut sei, dass es von einer echten Organisation stammen könnte. Im Workshop wurden die anwesenden Analysten dann gebeten den fiktiven Fall durchzulesen und ihre Eindrücke zu schildern. Bereits nach wenigen Minuten fragte einer der Teilnehmer ungläubig, ob es sich wirklich um ein reales Unternehmen handle, denn was er gerade lese sei hinten und vorne unstimmig. So ein Unternehmen könne real nicht existieren, wenn doch, würde er vom Kauf dringend abraten. Alle anderen stimmten ihm zu und nach wenigen Minuten waren gemeinsam zahlreiche Unplausibilitäten und Fehler aufgedeckt. Trotz des scheinbaren Misserfolges waren die Erkenntnisse von unschätzbarem Wert für uns, denn sie zeigten, dass es auch für Experten (in diesem Fall immerhin die Entwickler der Methode) unglaublich schwer ist Wissensbilanzen zu fälschen. Andererseits zeigte der Test auch, dass Analysten Wissensbilanzen relativ intuitiv verstehen, und zielsicher Fehler aufdecken können. Dabei kommt es, entgegen unserer Erwartungen, weniger auf einzelne Kennzahlen an, als vielmehr auf die Stimmigkeit im Geschäftsmodell als ganzes. Bestückt mit diesen Erfahrungen machten wir uns daran den Einfluss einer Wissensbilanz auf das Bewertungsverhalten von Analysten wissenschaftlich zu untersuchen. Die These war, dass die Verwendung einer Wissensbilanz Informationsasymmetrien zwischen Unternehmen und Analysten abbaut. Am Experiment nahmen schließlich 19 erfahrenen Analysten fast aller namhaften Kreditinstitute Deutschlands teil. Ihre Aufgabe war es zwei anonymisierte – jetzt aber reale – Unternehmen zu bewerten. Einmal nur auf Basis der Finanzbilanz und einmal zusätzlich mit Hilfe der Wissensbilanzen der beiden Unternehmen. Das Ergebnis fiel eindeutig aus. Die Homogenität bei der Bewertung der Unternehmen nahm mit Wissensbilanz deutlich zu, die Analysten näherten sich also in Ihrer Einschätzung aneinander an. Auch zeigte sich eine Verschiebung in der Qualität der Einschätzungen. Das eine Unternehmen wurde mit Wissensbilanz besser, das andere schlechter bewertet. Damit konnte der Einfluss der Wissensbilanz auf das Bewertungsverhalten von Analysten relativ eindeutig nachgewiesen werden (siehe Will et al. 2007). Auch konnte gezeigt werden, dass eine gute Wissensbilanz die Unternehmensbewertung und das Rating verbessern kann, während eine schlechte Wissensbilanz zu Verschlechterungen in der Unternehmenseinschätzung führt. Zusätzlich bestätigten sich die Prognosen der Analsten im Nachhinein. Denn das eine Unternehmen entwickelte sich positiv, während das andere in den Folgejahren mit massiven Schwierigkeiten zu kämpfen hatte. Also scheinbar rundum ein Erfolg. Doch nun die wenig überraschende Pointe: Keines der beteiligten Finanzinstitute hat die Wissensbilanz in ihr

---

[20]   Siehe http://www.akwissensbilanz.org/projekte.htm

Bewertungsverfahren integriert, auch vier Jahre später nicht. Und das obwohl ein solches Dokument offensichtlich ein wichtiges Analyseinstrument sein kann und obwohl einflussreiche Vertreter aus vielen Finanzinstituten beteiligt und diese Erfahrung selbst gemacht haben. Die Gründe, die dafür angeführt werden sind vielfältig, deuten jedoch alle in die gleiche Richtung: Zu subjektiv seien die Informationen, zu aufwendig zu analysieren, zu groß der Unterschied zu dem sonst üblichen, quantitativen und monetären Denken und damit insgesamt zu schwer durchzusetzen.

4.4.5   Sein oder nicht sein

Der Prokurist der Tech GmbH merkt, dass sich die Verhaltens- und Sichtweisen des Eigners und Geschäftsführers immer weiter von der gelebten Realität der Organisation entfernen. Auf die Wissensbilanzierung aufmerksam geworden, überredet er den Eigner gemeinsam mit ihm an einer Wissensbilanz-Werkstatt teilzunehmen, deren Gegenstand es ist Organisationen in zwei Tagen spielerisch mit dem Instrumentarium vertraut zu machen. Dabei spielt die Geschäftsführung gemeinsam mit einer oder mehreren Reflexionsperson aus der Organisation alle Schritte der Wissensbilanzierung exemplarisch am eigenen Beispiel durch. Während der Werkstatt zeigen der Prokurist und sein Chef sehr unterschiedliche, teilweise unvereinbare Sichtweisen auf die eigene Organisation. Das Fazit des Geschäftsführers ist, dass der Prokuristen die Mitarbeiter und die Organisation völlig falsch einschätzt. Daraufhin wird die Wissensbilanzierung im Unternehmen repräsentativ umgesetzt, um das tatsächliche Bild zu erfassen. Beide legen gemeinsam das Wissensbilanz-Team fest und beauftragen einen externen Moderator, um wirklich repräsentative Einschätzungen zu erhalten. „Überzeugt von seiner Sicht der Dinge" nimmt der Geschäftsführer bewusst nicht am Workshop teil, damit es ein von seiner Beeinflussung freies Bild auf die Organisation wird. Der Prokuristen aber soll teilnehmen, um aus erster Hand zu erfahren, dass er falsch liegt. Das Ergebnis der Wissensbilanzierung fällt jedoch anders aus, als es der Geschäftsführer erwartet hat. Die Mitarbeiter bestätigen fast uneingeschränkt die Sichtweise des Prokuristen, spitzen diese sogar noch weiter zu und zeichnen damit ein relativ dramatisches Bild, dessen Ursache sie in diversen Verhaltensweisen und Entscheidungen des Geschäftsführers verorten. Mit dem Ergebnis konfrontiert sieht sich der Geschäftsführer vor einem unlösbaren Dilemma: Entweder er muss sein Bild der Organisation, seine Handlungsweisen und letztlich sich selbst grundsätzlich in Frage stellen oder er findet einen anderen Fehler im System. Da er an der Gestaltung des Verfahrens über die Teamauswahl mitgewirkt hat, kann er dieses nicht grundsätzlich in Frage stellen. Also sieht er nur einen Ausweg das Dilemma für sich aufzulösen. Die Schuld muss beim Prokuristen liegen, der die Organisation gegen den Chef aufgewiegelt hat. Zwei Tage später beurlaubt er den Prokuristen mit sofortiger Wirkung. Ansonsten bleibt erst mal alles beim Alten.

4.4.6   Die Tücken von Workshops

Die letzten Beispiele sollen den Tücken einer repräsentativen Workshoperhebung gewidmet werden. Entstanden aus theoretischen und ökonomischen Überlegungen, sind die repräsentativ zusammengesetzten Workshops Dreh- und Angelpunkt der „Wissensbilanz Made in Germany". Unabhängig davon, dass ein workshopbasiertes Verfahren im Vergleich zu Interviews und Befragungen unschlagbar billig ist, ermöglichen die Workshops eine resultierende Sichtweise aus den in der Organisation vertretenen unterschiedlichen Sichtweisen zu ermitteln, die über Mittelwertbildung einer Befragung oder Synthetisierungen eines Interviewers weit hinausgehen. Denn wie im Organisationsalltag, werden im Workshop Sichtweisen und Bewertungen nicht einfach statistisch ausgewertet, sondern unter Einbeziehung wesentlicher Akteure mit allen politischen Implikationen diskutiert, reflektiert und verhandelt. Dabei erklären sich die Workshopteilnehmer wechselseitig ihre handlungsleitende Sicht auf die Organisation und schaffen damit eine Transparenz, die im Organisationsalltag sonst kaum zu finden ist. Im Kleinen wird also, wie auch in Simulationen üblich, ermittelt, was im Großen Alltag und Realität ist. Die aus den Workshops resultierenden Bewertungen und die daraus abgeleiteten Konsequenzen, kommen also den tatsächlichen Verhältnissen sehr nahe. Sie bilden quasi das Ergebnis eines „collective mind" ab, wie Weick es nennt. Vorausgesetzt natürlich, die Workshops sind wirklich repräsentativ zusammengesetzt. Da es bei der Wissensbilanz letztlich um Entscheidungsfindung geht, meint Repräsentativität hier nicht eine rein quantitative Repräsentativität, die z.B. durch Auszählung von Geschlechter- und Stellenspezifika entstanden ist, sondern Repräsentativität im Sinne einer Richtungs- und handlungsweisenden Realität. Für den Workshop ist es also wichtiger die unterschiedlichen Sichtweisen über wesentliche Meinungsführer einzubinden, als die quantitativen Verhältnisse zwischen Führungskräften und Mitarbeitern auszuzählen. Um sich vorzustellen, dass in so zusammengesetzten Workshops einiges passieren kann, ist nicht viel Fantasie von nöten. Hier einige Beispiele zur Illustration.

Der dominante Chef: In einem großen Produktionsunternehmen werden die Beziehungen zu Lieferanten bewertet. Ein Mitarbeiter aus der Anlageninstandhaltung argumentiert, dass die neue Einkaufspolitik, die nur noch den billigsten Lieferanten zum Zuge kommen lässt, die Qualität der Instandhaltung massiv verschlechtert und er Gefahren für den Betrieb sieht. Als einer der Initiatoren der Einkaufspolitik, fühlt sich der teilnehmende Chef persönlich angegriffen. Er bügelt die Argumente schroff ab und diffamiert die Sichtweise des Mitarbeiters eloquent. Die Offenheit im Workshop ist danach massiv gestört und durch den Moderator nur mühsam wieder herzustellen. Randnotiz: Nach mehreren Ausfallen aufgrund mangelhafter Lieferantenleistungen, wurde die Einkaufspolitik letztlich überarbeitet.

Eskalation: Während der Bewertungsdiskussion in einem ca. 100 Mitarbeiter starken Unternehmen: Frage des Moderators: „Ist die Führungskompetenz der Führungskräfte gut genug, um die Ziele zu erreichen". Die Teilnehmer denken kurz nach und heben dann die Bewertungskarten. Die meisten bewerten die Führungskompetenz mit ca. 60% = meistens ausreichend. Die stärkste Abweichung zeigen sich zwischen Prokurist (90% = optimal) und Marketingverantwortlichen (30% = teilweise ausreichend): Marketing zum Prokurist: „Das ist ein guter Witz". Prokurist: „Warum". Marketing: „Sie sind doch nicht etwas wirklich der Meinung, dass die Entscheidungen im letzten Jahr ausreichend gut waren". Prokurist „Doch, warum denn nicht?" Marketing: „Na, das mit dem Projekt Z, das lief ja wirklich völlig daneben. Auch die strategische Entscheidung mit der Niederlassung K war doch im Nachhinein betrachtet eindeutig eine Fehlentscheidung, oder?". Daraufhin entbrennt eine wilde Diskussion um diverse Führungsentscheidungen die mit einer kategorischen Aussage des Prokuristen endet: „Alle unsere Entscheidungen in den letzten Jahren waren angesichts der Sachlage gut und richtig. Nur eine, das gebe ich offen zu nicht: Ihre Einstellung!"

Ahnungslose Moderatoren: Die Umsetzung einer Wissensbilanz läuft scheinbar vorbildlich. Am ersten Tag werden die zentralen Prozessen und Ergebnisse sowie das gesamte Intellektuelle Kapital des Unternehmens erfasst und definiert. Am zweiten Tag bewertet die Gruppe die einzelnen Elemente. Am dritten und letzten Tag erfolgt die Wirkungsanalyse. Am Ende des dritten Tages kommt die Sprache auf die Wirkung der zentralen Geschäftsprozesse auf das finanzielle Ergebnis. Die Gruppe ist sich einig, dass die aufgenommenen Prozesse derzeit keine Wirkung auf das Ergebnis haben. Moderator: „Wie, der Prozess hat keine Auswirkung auf das finanzielle Ergebnis?" Chef: „Ja, wie denn auch, die Prozesse sind doch noch in Planung", Moderator: „Aber wie verdienen Sie dann ihr Geld" Chef: „Na mit Produkt A, das haben wir hier aber nicht aufgenommen, schien uns nicht relevant, wir wollen uns doch ohnehin in Richtung B entwickeln." Moderator: „Dann haben wir ja die letzten drei Tage keine Wissensbilanz des Unternehmens erstellt, sondern eine Szenarioanalyse gemacht!" Chef: „Natürlich, war Ihnen das nicht klar?"

Beratende Moderatoren: Firma D diskutiert ihre Situation im Markt und ihr Verhältnis zu ihren Kunden. Mitten in der Diskussion mischt sich der völlig fachfremde Moderator ein: „Herr M. [ein neuer Mitarbeiter] hat recht. Sie haben ja ein völlig falsches Verständnis davon, wie man mit Kunden richtig umgeht. Man muss das folgendermaßen machen…". Die Gruppe ist verwirrt, lässt sich durch die Autorität des Moderators stark beeinflussen, der sich in der Folge immer häufiger in die inhaltliche Diskussion einmischt und seine Sicht der Dinge auch in der nachfolgenden Auswertung hervorhebt. In der Ergebnispräsentation mehrere Wochen später, an der auch Führungskräfte teilnehmen, die nicht im Workshop dabei waren, wundern sich alle über die Ergebnisse. Sie können diese nicht mehr nachvollziehen: das soll ihre Organisation sein? Insbesondere die Bewertung der Kundenbeziehungen erscheint allen völlig absurd und an der Praxis vorbei. Die Wissensbilanzierung inkl. aller Ergebnisse wird als wertlos erachtet und nicht weiter verfolgt.

Suggestive Manipulation: Unternehmen Y befindet sich in einer Führungskrise. Es gibt viele heikle Themen, über die jeder Teilnehmer erst nachdenken muss, bevor er antwortet. Die Stimmung ist gespannt, die Teilnehmer taxieren sich vor der Karten-Abstimmung. Einer der Mitarbeiter, der bei den letzten Abstimmungen, die Außenseiter Rolle hatte, spricht das schließlich offen an und verweist darauf, dass das Verfahren doch nur einen Wert hat, wenn sich die Teilnehmer nicht durch die Karten der Anderen beeinflussen lassen. Er schlägt daher vor, dass er nach jeder Frage gegen ein Glas klopft und dann alle gleichzeitig die Karte heben müssen. Der Vorschlag wird angenommen. Allerdings nutzt er diese ihm verliehene Macht umgehend. Bei manchen Fragen. Klopft er mit dem Kommentar „Das ist ja klar" umgehend nach der Frage des Moderators gegen das Glas und hebt gleichzeitig seine Karte. Die andern Teilnehmer, kaum Zeit zum Nachdenken, tendieren mit ihrer Bewertung in seine Richtung. Nach der Bitte der Gruppe die hohe Geschwindigkeit zu reduzieren, ist er gezwungen seine Taktik zu ändern. Nach den Fragen lässt er sich jetzt sehr viel Zeit, fängt dafür an laut zu denken und verbreitet so einige subtile und eindeutig beeinflussende Argumente schon mal vorab. Daraufhin wird ihm unter großem Gelächter der Gruppe die „Glocke" entzogen und das laute Denken verboten.

Diese Beispiele sollen vorerst einmal genügen, um einige der Herausforderungen in den Workshops zu veranschaulichen. Erschwerend kommt hinzu, dass die teilweise schwierigen Diskussionen nicht nur moderiert, sondern alle Argumente auch schriftlich festgehalten werden müssen. Dass das von einer einzelnen Person kaum zu leisten ist, ist offensichtlich. Die Methode empfiehlt daher auch die Workshops durch möglichst neutrale, ausgebildete externe Moderatoren durchführen zu lassen. Da es auch für diese, allein aufgrund von Auftragskonstellationen, nicht immer leicht ist Neutralität zu wahren, gibt es inzwischen auch ein Verfahren zur Auditierung von Wissensbilanzen, das u.a. die Repräsentativität im Verfahren überprüft (Mertins & Wang 2010).

Dass auf dem Weg in die wissensbasierte Wirtschaft viel von der Führung, deren Interessen und grundsätzlichen Fähigkeiten abhängt, ist oben bereits mehrfach dargestellt und klingt in fast allen Beispielen an. Aufgrund der großen Bedeutung dieses Faktors, will ich zum Abschluss darauf noch einmal eingehen. Denn mit dem Einfluss der Führung bei der Umstellung auf eine wissensbasierte Unternehmensführung ist ein grundsätzliches Dilemma verbunden. Plakativ vor Augen führen lässt sich das am Beispiel der Wissensbilanzierung. Eines ihrer Ziele ist es bei Entscheidungen das in der Organisation verfügbare Wissen einzubeziehen. Dieses ist, insbesondere in wissensintensiven Organisationen, jedoch auf viele Organisationsmitglieder verteilt und konzentriert sich immer weniger in der Führung. In die Entscheidungsbildung müssen konsequenterweise diese Wissensträger eingebunden werden. Voraussetzung dafür ist jedoch, dass sich die Führung darauf einlässt. Denn indem sie diesen Prozess akzeptiert, gibt sie einen Teil ihrer ureigenen Macht, nämlich die Macht auf Entscheidungsfreiheit zumindest teilweise ab. Im Extrem eines sich vollständig kollektiv steuernden Teams, wie es z.B. manchmal in Hochleistungsorganisationen zu finden ist, hat das zur Folge, dass Führung „nur" noch eine Rolle ist, die je nach Situation und Anforderung von unterschiedlichen Mitgliedern eingenommen wird (Pawlowsky2008, Weick 1993). Im anderen Extrem ist Führung an eine einzelne Person mit uneingeschränkter Macht fix gebunden. Die heutige Organisationspraxis liegt diesem, eher einer absolutistischen Monarchie gleichenden Extrem, wesentlich näher als dem ersten. Wenn die Einbeziehung des Wissens der Mitarbeiter für die Aushandlung von Entscheidungen aber ein Erfolgsfaktor der wissensbasierten Wirtschaft ist und sich Kooperation und Wissensaustausch dabei nicht allein auf die Schnittstelle zwischen Mitarbeitern und Abteilungen beschränkt, sondern vor allem auch die Schnittstelle zwischen Führungskräften und Mitarbeitern mit einbezieht, dann muss festgehalten werden, dass die meisten Organisationen noch einen weiten Weg in die Wissensgesellschaft vor sich haben. Insbesondere weil scheinbar die komplette Macht über die Entscheidung der Machtabgabe bei den Führungskräften selbst liegt. Sind diese nicht dazu bereit ihre Macht zu teilen, wird weder das Potenzial der Wissensbilanzierung noch das einer wissensbasierten Unternehmensführung ausgeschöpft, sondern teilweise sogar ad absurdum geführt. Dass dennoch viele Organisationen die Wissensbilanzierung ausprobieren und relativ viele sogar als Managementinstrument übernehmen, zeigt dass das Bild des allwissenden, absoluten Unternehmensherrschers auch in den Führungsetagen Risse bekommen hat. Dass die klassische hierarchische Organisationsform in der Wissensgesellschaft nicht mehr das Maß aller Dinge ist, zeigt sich auch daran, dass sich ausgehend von der Kreativwirtschaft andere Modelle, wie beispielsweise Kooperationsnetzwerke aus Mikroorganisationen, in alle Wirtschaftszweige ausbreiten. Diese andere Arbeitsform scheint insbesondere so genante Wissensarbeiter in hohem Maße anzusprechen. Denn sie können sich darüber bei scheinbar hoher Autonomie, dem Diktat bürokratischer und hierarchischer Strukturen zumindest teilweise entziehen, ohne auf die kreativen Potenziale aus Kooperation und den damit verbundenen Zugang zu Kunden völlig verzichten zu müssen. Die Frage ist, wie die hierarchisch und bürokratisch geführten Organisationen mit diesem Trend umgehen. Werden sie hierarchisch funktionierende Wirtschaftsnischen finden, sich so reformieren, dass sie im Wissenswettbewerb bestehen können oder werden sie früher oder später durch andere Unternehmen und Organisationsformen ersetzt, welche es besser verstehen mit den neuen Rahmenbedingungen umzugehen?

Literaturverzeichnis

Abel, G. (1995): Interpretationswelten. Frankfurt a. M.: Suhrkamp.

Argyris, C. & Schön, D. (1996): Organizational Learning II – Theory, Method and Practice. Boston: Addison-Wesley Pub Co.

Alwert, K. (2006): Wissensbilanzen für mittelständische Organisationen. Stuttgart: Fraunhofer IRB.

Alwert, K.; Bornemann, M. & Kivikas, M. (2004): Wissensbilanz – Made in Germany. Leitfaden. (Hrsg.): Bundesministerium für Wirtschaft und Arbeit (BMWA). Berlin.

Alwert, K.; Bornemann, M. & Will, M. (2008): Wissensbilanz – Made in Germany. Leitfaden 2.0 zur Erstellung einer Wissensbilanz. (Hrsg.): Bundesministerium für Wirtschaft und Technologie (BMWi). Berlin.

Alwert, K.; Bornemann, M. & Schmidt, U. (2009): Wissensbilanzierung im EnBW-Konzern – Konsolidierung von Wissensbilanzen zu einem konzernübergreifenden Management-Cockpit. Solothurn: Konferenzband zur WM2009.

Alwert, K. & Schmidt, U. (2009): Management in der wissensbasierten Wirtschaft: Wie die EnBW die Entwicklung ihres intellektuellen Kapitals nachhaltig und konzernweit unterstützt. Bad Homburg: Konferenzband zur Knowtech 2009.

Alwert, K.; Bornemann, M.; Meyer, C.; Will, M. & Wuscher, S. (2010): Wissensstandort Deutschland. (Hrsg.): Bundesministerium für Wirtschaft und Technologie (BMWi). Berlin.

Alwert, K.; Bornemann, M. & Schmidt, U. (2010): Wissensmanagement als integraler Bestandteil der Unternehmensberichterstattung. Bad Homburg: Konferenzband zur Knowtech 2010.

Alwert,K. & Will, M. (2011): Kontinuierliche Wissensbilanzierung und Maßnahmenmanagement. Modul zur Wissensbilanzierung Made in Germany Leitfaden 2.0. (Hrsg.): AK-WB 2011. [voraussichtliches Erscheinungsdatum Mai 2011].

Andriessen, D. (2004): Making sense of Intellectual Capital – Designing a Method for Valuation of Intangibles. Amsterdam: Elsevier Butterworth-Heinemann.

Birkle, A.-C. & Schmidt, U. (2011): Maßnahmencontrolling im Anschluss an eine Wissensbilanzierung im EnBW-Konzern. Paper auf der Konferenz Professionelles Wissensmanagement. Innsbruck.

Bundesverband Deutscher Unternehmensberater BDU e.V. (2008): Wissensmanagement und Wissensbilanzierung. Bonn.

Bornemann, M. & Sammer, M. (2004): Intellectual Capital Report as an Assessment Instrument for Strategic Governance of Research and Technology Networks. Conference paper at Organizational Knowledge and Learning Conference OKLC 2004.

Danish Ministry of Science, Technology and Innovation DMSTI (2003): Intellectual Capital Statements – The New Guideline.

Duden – Deutsches Universalwörterbuch A-Z, 5. Überarb. Aufl. Mannheim u. a.: Dudenverlag 2003.

Edvinsson L. & Malone, M. S. (1997): Intellectual Capital – realizing your company`s true value by finding its hidden brainpower. New York: Harper Business.

EnBW (2009): Geschäftsbericht 2009. Karlsruhe.

Förster, H. v. (1995): Cybernetics of Cybernetics. The Control of Control and the Communication of Communication. 2. Aufl. Minneapolis: Future Systems.

INCAS (2006 -2008): Intellectual Capital Statement – Made in Europe: A project of the European Union Sixth Framework Programme Horizontal Research Activities involving Small and Medium Enterprises. Online verfügbar unter http://www.psych.lse.ac.uk/incas/index.html.

Koch, G.; Leitner, K. H. & Bornemann, M. (2000): Measuring and reporting intangible assets and results in a European Contract Research Organization. Paper prepared for the Joint German-OECD Conference Benchmarking Industry-Science Relationships. Berlin.

Latour, B. (2005): Reassembling the Social- An Introduction to Actor-Network-Theory. Oxford u. a.: Oxford University Press.

Luhmann, N. (1984): Soziale Systeme. Grundriss einer allgemeinen Theorie. Frankfurt a. M.: Suhrkamp 7. Aufl. 1999.

Luhmann, N. (1990): Die Wissenschaft der Gesellschaft. 3. Aufl. Frankfurt a. M.: Suhrkamp.

March, J. G. (1976): The technology of foolishness. In: Marsh, J. & Olsen, J. (Hrsg.): Ambiguity and Choice in Organizations. Bergen: Universitetsforlaget.

Mertins, K.; Will, M.; Wuscher, S. (2007): Erfolgsfaktoren des intellektuellen Kapitals in mittelständischen Unternehmen, in: Bentele, M.; Hochreiter, R.; Riempp; G. Schütt, P.; Weber, M. (Hrsg.): Mit Wissen – mehr Erfolg! Kongressband zur KnowTech 2007, S.197-205.

Mertins, K. & Wang, W. H. (2010): Qualitätsanforderungen an Wissensbilanzen Made in Germany. Grundlage zur Begutachtung und Zertifizierung von Wissensbilanzen. (Hrsg.): Arbeitskreis Wissensbilanz.

Mintzberg, H. (1987): Crafting strategy. In: Harvard Business Review July-August, S. 65-75.

M`Pherson P. K. & Pike, S. (2001): Accounting, empirical measurement and Intellectual Capital. In: Journal of Intellectual Capital 2 (3), S. 246-260.

OECD (2004): Organisation for Economic Co-operation and Development: OECD Summary record from the joint CIBE and CSTP Forum on business performance and intellectual assets. Paris, 06.10.2004.

Pawlowsky, P.; Mistele P. & Geithner, S. (2008): Auf dem Weg zur Hochleistung. In: P. Pawlowsky & P. Mistele (Hrsg.): Hochleistungsmanagement: Leistungspotenziale in Organisationen fördern. Wiesbaden: Gabler.

Quine, W. v. O. (1980): Wort und Gegenstand. Ditzingen: Reclam.

Republik Österreich (2002): § 13 Leistungsvereinbarung, Absatz 6. Bundesgesetzblatt für die Republik Österreich. Wien.

Vester, F. (1999): Die Kunst vernetzt zu denken: Ideen und Werkzeuge für einen neuen Umgang mit Komplexität. München: Deutscher Taschenbuch Verlag.

Viedma, J. M. (2001): ICBS Intellectual Capital Benchmarking System. In: Journal of Intellectual Capital 2, S. 148-164.

Weick, K. E. (1985): Der Prozess des Organisierens. Frankfurt a. M.: Suhrkamp.

Weick, K. E. & Roberts, K. (1993): Collective mind in organizations: Heedful interrelations on flight decks. In: Administrative Quaterly 38, S. 357-381.

Weick, K. E. (1990): Cartographic myths in organizations. In: Huff, A. S. (Hrsg.): Mapping strategic thought, S. 1-10. Chichester: John Wiley & Sons.

Whittington, R. (1998): What Is Strategy-And Does It Matter? O. O.: Thomson Learning.

Will, M.; Alwert, K.; Bornemann, M. & Wuscher, S. (2007): Auswirkungen eines Berichts über Intellektuelles Kapital auf die Unternehmensbewertung. Studie des Fraunhofer IPK. Berlin.

Willke, H. (1998): Systemtheorie III: Steuerungstheorie. 2. Aufl. Stuttgart: Lucius & Lucius.

Wittgenstein, L. (1953): Philosophische Untersuchungen. Frankfurt a. M.: Suhrkamp.

Zukunftscheck Mittelstand (2006-2007): Projekt des Arbeitskreis Wissensbilanz unter der wissenschaftlichen Leitung des Fraunhofer IPK. Online verfügbar unter http://www.akwissensbilanz.org/zukunftscheck.htm.

5 „Zwischen"-räume – Gestaltung des Bürgerdialogs in der Bildungsrepublik

Ein Kommunikationsfahrplan zur Politikberatung, Identifizierung und Darstellung von Synergiefeldern

Günther M. Szogs

5.1 Wissensökonomie und Wissenspolitik in der Kommunikation

5.1.1 Die Krise als Lehrstück

Welche Bedeutung hat die weltweite Krise für Fragen der Bewertung von tangiblen und intangiblen Ressourcen, für Fragen zum Umgang mit Wissen in Unternehmen und Gesellschaft? Denn eines ist klar: wie kann eine Krise, deren unglaubliche, alle Dimensionen sprengende Ausmaße immer wieder betont wird, ohne Reflexion über Einschätzungen und Bewertungen, die bei ihrem Zustandekommen maßgeblich waren, überwunden werden? In Ländern, deren Finanzmarktspezialisten astronomische Gehälter unter anderem deshalb bezogen haben, weil sie über angeblich immenses Wissen und Kompetenz verfügten, führte deren Handeln zum faktischen Ruin eben der Finanzmärkte. Diese wurden gerettet durch staatliches Handeln der Industrienationen, die hunderte von Milliarden an Rettungsfonds bereitstellten. Wissenspolitik, so sollte man meinen, organisiert den kenntnisreichen Umgang mit den unterschiedlichen Bereichen der Gesellschaft und sorgt für den ausbalancierten Bezug funktional von einander abhängiger Sektionen. Welch Implikation hat denn die Verbindung von Finanzkrise und intellektuellem Kapital? Spielte bei der Finanzkrise auch der mangelhafte Umgang mit intellektuellem Kapital eine Rolle? Versucht sich derzeit die Wissensgesellschaft mit Mitteln der Industriegesellschaft zu retten? Reduziert sich der im schwarz-gelben Koalitionsvertrag geforderte Bürgerdialog über die Frage, wie wir künftig leben wollen auf schlichte politische Anweisungen einer sich anmaßend titulierenden Bildungsrepublik?

Dieser Frage stellt sich die politische Öffentlichkeit *indirekt*. Aufschlussreich ist, *wie* sie es tut. In die Krise stürzte die Gesellschaft – nach öffentlichen Bekenntnissen – im Wortsinn „kopflos". Öffentliche Lesart für das Zustandekommen der Krise war zunächst die *„Undurchschaubarkeit"* und *„Komplexität"* des betrachteten Gegenstands: des Finanzmarkts. Als Wissen wird so im ersten Schritt Nicht-Wissen offeriert.

Mit der anfänglichen Empörung über unfassbare Verluste an den Finanzmärkten, ungeahnten Auswirkungen auf die Realwirtschaft und damit auf die Existenzbedingungen der Menschen kommt ein zweiter Erklärungsansatz hinzu: *Gier, Verantwortungslosigkeit.* Aber reicht dieser als Erklärung für die Krise aus? Es mag ja zutreffen, dass eine Abgebrühtheit ganz eigener Sorte dazu gehört, wenn Finanzprodukte erdacht werden, die teilweise sogar auf Ruin spekulieren oder wenn Manager millionenschwere Abfindungen in ihr System einbauen, falls die exorbitanten Profite vom Ruin abgelöst werden. Doch eins lässt sich auch hier nicht aus der Welt schaffen: Diese Menschen nutzten und nutzen weiterhin eben ein FinanzSYSTEM, allgemein durchgesetzte BonusREGELN, staatlich eigens vorgesehene DeREGULIERUNGEN etc. Mit anderen Worten: Das gesellschaftliche System, das doch auch Ausdruck des gesellschaftlichen Umgangs mit Wissen, in Teilen also Wissenspolitik ist, ermöglicht offensichtlich solch einen *Miß*brauch wirtschaftlicher Macht, der darin eben auch *Ge*brauch derselben ist. Wenn also von Gier, Intransparenz oder Verantwortungslosigkeit die Rede ist, dann gilt festzuhalten: in Teilen ist es eine sich auf wissende Politik berufende *institutionalisierte* Gier, eine *verordnete* Intransparenz oder eine „*strukturelle"* Verantwortungslosigkeit. Nimmt man das ernst, kommt man um die Klärung nicht herum, wie denn Wissenspolitik und Wissensökonomie entwickelt werden müssen, um dieser Art der fatalen „Ermöglichung" auch strukturell Einhalt zu gebieten.

Nachdem die Katastrophe abgewendet wurde – in letzter Sekunde, so die allgemein akzeptierte Situationsbeschreibung – und allmählich die panische Hektik weicht, kommt nach „Undurchschaubarkeit" und „Gier" eine dritte Variante zur Bestimmung der Wissenspolitik in Bezug auf die Krise zum Tragen: „*Hilflosigkeit*". Der Forderung nach staatlicher Aufsicht wurde zumindest im Fall der KfW-Bank, mit einer Bilanzsumme von 395 Milliarden Euro einer der größten Kapitalmarktakteure, Genüge getan. „Laut Gesetz sind für die Aufsicht über die KfW nicht wie bei normalen Banken Bafin und Bundesbank, sondern ist das Finanzministerium zuständig. Doch tatsächlich waren dort mit dieser Tätigkeit nur ein Referent und ein Sachbearbeiter betraut, die zudem noch andere Aufgaben haben – böse gesprochen: einer zum Lesen des Geschäftsberichts, einer zum Abheften." kommentiert das Mitglied des Untersuchungsausschuss des Bundestags, Schick, lakonisch. (FR, 27.07.09)

Gewiss, inzwischen hat eine breite Diskussion angehoben, warum es zu all dem kommen konnte. Tenor der Debatten: man dürfe nicht so tun, als wäre nichts gewesen und alles genauso betreiben wie zuvor. Am Rande wird registriert, dass das Investmentbanking mit denselben Methoden, die angeblich in die Krise führten, wieder auf der Überholspur ist.

Was heißt in diesem Zusammenhang: Krise als Lehrstück? Es geht hier ja nicht um eine polit-ökonomische Analyse der Krise, sondern um die Frage nach dem Umgang mit Intellektuellem Kapital, wie sie vor, während und nach der Krise charakteristisch ist. Zumindest in dem zentralen Punkt der einsichtigen Gestaltung des Finanzsystems hat der Einsatz der intellektuellen Ressourcen zu Ergebnissen geführt, die weder gewusst noch gewollt waren. Wenn das in einem solch verheerenden Ausmaß passiert, muss die Frage erlaubt sein: Wie organisiert und kommuniziert die Wissenspolitik der Gesellschaft das intellektuelle Kapital? Wie etabliert sie Strukturen, die den gesellschaftlichen Akteuren einigermaßen nachvollziehbar sind und wie bezieht sie die Menschen ein in einen kritisch-nachfragenden Verstehens- und Gestaltungskontext?

5.1.2 Fortschreibung überholter IC-Politik?

Vielleicht lohnt sich ein Nachdenken über eine Grundhaltung zum Umgang mit Wissen, wie sie in den letzten Jahren in Schulen, Universitäten, Unternehmen, sprich in der Gesellschaft, um sich gegriffen hat. Das Magazin Capital (11/2008 Seite 106 bis 108) berichtet, dass gerade mal 44% der Analystenempfehlungen zutreffend sind. Dabei ist keine Anlageempfehlung ohne den Rat hoch und höchst bezahlter Experten herausgegangen. Man fragt sich, wie eine Kapitalvernichtung in Billionenhöhe entstehen kann, wo überall nur Experten am Werk sind. In unserem Kontext noch spannender ist die Frage, wieso niemand ernsthaft diese Art des Expertentums und der Wissensorganisation in Frage stellt, wo sie offensichtlich solche Resultate zeigt.

Was drückt sich darin für ein Expertenverständnis der Öffentlichkeit aus? Wie kommt es zu dieser eigentümlichen Mischung aus fragwürdigem Vertrauen aber auch diffusem Mißtrauen dieser Spezies gegenüber? Reflektiert sich darin auch eine gesellschaftliche Haltung zu Wissen und Wissenspolitik? Was hat die Mikrowelt der Bürger, die Rat suchen, mit der Makrowelt globalisierter Finanzmärkte zu tun? Schauen wir auf dieses Spezialistentum. Häufig wird es so organisiert, dass es die Entkopplung von Verantwortung zulässt. Für alles und jedes hat man seinen Spezialisten, jeweils große Detailkenner, selten mit ganzheitlichem Verständnis. Während der Subprime Krise verwiesen die Akteure wechselseitig aufeinander, wobei jeder für den anderen der Kronzeuge für die Unausweichlichkeit des eigenen Handelns war. Produkte, die von Ratingagenturen fünf Sterne bekommen, können doch unmöglich kritisch sein, selbst wenn es sich, wie schon der Name andeutet (Subprime), um risikoreiche Papiere handelt. Gemäß Investopedia, dem Forbes Digital Info System, heißt es „Subprime loans carry more credit risk, and as such, will carry higher interest rates as well." Offensichtlich risikoreiche Papiere in angeblich eher risikofreie Systeme zu schleusen nutzt die gesellschaftliche Ignoranz gegenüber diesen Zusammenhängen aus. Die intellektuellen Ressourcen werden nicht in einen Verantwortungskontext gestellt. Das oft höchst entwickelte intellektuelle Potential wird einseitig auf das Ausnutzen unzulänglicher Systeme fokussiert und geht so mit höchster Borniertheit einher. Wenn diesem Verantwortungskontext nicht Rechnung getragen wird, werden wir uns damit noch eingehender beschäftigen müssen.

„Verantwortungskontext" bedeutet zunächst ein sich auch im öffentlichen Dialog, in der politischen Kommunikation, verständigen darüber, wie die vielfach beklagten Lebenssituationen eben „strukturell" ermöglicht werden und nicht einfach das Werk „böser" Menschen sind. Die Debatte über die Gesundheitsreform in den USA reflektiert exakt einen solchen „Verantwortungskontext", der den klagenden Bürger mit in die Kommunikation einbezieht und an seine eigene Haltung erinnert. Barack Obama geißelt das Gesundheitswesen als gleichzeitig eines der teuersten und dabei zugleich schlechtesten der Welt. Als Grund führt er an, dass ein einseitig auf Profitmaximierung abgestelltes System den verantwortungslosen Umgang mit Patienten (z.B. Cherry picking: tendenziell wird versucht, Arme, Alte, Kranke die besonders auf den Versicherungsschutz angewiesen sind, herauszustoßen, dagegen Wohlhabende, Junge, Gesunde zu versichern) als Spezialistenjob nicht nur duldet sondern belohnt. Er weist aber zugleich darauf hin, dass die in den Versicherungen tätigen

Spezialisten nicht irgendwelche gierigen Zeitgenossen sind, sondern Freunde und Nach-
barn von vielen von uns, die nun mal eben in einer Versicherung arbeiten. Sie verhalten
sich an ihrer Stelle gemäß den Gesetzmäßigkeiten des Systems, gemäß den gesetzlich ver-
ankerten Strukturen. Also argumentiert Obama zumindest an dieser Stelle nicht einfach
populistisch mit der Gier der im System Beschäftigten sondern zielt darauf, die Versicherungen in einen gemeinschaftlich neu zu definierenden Verantwortungszusammenhang für
die ganze Gesellschaft zu ziehen. Er nennt das „to make them accountable". (Rede vor
Kongress und Senat, 09.09.09)

„To make them accountable" – verallgemeinert auf die Wissensökonomie, für welche die
Finanzpolitik und Gesundheitspolitik markante Beispiele sind, heißt das: wie sichert die
Wissenspolitik gesellschaftlich verantwortliche Einbindung aller Wissensbereiche. Wie
organisiert sie die intellektuellen Ressourcen so, dass ganzheitlich nachhaltige Lösungen
für morgen nicht an den auf borniere Interessen von heute ausgerichteten Konzepten ausgerichtet werden, die in die Krise geführt haben?

5.1.3   Das Kommunikationsparadox

„To make them accountable" bedeutet das Einfordern von verantwortlich eingebundenen IC
Strategien, bei den Unternehmensberichten inzwischen auch mit dem Kürzel ESG für „Environmental, Social Responsibility and Governance" belegt. Dieses Eintreten für nachhaltige
Lösungen begegnet einem eigentümlichen Problem. Die Adressaten solcher Forderungen,
politisch Verantwortliche und Unternehmen, haben diese Ansprüche offensichtlich meist
selbst auf ihrer Agenda. Und das nicht erst seit der Krise. Es ist bekanntermaßen nicht das
Privileg von Avantgarden, den Übergang der Gesellschaft in eine Wissensgesellschaft zu
diagnostizieren, wissensbasierte Unternehmensführung sowie ganzheitlich und ökologisch
nachhaltiges Wirtschaften zu fordern. Beschränkten sich Unternehmensberichte in früheren
Jahren auf das Herausstellen des wirtschaftlichen Erfolgs über die klassische Bilanz so kommt
heute kaum ein Unternehmen, das etwas auf sich hält, ohne ausführliche Darstellungen von
der Wahrnehmung ihrer gesellschaftlichen Verantwortung, von nachhaltigem Engagement in
ökologischen Themen und Hinweisen darauf, welch große Bedeutung Wissen und Bildung
im Unternehmen spielt, aus. „Werte" spielen eine herausragende Rolle und werden manchmal gar in groß angelegten Kampagnen dem geneigten Mitarbeiter und anschließend der
Öffentlichkeit nahe gebracht. Kein Politiker kann es sich während des Wahlkampfs leisten,
der Mobilisierung des Wissens als wichtigste Ressource der rohstoffarmen Republik nicht
absolute Priorität einzuräumen. Mobilisierung des intellektuellen Kapitals ist seit Entdeckung
südeuropäischer Städte von „Lissabon" über „Bologna" bis „Pisa" Staatsprogramm der europäischen Nationen. Auch dass alle mit allen Netzwerken und Interdisziplinarität betreiben,
hat Konjunktur und wird in unzähligen gut aufgemachten Broschüren berichtet.

Und doch kontrastiert dies in so auffälliger Weise mit den eingangs geschilderten Beobachtungen aus dem Umgang mit dem intellektuellen Kapital (nicht nur) in der Krise. Denn
offensichtlich wird klassische, im Kontext des globalen Wettbewerbs möglicherweise noch
notwendige Industrieförderung wie die „Abwrackprämie" als nachhaltige Umweltpolitik

als „Umweltprämie" ettiketiert und so einem „greenwashing" unterzogen. In der Satire-sendung „Neues aus der Anstalt" vom 8.9.2009 wurde dieses Verfahren von dem Kabaret-tisten Erwin Pelzig durch Vergleich der Parteien mit Produktwerbung gegeißelt. Wenn in der Pilzsuppe der Pilzanteil gegen Null tendiert, ist selbst „Mogel"-Packung noch ein Eu-phemismus. Bezogen auf die IC-Strategien: die Fortschreibung alter, oft schädlicher, kurz-sichtiger Ansätze kleidet sich allzu oft in das Vokabular verantwortlicher Nachhaltigkeit. Was geht da vor?

Offenbar gilt für die Organisation dieser Nachhaltigkeits- und Verantwortungsthemen dasselbe Organisations- und Kommunikationsprinzip, das wir eingangs einer Kritik unter-zogen haben. Anders ausgedrückt: „*Nach*haltigkeit" wird selbst für den *kurz*fristigen Er-folg inszeniert. Verantwortliche *Ein*bindung ist eine *Spezial*disziplin. Wissens*vernetzung* unterliegt der *Abteilung*shoheit. Die *interne* Wertekampagne wird in die Hände *externer* professioneller Berater *out*gesourct. Der Politstar und ehemalige Bundeswirtschaftsminister zu Guttenberg machte dieses Paradox besonders plastisch. In seinem Grußwort zur Knowtech reihte er alle Schlagwörter zur Wissensgesellschaft und zur Notwendigkeit der nachhaltigen Wissensmobilisierung im internationalen Wettbewerb aneinander. Das eigene Ministerium wird dabei ob seiner Vorreiterrolle gelobt. (Geleitwort, Veranstaltungspro-gramm der Knowtech, 6-7.Oktober 2009, Bad Homburg). Die Ausarbeitung wichtiger Ge-setzesvorlagen überließ der die Wissenskraft seines Ministeriums rühmende Minister aber nicht seinen dafür eingestellten Beamten, sondern externen Consulting-unternehmen. Ge-wiss sollte man ein solches Vorgehen nicht überbewerten. Aber gerade die dem Wahl-kampf geschuldete öffentliche Häme über dieses Vorgehen zu Guttenberg`s macht deut-lich, dass sich dahinter ein durchaus typisches Phänomen für die unausgewogene Heran-gehensweise in den Themen des Intellektuellen Kapitals verbirgt.

Folgendes können wir festhalten. Wissen, Nachhaltigkeit, Vernetzung, Verantwortlichkeit, Zukunftsfähigkeit: alles (In-)begriffe und Wesensmerkmale der Mobilisierung intellektuel-len Kapitals, haben sich unaufhaltsam, da unabweisbar den Weg in die öffentliche Kom-munikation geebnet. In Teilen wurden sie dort aber durch gesellschaftliches Marketing *semantisch enteignet*. Doch um „enteignet" zu werden, braucht es die Substanz. Den Weg in die Medien und die Marketingabteilungen von Unternehmen und Ministerien haben sich diese Themen eben aufgrund ernsthafter Analysen und Projekte engagierter Vorreiter in allen gesellschaftlichen Bereichen geschaffen. An vielen Stellen erweist sich Deutschland in der Tat als „Land der Ideen", beeindruckender und begeisternder Projekte, in denen An-sätze fortschrittlicher IC-Strategien erprobt werden. Gerade dadurch haben sie sich ja als Themen „unabweisbar" gemacht. Deren tatsächliche Kommunikation bleibt aber – bezogen auf die Wesensmerkmale ganzheitlichen IC-Managements – merkwürdig unprofessionell. Das Erlebnis, konkret, praktisch an vielen Stellen etwas erfolgreich auf den Weg zu brin-gen, hat offensichtlich selbst bei den Protagonisten an vielen Stellen eine Haltung beför-dert, die sich mit oft event-artigen Ergebnissen begnügt. Eine systematische, auch kommunikati-ve gesamtgesellschaftliche Einbindung und damit Verstetigung und Verankerung kommt dabei zu kurz. Eine dafür notwendige Kommunikation bleibt oft beschränkt auf dann sogar nur auf operatives IC-Management ausgerichtete Fachkonferenzen. Deren Echo in der Öffentlichkeit ist zudem marginal.

Mit der mangelhaften Kommunikation sind somit zwar die Themen präsent, häufig aber nur rhetorisch. Die wirkliche An- und Einbindung durch massive Umschichtung gesellschaftlicher Ressourcen zugunsten eines Verantwortungszusammenhangs findet nicht statt. Denn der würde auf allen gesesellschaftlichen „Spielfeldern" die Vermittlungsfunktion als Hebel zu etablieren haben. Ohne ganzheitliche Einbindung verkommt die Mobilisierung geistiger Ressourcen zur bürokratisch-verordnenden Auftragsliste. Beispiel Schulen: Bei schlechterer Ausstattung und steigenden Klassenstärken verordnet man den Lehrern, sie sollten selbstverständlich einen das einzelne Individuum bestens fördernden, Migrationshintergründe beachtenden, integrativen, die Eltern einbeziehenden, ggf. noch multimedial und Geist und Sinne berücksichtigenden Unterricht machen. Damit ist der Anspruch in die Welt gesetzt, dem bürokratischen Gewissen genüge getan und – nichts erreicht. Das Nebeneinander von sinnvollen Postulaten und einer die dafür erforderlichen Ausstattungen verweigernden Politik war ein zentrales Merkmal der vergangenen Jahre. Mangelnde bildungspolitische Investitionen stehen in eklatantem Widerspruch zu den monetären Finanzmarktrettungsaktionen, die zum Teil auch die für die Krise verantwortlichen Systeme retten. Und das, wo umgekehrt die Statistiken rückläufige Bildungsperformance zeigen, in einer Zeit, in der „Wissen" zum wichtigsten „Treiber" geworden ist. Erst allmählich führt dieser Widerspruch zu neuen Handlungskonzepten.

Die Herausforderung bei der gesamtgesellschaftlichen Umsetzung innovativer IC-Strategien liegt somit auch bei dem Herausführen der erfolgversprechenden Ansätze aus dem geschilderten Kommunikationsdilemma. Im Folgenden sollen einige Kommunikationskomponenten, die für sich nicht neu, in ihrem Verbund aber möglicherweise sehr wirksam sein können, Gegenstand der Überlegungen sein.

5.2   Neue Kommunikationsformate und ihre Gründe

Diejenigen, die das offensichtliche Auseinanderdriften von Anspruch an Wissensgesellschaft, Wissensökonomie und Wissenspolitik und deren tatsächliche Daseinsformen wahrnehmen, haben interessante neue Kommunikationsformate entwickelt, um dem gesellschaftlichen Diskurs über Strategien des Intellektuellen Kapitals und der Wissensökonomie eine ihrem Gehalt tatsächlich entsprechende Plattform zu geben. „Kommunikationsformat" nimmt hier das Wesen der Kommunikation ernst: Instrument der Verständigung und des sich Verständigens zu sein. Schließlich diskutieren wir hier den Prozess, eine Gesellschaft mit ihren intellektuellen Ressourcen in einen Verantwortungskontext zu bringen. Zu fragen ist also: Wie organisiert sich diese „Verständigung"? Wie greifen die Komponenten ineinander? Wie wird der politische Prozess durch einen „Denkrahmen" vorbereitet und begleitet? Welche Orte braucht diese Verständigung? Modifiziert sich dadurch auch die Rolle der professionellen „Kommunikatoren", der Presse? Wie werden die Ergebnisse dieser Prozesse nachgehalten, welches Monitoring ist sinnvoll? Man sieht, ein qualitätsvoller gesellschaftlicher Verständigungsprozess nutzt die intellektuellen Ressourcen nicht als Selbstzweck sondern zum Befördern aller Lebensbereiche. Insofern ist dieses Zusammenspiel interessenabhängig, zugleich kontrovers und komplex. Hier soll diese Notwendigkeit kohärenten Zusammenwirkens von der Kommunikation strategischer Visionen zur Wissensgesellschaft, ihrer Begleitung durch eine öffentliche die Bürger mitnehmende Debatte, die zumindest exemplarische Bereitstellung von Kommunikationsorten und ein ebenfalls kommuniziertes Monitoring skizziert werden. Es geht im ideellen wie physischen Sinn um die Neuausrichtung eines „Kommunikationsraums", der sich der Wissensgesellschaft nicht nur verpflichtet fühlt, sondern der ihn auch gemäß dessen Anforderungen gestaltet. Der Kommunikationsprozess ist dabei selbst schon Teil der Umsetzung einer innovativen Politikanbindung von Strategien des Intellektuellen Kapitals.

5.2.1   Wissensinitiativen der Metropolregion FrankfurtRheinMain

Stellvertretend für solche Kommunikationsinitiativen der Wissensgesellschaft, die viele wichtige Akteure einbeziehen ohne dabei in einem endlosen Abstimmungsprozess alles zu verwässern und konkrete Umsetzungen zu erschweren, die aber auch nicht „diktiert" werden und sich dennoch kohärent aufeinander zu bewegen, weil sie „Kommunikation" jeder auf seine Weise ernst nehmen, seien hier einige Entwicklungen im Kontext der Wissensinitiativen der Metropolregion FrankfurtRheinMain exemplarisch benannt.

Die Kommunikationskomponente „Strategische Vision" verdeutlicht dabei die Denkschrift „Frankfurt für alle". Speziell für Frankfurt formulierte der Stadtplaner Albert Speer unter der Überschrift: Gesellschaftliche Entwicklungen in Zeiten der Wissensökonomie: „Die Vielfalt der Lebensstile und die Beschleunigung gesellschaftlicher Veränderungen schließt als Entwicklungsstrategie einer Stadt aus, sich auf monokausale Ziele und ein festes Rollenbild zu fokussieren oder sich gar durch die allgemeine Meinung festlegen zu lassen. Ein Zielsystem aus glaubwürdigen und wesentlichen Themenfeldern und Wertorientierungen ist zu entwickeln und konsequent zu verfolgen. Ein solches Zielsystem wird nur dann erfolgreich sein, wenn es tief im baulichen und kulturellen Erbe und in der Tradition einer Stadt verankert ist und durch langfristig angelegte Strategien aktiviert wird."(Denkschrift „Frankfurt für alle" 2009, S.3)

Man mag das beim ersten Lesen für nicht sonderlich aufregend halten. De facto handelt es sich aber um die nicht selbstverständliche Überwindung monokausal organisierten Nebeneinanders der Partikular-interessen/systeme der gesellschaftlichen Akteure. Sie werden auf ein „Wertesystem" der Bürgerstadt bezogen, ihren Interessen wird genüge getan, solange sie sich einbinden lassen. „To make them accountable" hieß das bei Obama. Die verschiedenen Interessengruppen zu ihrem Recht kommen zu lassen, ohne dass sie durch isolierte Verfolgung der eigenen Interessen ihren organischen Gesamtzusammenhang und damit ihre Grundlage in Gefahr bringen, ist Leitgedanke dieser Blaupause für die Mobilisierung von Intellektuellem Kapital, die sich explizit als „Politikberatung" versteht.

Wie spiegelt sich dieser Verantwortungskontext in der Struktur der Denkschrift? Zunächst: Frankfurt für ALLE. Gerade wenn es um Höchstleistung der *Region* geht, wäre die Einengung auf „*Eliten*" fatal. Oder anders herum: Will man Eliten heranziehen, muss die ganze Region in allen Funktionen und in ihrer Lebensqualität top sein. Wissensökonomie ist eben nicht zu reduzieren auf Ökonomie des Wissens, sondern handelt von der Mobilisierung des Wissens zur sinnvollen Gestaltung der Lebensräume, die sie geistvoll aufeinander bezieht. Die Studie widmet sich also nicht isoliert *dem* Fokus, der mit „Wissen" assoziiert wird, z.B. Bildung und Wissenschaft, sondern macht Projektvorschläge für vier weitere Bereiche, die sie unter der Maßgabe *Netzwerk*stadt einbezieht: Lebensqualität, Wirtschaftskraft, Umwelteffizienz, Zukunftsregion. Ganzheitlichkeit ist da Ausgangspunkt der strategischen Kommunikation.

Diese Bereiche werden auf Basis unzähliger Gutachten, (130 Experten und Akteure aus Politik, Verwaltung, Wirtschaft, Wissenschaft und Kultur steuerten Knowhow und Einschätzungen in Einzelinterviews bei) in Handlungsfelder mit jeweils ausgewählten Leitprojekten herunter gebrochen. Für den Fokusbereich Bildung ist ein solches Handlungsfeld etwa ein „kohärentes Bildungswesen vor Ort". „Mittelfristig sollten alle Stationen der Bildungsbiografhie in der Stadt – von der frühkindlichen Bildung bis hin zur Erwachsenenbildung – im Sinne eines kohärenten, aufeinander bezogenen und an den Übergängen erfolgreich gestalteten Bildungswesen vor Ort in den Blick genommen und ganzheitlich weiterentwickelt werden." (unter www.sptg) Dazu wird unter andrem ein *Übergangsmanagement* von der Familienbildung zum Kindergarten, von Kindergarten zur Grundschule angestrebt. Damit wird ein Anspruch an Kohärenz in die Welt gesetzt und seine Sinnhaftigkeit theoretisch begründet.

Dieser strategischen Kommunikation entsprechen in der Umsetzung konkrete *Vermittlungs- und „Zugangs"projekte*. Es sind die einzelnen Projekte in ihrem *wechselseitigen Bezug* aufeinander zu beleuchten. Die berühmten Leuchtturmprojekte nicht zu verglühenden Sternschnuppen verkommen zu lassen ist die *Idee, Ideen aneinander zu binden*. Im Fall „Frankfurt" reicht das vom „Deutschsommer" als „Sprachbad" in den Ferien für sprachlich schwach entwickelte Drittklässler, eine Akademie für Aktive im Ehrenamt und „Stadtteilbotschafter" als *Transfer*helfer und flächendeckenden Kooperationsprojekten von Schulen mit Oper, Musikhochschulen und Symphonieorchester. Und immer wieder wird betont, dass es nicht der Mangel an Bildungsangeboten ist, der Probleme macht: „Es fehlt an *Zugangs*wissen. Viele Familien haben nicht den *Zugang* zur Stadtgesellschaft. Die Angebote sind da. Aber es gelingt ihnen oft nicht, sie zu verstehen und sie zu finden. Dazu muss man gewisse Techniken beherrschen und Signaturen verstehen" betont der Mitautor der Denkschrift, Roland Kaehlbrandt, Vorstandsvorsitzender der Frankfurter Stiftung Polytechnische Gesellschaft in einem Interview. Bezüge verstehen. Die Wissensgesellschaft beginnt in den Familien und ihrem Verstehen von Zugängen zu den Angeboten intellektueller Entwicklung.

Als weitere, diese Prozesse begleitende Kommunikationskomponente braucht es eine Öffentlichkeit, die diese Denkschriften aufgreift, die diese Projekte erläutern hilft, die den öffentlichen Diskurs neu definiert. In Ansätzen scheint das den professionellen Kommunikatoren, der Presse, im Fall Frankfurt zu gelingen. An ihr wird deutlich, dass sie ihre eigene Verantwortung nicht allein im guten oder schlechten Berichten über diese Entwicklungen versteht, sondern dass sie selbst auch einer der einzubindenden Akteure sein will. Das schließt öffentlichen Streit nicht aus, eher umgekehrt: Auseinandersetzung ist gewünscht, erhält aber zunehmend klare Bezugspunkte. Entwicklungen werden begleitet mit Diskussionsveranstaltungen – zum Beispiel im neuen Depot der Frankfurter Rundschau – wobei Fachleute, Politiker, Bürger zu Wort kommen. Eingebettet sind solche Veranstaltungen in einen Kommunikationsmix von Faktsheets, Kommentaren, Gastbeiträgen von Vertretern aller Parteien, Interviews, Portraits. Die Presse versteht hier offensichtlich selbst das, wofür sie Verständnis zu mobilisieren mithilft.

Mit dem Hinweis auf das „Depot" der Frankfurter Rundschau ist eine weitere Komponente der Wissenskommunikation thematisiert. Orte, nicht nur virtuelle, des Wissensaustausch und des Erzeugens von Verständnis, um daraus Potentialentfaltung zu erzeugen. Die Denkschrift selbst reflektiert dies in ihren 16 Thesen für die Stadtentwicklung unter dem Gesichtspunkt der Wissensökonomie. In der These 10 heißt es „ Die Zukunft Frankfurts als Wirtschaftsstandort liegt in *vernetzten Wissenszentren*. Erläuternd heißt es: Die Frankfurter Häuser (für Logistik und Mobilität, Medien und Kommunikation, Nachhaltigkeit) fungieren als Knotenpunkt der Stadt in der Wissensregion Frankfurt Rhein-Main. Worum geht es dabei?

Die genannten Häuser lassen sich ergänzen um weitere, wie das House of Finance, das Forschungskolleg Humanwissenschaften (House of Humanities), das FIZ, das FIAS etc. Diesen Häusern ist gemein, dass sie sozusagen Inkarnationen des Gedankens übergreifender *kohärenter* Wirtschafts-, Wissenschafts- und Bildungsentwicklungen sind. Start-ups werden im FIZ bei Fragen der Biotechnologie eng verknüpft mit regionalen Großunternehmen, die Universität kooperiert eng mit renommierten Forschungsgesellschaften, all das in konzertierter Aktion von Stadt, Land und Stiftungen unterstützt. Am House of Mobility beteiligen sich neben renommierten Unternehmen unterschiedliche Fachhochschulen und Universitäten. Gemeinsam ist ihnen, dass auch im physischen Sinn neue „Denkräume" entstehen, die diese Bezüge, Zugänge, dieses „Zwischen" gestalten helfen. Diesen übergreifenden Netzwerkgedanken werden die Architektur-bezogenen Anstrengungen angepasst.

Indirekt lebt darin das aus Skandinavien stammende Konzept von Future Centern auf. Wir wollen uns dieses Kommunikationsmodell für Strategien des Intellektuellen Kapitals etwas näher anschauen, da solcher Art „Wissensräume" den eingangs genannten Anforderungen an neue Kommunikationsformen zur Erzeugung eines Verständnis- und Verantwortungsrahmens von großer Bedeutung sind.

5.2.2   Future Center

Bei der Weltbankkonferenz IC5 wurden Future Center, die sich inzwischen zu einer Allianz zusammengeschlossen haben, von einem ihrer Vordenker und Pioniere, Hank Kune, folgendermaßen charakterisiert:. „Future Center are highly participative working and thinking environments, Collaborative workplaces, where learning and insights, from past and future and diverse perspectives are applied to solve real-world problems in the present".

Angemessen eingerichtet, können sie sich zu wahrhaften Innovationsmaschinen entwickeln, die sich an die systematische Zukunftsgestaltung machen. Das wird versucht über eine für Future-Center typische Gestaltungsumgebung. Die beschreibt Hank Kune: „Future Center are facilitated collaborative working environments, with physical, virtual, cognitive and emotional space to support users and clients to deal effectively with today's challenges, to achieve middle and long term goals and deliver sustainable solutions and results."(„Open Futures, Operating System for Future Centers" 2009, S.28)

Future Center begreifen sich also als einen ganzheitlichen Ansatz, der zugleich virtueller wie physikalischer Raum ist, Geist und Emotionen Platz bietet, Wissens- und Experimentierpfade eröffnet.

Future Center verstehen sich dabei als Anwälte einer methodischen Bedingungslosigkeit. Sie wollen Raum geben, Bestehendes in Frage zu stellen und wertschätzend kontrovers Perspektiven einzubeziehen. Gerade dadurch hoffen sie Nutzer der Center zu verantwortungsvollen Botschaftern dieser Ideen zu machen.

Was bedeutet das in unserem Zusammenhang? Es bedeutet, dass das von bildungspolitischen Akteuren wie der Polytechnischen Gesellschaft in die Diskussion gebrachte „Zugangsmanagement" auch seine *entsprechenden* „Denkräume" benötigt. Man mag das das „*Kohärenzprinzip*" nennen. Häuser *entsprechen* in der Architektur ihrer Funktion. Eine Gewerkschaftszentrale sieht anders aus als ein Hörsaal oder ein Konzertsaal. Und auch ein Konzertsaal drückt das Selbstverständnis durch Architektur aus. Die Berliner Philharmoniker platzieren das Orchester nicht zufällig in die Mitte, sie spielen nicht nur „vor". Ein Ort, in dem Vertreter unterschiedlichster Seiten miteinander nicht nur ins Gespräch sondern in ein gemeinsames „Bewegen" kommen wollen, muss dem in Architektur, in seinen Prozessen, (Strukturkapital), genauso wie in seinen Humankompetenzen und Beziehungen eben entsprechen. Insofern ist ein Future Center auch mehr als ein Gebäude. Es handelt sich nicht um eine Lehranstalt, also besteht das Personal weder aus Trainern noch aus Moderatoren, sondern aus, „ermöglichenden" Begleitern, „Facilitator" genannt. Die haben die schwierige Aufgabe, Akteuren unterschiedlicher Richtung, die in ihrem gesellschaftlichen Handeln voneinander abhängig, sich aber nicht unbedingt grün sind, Raum zum Schaffen gemeinsamer Lösungen zu bieten. Future Center sind daher Orte, die ein kommunikatives Gesamtkonzept darstellen. Sie geben dem „Zwischen", häufig fälschlich „Schnittstelle" tituliert, eine Heimat. Darin sind sie Keimzelle zur Überwindung eingangs zitierter Bereichsfixierung. Haben herkömmliche Trainingscenter meist den Auftrag einer Lehrstoffweitergabe, Begegnungszentren den Schwerpunkt in Diskussionsveranstaltungen wird hier ein gesamter Prozeß für gesellschaftliche Themen tatsächlich „ergebnisoffen" begleitet. Was bei Stuttgart21 medienwirksam mühselig im Nachgang einer Geisslerschen Mediation versucht wird, ist hier Programm beim Ingangsetzen derartig kontroverser Anliegen.

5.2.3   Wissensbilanz

Wir hatten Future Center eingeführt als mögliche Hilfestellung, um den Verantwortungs- und Verständnisrahmen zur Beförderung intellektueller Potentiale zu stärken. Dafür muss dem Kohärenzprinzip Rechnung getragen werden, das dafür steht, *verschiedene Ideen* aneinander zu *koppeln*. Geniale Kita nützen nicht, wenn die Grundschule Erfolge nicht aufgreift. Oder Eltern als wichtigste Bildungsbegleiter der Kinder nicht erreicht werden. *Balance der Ideen ist der Schlüssel zu wirklicher Nachhaltigkeit.* Diese Balance, die für „das sich entsprechen" der Aktivitäten sorgt, muss auf den Weg gebracht und implementiert werden. Dafür braucht es ein Monitoring, zum Beispiel eine „Wissensbilanz", die nachschaut, ob die Anliegen, die allokierten Ressourcen und die Anbindungen in ausgewogenem Verhältnis sind. Das „LEF", neu gestartetes Future Center in Utrecht mit der so schlichten wie überzeugenden Mission „dry feet" für eine Region, die trotz Klimawandel und ständiger Überflutungsgefahr ein modernes, erfülltes Leben führen will, führt auch das Future Center selbst mit dem Steuerungsinstrument der Wissensbilanz. Damit ist ein weiteres Kommunikationsformat benannt, das öffentliche Monitoring. Ähnlich wie in der „Wissensbilanz made in Germany" wird nach Anspruch, Stand, Entwicklung von Humanpotential, Strukturkapital und den Beziehungen gefragt. Alle diese Komponenten haben hier dem Zweck des „LEF" – zu deutsch übrigens „Courage" – zu entsprechen. „Human Potential" stellt in diesem Kontext die für ein Future Center so zentral wichtige und zu entwickelnde Kompetenz des „Facilitator" als für das LEF entscheidende Größe an erste Stelle. Das „structural capital" sieht den „LEF approach", also den Future Center Ansatz zur Begleitung von gesellschaftlichen Änderungsprozessen, der hier zuvor beschrieben wurde, als energisch nachzuhaltende und zu vertiefende Prozessgröße. Und all das wird über den Intellectual Capital Report, also einer Art „Wissensbilanz", in die interne und öffentliche Kommunikation überführt. Das Future Center, das die Kohärenz gesellschaftlicher Prozesse zu unterstützen sucht, unterwirft sich selbst dem Nachhalten der eigenen Kohärenz.

5.2.4   Das „System" Berliner Philharmoniker

Ein eindrucksvolles Beispiel für Kohärenz und Konvergenz unterschiedlicher Strategien zur Beförderung des Intellektuellen Kapitals bieten die Berliner Philharmoniker. Sie verstehen sich offensichtlich nicht nur als Orchester, das mit herausragenden Konzertaufführungen brilliert. Sie wollen offensichtlich, dass der Funke überspringt, dass er über den Kunstgenuss hinaus die Zuhörer in der eigenen Kreativität beflügelt. Dass er alle Bürger erreicht. Dass er dabei auch das gesellschaftliche Zusammenleben stärkt und das Leben aller bereichert. Das reflektiert sich in allen ihren Kommunikationsformaten. Der architektonische Aspekt des Anspruchs, Zuhörer stärker partizipieren zu lassen, inkarniert sich – wie schon erwähnt – in einem Konzertsaal, der das Orchester in die Mitte des Raums verlegt. Zuhörer haben dadurch optisch und akustisch größere Nähe. (Dieser – zu seiner Zeit revolutionäre – Ansatz bestimmt übrigens auch die Architektur des bedeutendsten aktuell entstehenden Konzertsaals, der Elbphilharmonie Hamburg). Diese Art des „Dabeisein" wird unter heutiger Kommunikationssicht erweitert um aktuelle Medien. Ihre Aufführungen werden ergänzt um das „digitale Konzert", das weltweit in sehr hoher Qualität das „Dabeisein" über das Internet gestattet. Musik versteht sich nicht nur als „Vorspielen", wo man dann eben auch „davor" sitzt, sondern als *Einladung*. Und dieser Philosophie, Menschen teilhaben zu lassen an der inspirierenden Kraft der Kunst, kommen die Philharmoniker in ihrem „Education Project" noch einen Schritt näher. Gemeinsame Konzerte mit einem Ballett, erarbeitet mit Jugendlichen aus den berüchtigten „Problembezirken", macht ernst damit, dass echte Höchstleistung „Problembereiche" gerade nicht ausblendet, sondern das eigene Tun auch dorthin verankert und zum Hebel ganzheitlicher Entwicklung macht. Hinzu kommt: Dieses Vorgehen wird exemplarisch öffentlich gemacht, medial begleitet, also zum Mutmachen sinnvoll kommuniziert. „Rhythm is it" heißt einer der Filme, bei dem die Philharmoniker Excellence beweisen, weil sie andere zu Helden machen.

5.3   Schlussfolgerungen für eine IC-Agenda

Die politische Diskussion der Agenda zu Wissen und Bildung spielte scheinbar in der vorgestellten Diskussion nur eine untergeordnete Rolle. Dabei hatten wir doch die Überlegungen begonnen mit den makro-ökonomischen Entwicklungen, wir hatten der Subprime-Krise ein Subprime-Knowledge zur Seite gestellt und demgegenüber einen anderen Umgang mit Wissen in Unternehmen und Gesellschaft angemahnt. Die Auseinandersetzung über den Einsatz intellektueller Ressourcen spielte sich allzu oft in verkürzenden Dimensionen (Gier, Verantwortungslosigkeit, Undurchschaubarkeit) oder in den tradierten Bahnen quantitativer Forderungen (Mehr Bildung) statt, die keine neue Qualität begründen. Insofern haben wir bewusst Abstand genommen davon, die Politik umstandslos zum Adressaten wohlfeiler Ansprüche zu machen. Wenn sich die Politik mit der Lissaboner Agenda selbst das Ziel setzt, zur weltweit bedeutendsten wissensbasierten Wirtschaft zu werden, ist die schlichte Erinnerung daran nicht wirklich originell. Da Wissen sich nicht verordnen lässt, kommt man um die Frage nicht herum, was denn in Richtung teilnehmenden, gemeinsamen, beurteilenden und nachfragenden Wissenserwerbs anders laufen kann. Wenn wir diagnostiziert haben, dass die Entfaltung gesellschaftlicher intellektueller Ressourcen im Rahmen von durch die Politik gesetzter Strukturen und Ordnungsrahmen stattfindet, bedarf es des Blicks darauf, was denn da vielleicht anders geordnet werden kann. Von daher war es angebracht, sich zunächst einigen relevanten „Ideen" dieses „Land der Ideen" zuzuwenden, um daraus die Substanz zu destillieren, die einer anderen Art verstetigender Organisation und Ordnung bedarf. Diese kann aber nur in einem Prozess zwischen Politik und gesellschaftlichen Akteuren entstehen, der selbst von der Kohärenz geprägt ist, die wir in den einzelnen Beispielen auf unserer Perlenkette der Ideen aufgereiht haben.

Wir wenden uns daher – in diesem Kontext wieder exemplarisch – den Mechanismen zu, mit denen wissens- und bildungspolitische Anliegen aufgegriffen werden. Schaut man sich beispielsweise den Katalog an Vorhaben der 2009 in's Amt gewählten Regierungskoalition von Union und FDP an, so bekräftigt er in großen Teilen die Anliegen, die zuvor schon von der großen Koalition in den damaligen Koalitionsvertrag geschrieben worden waren. Ein zentrales Moment des intellektuellen Kapitals wird gleich im Titel „Wachstum *Bildung* Zusammenhalt" aufgegriffen, Kapitel 2 postuliert die schon beim Bildungsgipfel 2008 in

Dresden ausgerufene „**Bildungsrepublik Deutschland**" und hebt darin Vorzüge deutschen dualen Ausbildungswesens als „Training Made in Germany" auch marketingmäßig hervor. Für die vielen ehrgeizigen Anliegen wird zudem die Steigerung der Bildungsausgaben um 12 Milliarden bis 2013 angestrebt (allerdings unter Finanzierungsvorbehalt und auf dem Fuß folgender Auseinandersetzung mit den Ländern bezüglich der von diesen eingeforderten Leistungen).

Aber welche Chancen für eine stimmige, kohärente IC-Politik durch einen mit ihr verbundenen sinnhaften Kommunikationsprozess eröffnet diese „Bildungsrepublik"? Mangelnder Dialog in der Wissensgesellschaft kann nur durch neue Kommunikationsformate, wie wir ihnen etwa in den „Houses of..." der Wissensregion oder den internationalen Future Centern begegnet sind, überwunden werden. Und in der Tat: der Koaltionsvertrag scheint ein Bewußtsein von dieser Notwendigkeit zu haben:

> „**Bürgerdialog**
>
> Forschung braucht den Dialog mit der Gesellschaft. Deshalb werden wir neue Dialogplattformen einrichten, auf denen mit den Bürgerinnen und Bürgern Zukunftstechnologien und Forschungsergebnisse zur Lösung der großen globalen und gesellschaftlichen Herausforderungen intensiver diskutiert werden. Insbesondere bei gesellschaftlich kontroversen Zukunftstechnologien wollen wir einen sachlichen Diskurs, der auf Toleranz aufbaut, eine realistische Abschätzung der Chancen und Risiken für den Einzelnen und die Gesellschaft ermöglicht und den erreichbaren Konsens auslotet. Wir wollen unter wissenschaftlicher Leitung und mit Unterstützung der Wirtschaft in der Hauptstadt ein „Haus der Zukunft" schaffen, in dem sich Deutschland als Wissensgesellschaft und Innovationstreiber präsentiert, und die Forschungsmuseen stärken." (Koalitionsvertrag zwischen CDU, CSU und FDP', S. 56f.)

Hier sind Anknüpfungspunkte für die Kommunikation der IC-Themen gegeben, die nicht einfach mit Hinweis auf „bloße Absichtserklärung" weggewischt werden dürfen. Anknüpfungspunkte verknüpfen zwei und mehr Seiten. *Was* des hier Vorgestellten kann *wie* verknüpft werden?

5.3.1   Skizzierung eines neuen Kommunikationskonzepts

Anmaßend wäre es, bei auf wenige Seiten beschränkte Überlegungen die verschiedenen Entwicklungen im Umfeld von Strategien zur Entfaltung des Intellektuellen Kapitals alle angemessen vorgestellt und analysiert zu haben. Das ist aber auch nicht der Anspruch. Der Anspruch ist zugleich bescheidener und selbstbewusster: Bescheidener, da er sich nur auf sehr wenige, allerdings exemplarische Beispiele aus der regionalen, nationalen und internationalen IC-Szene bezieht und diese auch nur anreißen kann. Selbstbewusst, weil daran ebenso exemplarisch dieser zentrale, bisher weitgehend vernachlässigte Aspekt der IC Diskussion in das Blickfeld gerückt wird. „Wissen", das Modewort unseres noch jungen Jahrtausends, findet nun mal in allen Lebensbereichen statt. Intellektuelles Kapital beschränkt sich nicht auf die Studierstube. „Wissensmanagement" ist etwas, das letztlich ein jeder betreibt. Wird es zu einer eigenständigen Disziplin hat es Existenzberechtigung nur insofern, als es das Zustandekommen der Bezugnahme unterschiedlicher Wissensbereiche erleichtern hilft, der Wissensbewirtschaftung dient. Damit sind wir bei dem zentralen Gedanken, der sich durch dieses Essay zieht. Der „Zugang", der Transfer, das „Zwischen", das sich beim Zusammen- oder Gegeneinanderspiel gesellschaftlicher Akteure entwickelt, benötigt unsere Aufmerksamkeit. Diesen „Zwischen"-Raum zu gestalten, kann Synergien freisetzen. Dieser Raum muss dafür aber in seinen Wesenszügen identifiziert, begriffen und geformt werden. Das ist nicht zufällig eine Frage der *Kommunikation*, ein miteinander klarkommen, ein miteinander in Beziehung treten. Nicht zufällig ist auch, dass diese Kommunikation viele Ebenen hat, so die geistige, musische, organisatorische, architektonische. Vorliegender Beitrag hat angedeutet, wie diese Ebenen einander bedingen und dass es Sinn macht, sie als Mosaiksteine einmal anders zusammenzusetzen. Damit verlieren sie nicht ihre Authentizität sondern bekommen Raum, sich zu entfalten. Das ist der tiefere Sinn von Synergie.

Vielleicht bedeutet das, *dasselbe* einmal *anders* zusammenzusetzen. Was ist das Gemeinsame, das die hier angeführten Beispiele aus Wissensregion, Future-Center-Bewegung und Institutioneller Zukunftsprojekte (Berliner Philharmoniker) auszeichnet? Es ist das Bemühen um Kohärenz, es ist der Paradigmenwechsel, das *Neben-einander* mit dem *Füreinander* systematisch zu verbinden und dadurch ein inhaltlich begründetes *Mit-einander* zu schaffen. Der viel bemühte Begriff der *„Kreativwirtschaft"* erhält im Beispiel des „Systems" Berliner Philharmoniker die Dimension, sich nicht nur selbst zu produzieren sondern andere zur Nutzung ihrer Kreativität anzuregen und Potentiale zur Entwicklung ihrer Lebensentwürfe zu entdecken.

Beim LEF heißt Kohärenz, als Behörde für Wasserwirtschaft in einer kritischen Region nicht stehenzubleiben bei öffentlichen Symposien und Diskussionsveranstaltungen zur Information der Bevölkerung, sondern dem kommunalen Ideenfinden einen Raum zu geben, der zum Experimentieren, Entwickeln und Streiten um Lösungen schon durch seine Architektur und die ganz neuen Kompetenzen der dort Tätigen einlädt. All dies nicht als Alibiveranstaltung, sondern als ein Prozess, der in Bezug auf Angemessenheit und Adäquatheit ernsthaft nachgehalten wird durch die Wissensbilanz.

Bei der „Wissensregion"-Initiative heißt Kohärenz, auszuloten, wie all die Initiativen in eine Art Masterplan („Frankfurt für Alle") eingebunden *zusätzlich* Profil gewinnen. Weder bleiben Initiativen „bottom up" ihrem höflich beklatschtem Schicksal überlassen, noch wird ein starrer Top-Down Anweisungsplan vorgelegt. Auch hier wird versucht, den Akteuren einen Rahmen zu schaffen, der es gestattet, sich füreinander zu öffnen, dadurch Synergien zu nutzen, alle zu stärken und – auch das ist wichtig – Spaß dabei zu haben.

Als Schlußfolgerung für eine erste Skizze für einen auch wissenspolitischen „Kommunikationsfahrplan" zur Gestaltung des „Zwischen", der „Zugänge" ergibt sich, die Übertragbarkeit solcher Vorgehensweisen auch für die politischen Gestaltungsräume auszuloten. *DIE Idee* für die politisch angebundene IC-Kommunikation sollte sein: *„Ideen kohärent verbinden"*. Einige Vorschläge lassen sich gemäß unseren Ausführungen machen.

5.3.1.1   Geförderte Ideen übertragen und für andere gesellschaftliche Bereiche bereitstellen.

Viele gute Ideen sind mit Unterstützung verschiedener Ministerien auf den Weg gebracht worden. Jetzt gilt es, sie füreinander zu öffnen. Beispiel: Die „Wissensbilanzen Made in Germany" wurden im Rahmen des Projekts „Fit für den Wissenswettbewerb" als Instrument für den Mittelstand gefördert. Wie wir gesehen haben machen sie als Instrument zur Steuerung der Nachhaltigkeit in vielen Bereichen – z.B. auch für die Future Center – Sinn. Auch beim Generationenmangement in Unternehmen könnten Wissensbilanzen strukturell gegensätzliche Interessenslagen überbrücken helfen. So sind beim Wissenstransfer in Unternehmen ältere Kollegen, die ihr Aufgabengebiet abgeben, oft von sich aus kaum bereit, Wissen an Nachfolger weiterzugeben. Junge Kollegen wiederum mögen sich nicht als noch unzureichend qualifiziert „outen". Wissensbilanzen können hier in einem moderierten Prozess im Sinne des Gesamtinteresses den Vermittlungsprozess unterstützen. Der staatlich geförderte Ansatz „Wissensbilanz" sollte nicht als „Idee" auf eine Anwendungsgruppe beschränkt bleiben sondern mit anderen Ideen verknüpft als methodisches Tool für unterschiedliche Bereiche des IC-Management etabliert werden.

5.3.1.2   FUTURE Center Ansatz für den Prozess solcher Öffnung nutzbar machen.

Begegnungszentren, moderne Architekturen, neue Kompetenzkonzepte gibt es an vielen Stellen. IC-Politik sollte sie analog dem vorgestellten ganzheitlichen Konzept der FUTURE - Center zusammenführen und so den neuen Dimensionen gesellschaftlicher Entwicklungsarbeit im wahrsten Sinn des Wortes Raum geben. Dies Raumgeben bedeutet die Chance des gegenseitigen Verstehens und „Mitnehmens". Die SPD hatte das Nicht-Mitnehmen für sich als zentrales Manko diagnostiziert. Sigmar Gabriel, seinerzeit designierter Parteivorsitzender, beklagte, Führung und Sammeln sei politische Aufgabe, das Sammeln finde aber gar nicht mehr statt. Das gilt nicht nur für den SPD-bezogenen Dialog. Die Debatten um Stuttgart21 gaben lebhaft Anschauungsmaterial für die Notwendigkeit, Bürgerdialog nicht nur zu fordern sondern ihn anders zu organisieren. Future Center haben wir hier als mögliche Orte des *Sammelns*, des Sammelns von Ideen, der *Versammlung* unterschiedlicher Ansätze, aber auch der *Sammlung* im kontemplativen Sinn des Auf-sich-wirken-lassen kennengelernt. Das im Wording so ähnliche Postulat der Regierung, ein „Haus der Zukunft" für den Bürgerdialog zu schaffen, steht aber in der Gefahr, der Dimension des Dialogs gerade nicht gerecht zu werden. In diesem Haus soll sich nämlich Deutschland als Wissensgesellschaft und Innovationstreiber *präsentieren* und die Forschungsmuseen stärken. Die von uns vorgestellte Konzeption des Future Center sind kein Entwurf zu besserer Präsentation sondern zu besserem Dialog.

5.3.1.3   Round Table Organisation als Vorstufe struktureller Verankerung einrichten

Ein hoher Anteil fortschrittlicher Initiativen verdankt sich dem ehrenamtlichen Engagement. Das wird vielerorts zu Recht gefördert und herausgestellt. Ein Land, das sich insgesamt „Fit für den Wissenswettbewerb" macht, kann diese wertvollen Beiträge effektiver nutzen, indem es sie systematischer aufeinander bezieht. Vorbereitend dazu kann das Instrument „Round Table" sein, das der Politikanbindung dient. (vgl. hierzu die analytisch geprägten Erfahrungsberichte aus der parallelen Studie von Prof. Günter Koch).

5.3.1.4   Repräsentanz und struktureller Bezug in „Masterplan" und Wissensbilanz

Viele Kontroversen („Elite oder Breite"; „Tradition oder Moderne", „öffentlich-staatlich" oder „privatwirtschaftlich") führen auf der Elementarebene zu den berühmten Sackgassen oder Dilemmata. Das Instrument des Masterplans, exemplarisch dargestellt an der Denkschrift „Frankfurt für alle", zeigt Wege, wie diese Dilemmata zur Stärkung aller aufgelöst werden können. Die – auch regional und national einsetzbare – Wissensbilanz weist die Perspektive zu nachhaltigem Monitoring.

5.3.1.5   Haus der Zukunft als Modelprojekt

Die genannten Instrumente greifen ineinander. Dieses Ineinandergreifen sollte an einem innovativen Projekt – z.B. einem interministeriellen Future Center (das Mind Lab in Kopenhagen kann Vorbild sein) – belegt, erprobt und bei Erfolg strukturell einbezogen werden. Das vom BMBF geförderte Verbundprojekt IMO (International Monitoring), das sich mit internationalen Trends bei Wissens-, Lern- und Innovationsstrategien befasst, könnte auf die Ausgestaltung des von den Koalitionären geplanten „Haus der Zukunft" im hier entwickelten Sinn einwirken und es tatsächlich zum Ort für den postulierten Bürgerdialog für IC-Themen statt zum Präsentieren entwickeln.

5.3.1.6   Zwischen - Systemisch

All diese Vorschläge sind sicher allenfalls kleine Schritte. Aber sie sind symbolisch für eine modifizierte Richtung. Eine Richtung, die eine Keimzelle legt, um das an der Krise geschilderte ausschließliche Denken in Kategorien partikularer, kurzfristiger Interessen durch innovative IC-Strategien zu überwinden. Angesichts des Jahrestags der Pleite der Lehman-Bank, die in Folge laut Bafin Chef Sanjo die Welt fast vor ihrem Untergang hat stehen lassen, sodass die Weltöffentlichkeit „eindrücklicher als es jeder Roman oder jedes Lehrbuch beschreiben könnte, (erleben konnte), was das Wörtchen *systemisch* bedeutet"(von Heusinger, FR, 15.09.09), ist zu fragen, was „systemisch" im Kontext IC bedeutet. In unserem Kontext buchstabiert sich *systemisch* mit: *ausbalanciert, kohärent*. Das erfordert eine Haltung und ein Denken, das nicht automatisch in die Köpfe kommt. Es will durch zukunftsorientierte IC-Strategien auf den Weg gebracht werden. Ein Muster dafür kann ein „Haus der Zukunft" sein, das diese „Zwischen"räume gestalten hilft, in dem Round Tables stattfinden, Masterpläne ersonnen werden und über Wissensbilanzen Nachhaltigkeit verfolgt wird.

Literaturverweise/Links

Dieser Beitrag bezieht sein Gedankengut aus der umfangreichen Diskussion zur Wissensgesellschaft, zu IC-Management, zu Wissensbilanzen. Die Literatur zu diesen Themen ist umfangreich, im Rahmen eines IMO-Expertenbeitrags des Arbeitsfeldes „Intellektuelles Kapital" von den Kollegen zudem explizit aufgeführt und in den Kontext des Projekts gestellt. Vorliegender Beitrag versucht aus der Erfahrung praktischer Teilhabe an Initiativen und Entwicklungen einige Einschätzungen zu liefern und mögliche Perspektiven anzudeuten. Herausgehoben werden daher im öffentlichen IC-Dialog vernachlässigte und dringend einzubeziehenden Ansätze, die sich in der Future Center Bewegung und in der Studie „Frankfurt für alle" niederschlagen. Unter den angegebenen links finden sich sowohl die hier diskutierten Positionen wie auch weiterführende Verzweigungen. Ergänzt werden diese Angaben um Hinweise auf (Gemeinschafts-)beiträge des Autors aus dem dieser Studie zu Grunde liegenden wissenspolitischen Erfahrungsumfeld.

Wissensregion FrankfurtRheinMain:

www.frankfurt-für-alle.de   (Denkschrift als Blaupause regionaler IC-Entwicklung)

www.innovative2009.de   (Initiative Wissensregion mit Beispielen zur Einbindung)

www.wissensportal-frankfurtrheinmain.de   (Wissensatlas zur Vernetzung)

www.sptg.de   (Stiftung Polytechnische Gesellschaft, Projekte „Zugangsmanagement")

Future Center:

www.openfutures.net   (Alle weiterführenden Links und Projekte der FC Bewegung)

www.rijkswaterstaat.nl/over_ons/lef_future_center/over_lef_future_center (LEF)

www.mind-lab.dk/en   (Cross-Ministerial Future Center Denmark)

Dem Artikel zu Grunde liegender wissenspolitischer Kontext des Autors:

Edvinsson, L. & Szogs, G. M. (2008): Wissen – Macht – Finanzen: Dialog für die Wissensgesellschaft. Beitrag im KnowTech Kongressband.

Szogs, G. M. (2008): IC-MOTOR – Was bewegt das Intellektuelle Kapital. Beitrag im GfWM-Newsletter 02/2008.

Szogs, G. M.; Pawlowsky, P. & Koch, G. (2007): Eine Agenda für Wissensmanagement und Intellektuelles Kapital in Deutschland – Gegeneinander oder Miteinander? Beitrag im KnowTech Kongressband.

Kaltenborn, O. & Szogs, G. M. (2009): Die Wissensgesellschaft im öffentlichen Dialog. Herausforderung an die Architektur von Wissensräumen für die Kommunikation intellektuellen Kapitals. Beitrag im KnowTech Kongressband.

Szogs, G. M. (2009): Wissensbilanzen und Generationenmanagement. In: Haasis, H.-D. & Fischer, H. (Hrsg.): Generationenmanagement. Eschborn: AWV.

Koch, G. & Szogs, G. M. (2006): Wissensbilanzen: Bewertung und Entwicklung des Intellektuellen Kapitals. In: Schuchow, K. & Gutmann, J.: Jahrbuch Personalentwicklung. Neuwied/ Kriftel: Luchterhand.

Szogs, G. M. (2006): Knowledge Management, Intellectual Capital and the Rating Exercise – an unconventional Approach. In: Bounfour, A. (Hrsg.): Capital immatériel, connnaissance et performance. O. O.: L´Hartmann.

Grübel, D.; North, K. & Szogs, G. M. (2004): Intellectual Capital Reporting – Ein Vergleich von vier Ansätzen. In: Zeitschrift für Führung & Organisation 1, S. 19-28.

6 Kommunikation und Politikanbindung der Strategien zum intellektuellen Kapital

Erfahrungsbasierte Optionen zur Gewinnung politischer Entscheidungsträger - Ein Bericht über die Möglichkeiten der effizienteren Kommunikation und Beratung politischer Entscheidungsträger auf der Basis international gemachter Erfahrungen.

Günter Koch

6.1 Die IC-Community und ihre öffentliche Wahrnehmung

„Das Ende des Homo Oeconomicus" titelte 2009 eine Wirtschaftszeitung und diskutierte die Frage, was nach der berühmten sog. österreichischen Schule der Ökonomie, der Philosophie sowie der Sozial- und Organisationswissenschaften kommen wird, die durch Namen wie L. v. Mises, F.A. v. Hayek, L. Wittgenstein, K. Popper, J. Schumpeter, P. Drucker u.a.m. repräsentiert wurde und deren Spätfolgen ihre Kulmination bis dato in den Finanzereignissen der letzten Jahren fanden.

In keiner der Reden öffentlicher Repräsentanten und von Unternehmensvorständen fehlt heute der Verweis auf die „Wissensgesellschaft", ein Begriff, der Anschlüsse zu neuen Disziplinen wie Wissenspolitik und Wissensökonomie und damit zu neuen Vorstellungen zur Zukunftsgestaltung eröffnet. Neue Begriffe markieren die Wege zu neuen Paradigmen und Konzeptionen. „Alte" Begriffe fesseln uns an vergangene Vorstellungen, oder, m.a.W. produzieren einen „intellektuellen Lock-In", an den anzuschließen und zugleich sich von ihm zu befreien oft die einzige Chance ist, „dem Neuen" Gehör zu verschaffen. In dieser Situation befinden wir uns, wenn wir, wie der Autor, Wissenspolitik als neue Option einer gestaltungsmächtigen, neuen Politik propagiert sehen wollen.

Die für diesen Beitrag vorgegebene Herausforderung war zu erklären, wie diese neue Gestaltungsoption in die öffentliche Diskussion eingeführt und vor allem in die Köpfe von Politikern infundiert werden kann.

6.1.1   Das Selbstverständnis der IC-Community

Verfolgt man die Genesis des Wissensmanagements, speziell im deutschsprachigen Raum, so folgt diese dem bekannten „Hype-Zyklus", wie er als Normverlauf für so gut wie alle neuen Technologien wie auch paradigmatisch noch nicht gängigen Methoden zu beobachten ist (Abb.1).

In der Praxis zeichnete sich im Frühstadium der Einführung des Wissensmanagements, etwa in der Phase nach dem Platzen der Internet-Blase nach 2000, mit wenigen Ausnahmen folgendes Bild ab: Das Top Management auf der Suche nach neuen Methoden zur strategischen Unternehmenssteuerung und –bewertung einerseits, sowie die jungen, nachwachsenden Talente andererseits, die schon das Bewusstsein entwickelt hatten, dass sich unsere Gesellschaft und Wirtschaft in Richtung einer „immateriellen" Dienstleistungsökonomie verändern wird, prognostizierten dem Wissensmanagement eine bedeutende Zukunft. Die Unsicherheit, wie das Thema anzugehen sei, motivierte einerseits die Involvierung von mit dem Thema wissenschaftlich befassten Experten als Berater, andererseits führte es zu einer Delegation dieses neuen Themas an MitarbeiterInnen, die zwar die intellektuelle Kapazität zur Aufnahme und Aufbereitung, aber i.a.R. keine besonderen Durchsetzungsbefugnisse und wenig Budget dafür erhielten – von Ausnahmen wie z.B. dem Energiekonzern EnBW abgesehen, wo sich der CEO persönlich für die Einführung des Wissensmanagements engagierte und eine eigene Unternehmenseinheit damit beauftragte.

Abbildung 6.1   „Hype-Zyklus" des Wissensmanagements (Eigene Denotation unter Zugrundelegung des Basismodells der Gartner-Group)

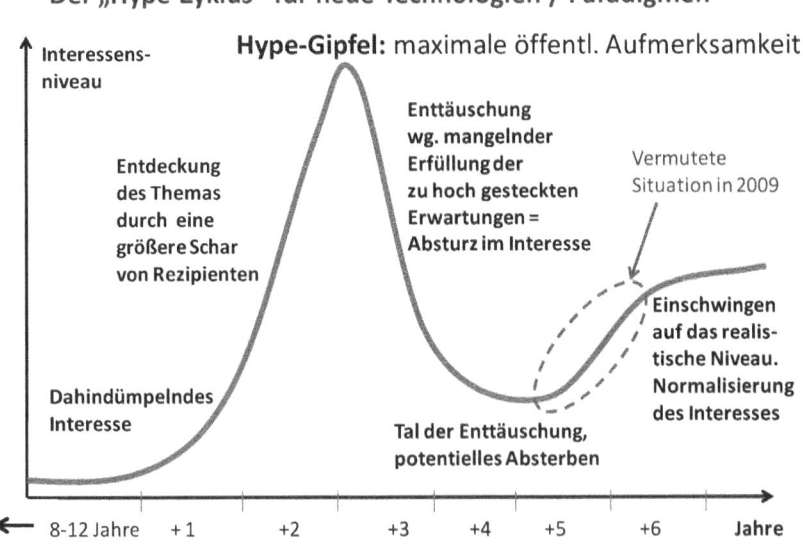

Diese unklaren Autorisierungen sowie der fehlende direkte Nachweis, was denn Wissensmanagement i.S. von quantifizierbaren Vorteilen „bringt", hat es mit sich gebracht, dass das Thema „Wissensmanagement", verschärft durch die Wirtschaftskrise seit 2008 „abgestürzt" ist. Mit der Krise wird, als positive Wendung, zugleich ein heilsamer Druck aufgebaut, eine Reihe von ungelösten Fragen anzugehen, wie z.B.

- Strukturelle Positionierung des Wissensmanagements und von Verantwortlichkeiten in den Unternehmen, wie das schon in den 90er Jahren durch die erstmalige Schaffung der Position eines „Chief Knowledge Officer" (CKO) begonnen wurde.

- Wissenschaftliche und praktische Arbeiten zur Quantifizierung des Beitrags von Wissensmanagement zum Erfolg der Unternehmen.

- „Einbau" von Größen wie z.B. Veränderung des Wissenskapitals / – vermögens der Unternehmen in deren Bilanzen und Geschäftsberichten als wichtige Steuerungsgrößen.

- Professionalisierung und Intensivierung der Kommunikation betreffend das Wissensmanagement und die Wissensökonomik, wie es z.B. der europäische Verband der Finanzanalysten EFFAS in seinen "Principles for Effective Communication of Intellectual Capital" vorgelegt hat.

- Generierung einer öffentlichen und politischen Aufmerksamkeit gegenüber dem Thema „Wissenspolitik", was eine der zentralen Missionen des global aufgestellten New Club of Paris ist.

In den meisten Unternehmen hat also Wissensmanagement und seine Reflektierung in der ökonomischen Führung von Unternehmen (Stichwort: Wissens-Betriebswirtschaft) längst nicht den Stellenwert, den die Anhänger und Mitglieder der IC-Community sich wünschen. Um es noch desillusionierender zu sagen: Mit wenigen Ausnahmen haben die Unternehmen, die Wissensmanagement als wesentliche und eigenständige Aufgabe respektieren, zwar ihre meist intelligentesten und / oder weisesten MitarbeiterInnen für diesen Aufgabenbereich ernannt, letztlich ihnen aber doch eher die Rolle des anstoßgebenden „Hofnarren" als die des taffen Change Managers zugewiesen.

In der Tat gibt ein/e seröser Wissensmanager/in kaum das Versprechen ab, dass er/ sie Kosten und / oder MitarbeiterInnen einsparen und die Arbeitsproduktivität im herkömmlichen Sinne messbar steigern will. Gleichzeitig werden im Wissens- und Bildungsmanagement alle möglichen Handstände gemacht, um diese neue Disziplin zu legitimieren. So wird z.B. per Bildungscontrolling der Nachweis zu führen versucht, wie Investitionen in die (Weiter-) Bildung in Euro und Cent im Sinne eines RoI sich rechnen. Aber so wirklich überzeugt, dass Wissens- und Bildungsmanagement direkt messbare Resultate zeitigt, sind in Zeiten wie diesen die wenigsten Manager, vor allem auf dem C-Level, wo der Druck der Shareholder am Größten wirkt. Geht es doch i.a.R. darum, kurzfristig nachzuweisen, dass man so schnell als möglich Verluste minimieren und in die Profitabilitätszone zurückfinden kann. Die primitive Formel hierfür ist in > 90% der Fälle immer noch die gleiche: MitarbeiterInnen abbauen. Und dabei trifft diese Verabschiedungstaktik die als solche deklarierten bis diffamierten „gescheiten Nichtstuer" wie die WissensmanagerInnen sogar oft als die ersten.

Obgleich der Autor selbst sich seit Jahren mit dem Thema Wissensbilanzierung anstrengt, durch harte ökonomische Belege über Erfolge solcher Instrumente wie eben der Wissensbilanz den Unternehmen differenziertere (personal- und) unternehmenspolitische Strategien nahe zu bringen, kann er bestenfalls zwei schwache Tendenzen als marginalen Erfolg dieser Aufklärungsarbeit bis dato feststellen:

Mit klassischen Methoden wie Kurzarbeit, Vorruhestandsregelungen oder Verlagerungen in eine gebundene Selbständigkeit („Outsourcing" oft kombiniert mit „Outplacement") versuchen die Unternehmen so lange als möglich sich die Wissens- und Könnens-Kapazitäten von MitarbeiterInnen zu erhalten, weil nichts ist teurer ist, als langjährig aufgebautes und dann verlorenes Unternehmenswissen wieder zu restituieren.

Diejenigen Unternehmen, die (noch) kapitalkräftig genug sind und die über eine (Personal-) Strategie verfügen, nutzen die Gunst der Stunde und kaufen sich selektiv die besten Köpfe ein, so wie sie derzeit auch interessante, innovative und kaufbare Unternehmen zu „Schnäppchenpreisen" hinzuerwerben.

Beide Maßnahmen und die damit induzierten Entscheidungen sind für sich gesehen nicht besonders „intelligent", lassen aber zumindest erkennen, wozu im Rahmen der klassischen Betriebsökonomik Manager zu handeln veranlasst sind, wenn sie wenigstens die Optionen auf zukünftige Geschäftserfolge in Form der Sicherung des Humankapitals aufrecht erhalten wollen.

Was beim Management von Köpfen und damit von Wissen fehlt, ist jedoch der konzeptionelle „Überbau", den man getrost als die Essenz des ganzen Wissensmanagements erachten darf. Wenn es richtig ist, dass Daten die zugrundeliegenden Fakten repräsentieren und Information die Interpretation dieser Daten, d.h. Fakten ist, dann ist Wissen(smanagement) die Verknüpfung von Informationen zu einem gesamthaften, analytischen Bild. (Veranschaulichung in Abb. 2).

Abbildung 6.2   Versuch einer anschaulichen Definition von Wissen durch Differenzierung der Begriffe Information – Wissens – Verstehen

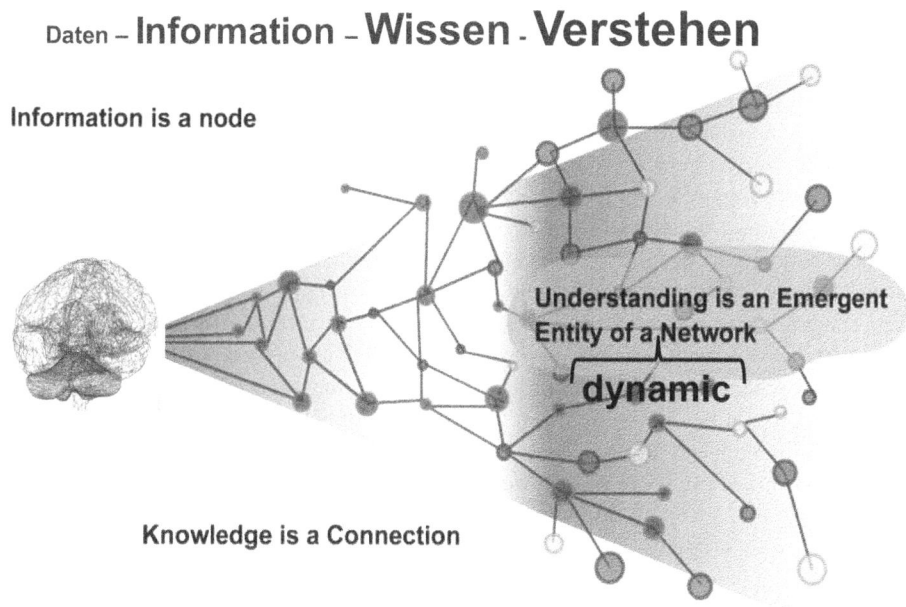

Eine gängige Definition dessen, was Wissen ist, ergibt sich aus der Begriffssequenz Daten – Information – Wissen – Verstehen. Daten sind dabei Fakten, wenn möglich objektiv nd Quantifizierbar, während Information interpretierte Daten sind. Zusammenhänge ziwschen Informationen zu konstituieren ist das Programm des Wissens, wobei hier nicht dcutlich gcnug gemacht werden kann, dass Wissen nicht etwa in Datenbanken gespeicherte Objekte sind, sondern Wissen durch den (ständigen) Prozess der Zusammenschau entsteht. Verstehen wiederum heißt, dass sich das so konstituierte Wissen in konsistente Handlungen, also „sinnvolle" Entscheidungen und deren Ausführung übersetzen lässt.

Aus einem solchen Begriffsgebäude abgeleitet ergeben sich die strategieinduzierenden, wettbewerbsentscheidenden Schlussfolgerungen und Handlungsanleitungen:

Wissensmanagement ist eine Metadisziplin, die methodisch mehrere Disziplinen des Problemlösens zu einem neuen, transdisziplinären Prozess zusammenführt und damit völlig neue, weitreichende Strategien ermöglicht.

Eine Konsequenz aus dieser Definition wäre, dass in der strategischen Unternehmensführung neben den klassischen Zielgrößen auch die Größe „Zuwachs an Wissenskapital" –

betriebswirtschaftlich präziser: „Zuwachs an Wissensvermögen" – eine gleichbedeutende Rolle neben Umsatz, Ertrag etc. zugesprochen bekommt. Dieses wissenschaftlich aufzuklären und für die Praxis aufzubereiten stellt die erste Dimension für eine Investition in den Fortschritt der Wissensökonomie dar.

Die zweite große Dimension, in die die Wissenscommunity investieren muss, ist die Hebung ihrer Anliegen auf ein Aufmerksamkeitsniveau, das deutlich über die heutige nachlässige Wahrnehmung des Themas Wissen und Wissensökonomie hinausgeht. Um hier eine Analogie aus dem direkten Umfeld des Autors zur Veranschaulichung heranzuziehen: In Österreich und vermutlich auch im Ausland perzipiert man, dass der Tourismus eine, wenn nicht die tragende Säule der heimischen Wirtschaft ist. Weit gefehlt: davor kommt die Industrie, das Dienstleistungsgewerbe und die IKT-Wirtschaft. Letztere schafft einen um mehr als doppelten, in Wien sogar über den sechsfachen Anteil an Wertschöpfung im Vergleich zum Tourismus. Zur Bedeutung der Wissensökonomie liegen mangels statistischer Erhebungsmethoden überhaupt keine Zahlen vor, d.h. sie befindet sich weder als Wirtschaftsfaktor und schon gar nicht in ihrer quantitativen Bedeutung im Bewusstsein sowohl politischer als auch wirtschaftlicher Entscheidungsträger. Wenn aber bekannt und durch Studien untersucht ist, dass der Wert von Unternehmen zu deutlich mehr als der Hälfte im „intangiblen" Bereich liegt, was, ohne, dass damit eine fehlerhafte Annahme getroffen wird, bedeutet, im Wissen der Unternehmen verankert ist, kann man die IKT-Wirtschaft als eine per definitionem wissensbasierte Wirtschaft für den Analogieschluss heranziehen, dass Wissen substantiell weit mehr zum wirtschaftlichen Ergebniss beisteuert, als die in den konventionellen Maßzahlen ausgedrückten „tangiblen" Faktoren.

Um diese Wahrnehmungsdefizite in Sachen Wissensökonomie (und damit auch einer noch zu definierenden Wissenspolitik) zu beheben, kann der Autor aus eigenen, jahrzehntelangen Erfahrungen folgende Hinweise geben:

Wissensökonomie und –ökonomik müssen sich als wissenschaftliche und gelehrte Disziplinen etablieren. Hier sind die Institutionen des Wissenschaftssystems, an erster Stelle Universitäten und Fachhochschulen, gefragt, entsprechende Lehrstühle und Institute einzurichten.

Die Community der Wissensökonomen und -manager muss sich konkret dafür einsetze, dass die relevante Presse, also Tageszeitungen wie z.B. die FAZ oder das Handelsblatt oder Magazine wie z.B. manager magazin oder Havard Business manager mindestens einmal pro Quartal Themen aus dem Spektrum der Wissensökonomie und, damit verbunden, der Wissenspolitik berichten.

Hohe Entscheidungsträger in Wirtschaft und Politik müssen sich als „Champions" für das Thema gewinnen lassen. Solche Persönlichkeiten waren bisher z.B. der ehemalige Finanzstaatsekretär Rezzo Schlauch, der (verstorbene) SPD-Vordenker Peter Glotz, die Commerzbank-Vorstände Martin Blessing und Nicholas Teller (ehemals), Helios Vorstandsvorsitzender Francesco De Meo oder der Ex-Chef von EnBW Utz Claassen, der sich heute nach wie vor für das Thema intensiv und exponiert engagiert, wie viele weitere weniger namhafte. Allerdings stehen die meisten dieser Befürworter nicht (mehr) in der ersten Reihe, d.h.

die Community der Wissens-Wissenschaftler und –Ökonomen muss auch darauf hinwirken, neue, sichtbare und im Thema kundige, charismatische Persönlichkeiten zu gewinnen bzw. „aufzubauen".

6.1.2   Wissenspolitik und Wissensökonomie als neues (politisches) Thema

Seit bestenfalls 10 Jahren formieren sich die neuen Disziplinen *Wissensökonomie* und *Wissensökonomik*, die aber ihrerseits wiederum als eingebettet in die *Wissensgesellschaft* zu definieren sind. Das Manko ist, dass es weder für das Wissen und damit auch nicht für Wissensgesellschaft usw. anerkannte, derzeit und vorläufig erst nur sehr kontextbestimmte Definitionen gibt.

Konsequenterweise entsteht mit der Formierung der Wissensgesellschaft auch die Notwendigkeit zur Gründung einer *Wissenspolitik*. Der Begriff wurde im deutschsprachigen Raum von Nico Stehr, Essen, erstmals besetzt und wird derzeit erst vereinzelt gebraucht, u.a. in der Formulierung der Mission der ersten deutschsprachigen Konferenz zur Wissenspolitik im Juni 2009 in Wien, die 2010 zu einer internationalen Konferenz über Wissenspolitik mutieren wird. – siehe Abschnitt 2.5.

Ein in Deutschland laufendes wissenschaftliches Projekt „Wissenspolitik in modernen Gesellschaften" setzt sich mit der Frage auseinander, welche Perspektiven es für eine Regulierung des rapide wachsenden Wissens gibt. Aktuell bearbeitet wird dieses Projekt am Kulturwissenschaftlichen Institut in Essen vom schon erwähnten Nico Stehr.

Da Wissenspolitik also mitnichten eine definierte politikwissenschaftliche Disziplin ist, definiert sie sich heute erst einmal deskriptiv, so z.B. wie folgt:

■ Wissenspolitik ist ein politisches Gestaltungsfeld. Sie…

■ verfolgt das Ziel, die Kompetenz der Bürger und ihrer Gemeinschaften zu einer geglückten, selbstbestimmten Lebensgestaltung nachhaltig zu ermöglichen und zu entwickeln,

■ setzt Maßnahmen, die dem vorgenannten Ziel – vor anderen Einzelinteressen – dienen, und

■ verfügt über Personen, die konkrete Verantwortung für die Umsetzung der Wissenspolitik tragen

Wissenspolitik beschäftigt sich mit Fragen wie

■ Welche geopolitische Position nimmt ein Land hinsichtlich des Wissens ein? Z. B. Art der Vernetzung und Kooperation innerhalb der Region/des Kontinents, Gestaltung globaler Vernetzung.

- Welche Ziele und Maßstäbe setzen wir uns für die eigene Wissenspolitik, um nicht Benchmarks und Rankings von dritter Seite hinterher zu laufen zu müssen (ref. z.B. Rating-Agenturen).

- Wie kann das Verhältnis von Wissenschaft und Gesellschaft aktiver und dialogischer gestaltet werden?

- Wie kann Wissensmanagement dazu beitragen, dass politische Entscheidungen kompetenter getroffen werden können?

- Wie können die neu entstehenden Arbeitsmodelle der Wissensarbeiter (oft EPUs / neue Selbständige, temporär Projektangestellte, etc.) attraktiv und effizient gestaltet werden? Wer vertritt deren Interessen?

- Wie kann Wissen als Ressource für die Internationale Entwicklungszusammenarbeit genutzt werden? Welche globale Verantwortung tragen wir, welche Wissensrechte fordern wir für Entwicklungsländer?

- Wie passen Wissenswettbewerb und freier Wissensaustausch zusammen? Z.B. „Open Source" vs. „Schutz von Intellektuellem Eigentum".

- Wie sichern wir die Teilhabechancen an der Wissensgesellschaft durch gerechte Zugänge zu Wissen für alle gesellschaftlichen Gruppen – Jugend, Senioren, bildungsferne Schichten, Minderheiten, Männer/Frauen, etc.

- Wie federn wir die neue soziale Kluft von bildungsreichen und bildungsarmen Schichten ab? („Knowledge Divide")

- Wie steigern wir die Bereitschaft und Motivation der BürgerInnen, Neues zu wagen?

- Wie kann ein kompetenteres und ethisches Verhalten von Politik, Wirtschaft und BürgerInnen hinsichtlich möglicher Risiken wissenschaftlicher Innovationen erreicht werden?

6.1.3   Träger der Anliegen wissenspolitischer Themen: Vereinigungen, Organisationen, Behörden

Die „Wissenscommunity", also diejenigen, die sich politisch, gesellschaftlich, kulturell, wissenschaftlich oder wirtschaftlich für das Thema Wissensmanagement bzw. in erweiterter Dimension Wissensökonomie einsetzen, befindet sich im Zustand der Formierung. Diese Formierung verläuft mit allen Seitenphänomenen eine jungen Disziplin: Unklarheit über die Verfassung und inhaltliche Ausrichtung, Konkurrenz der Interessen, Konkurrenz der Akteure, unklare Differenzierung von Zuständigkeiten und. Im wissenschaftlichen Bereich, keine „anerkannte" Institutionalisierung als Disziplin.

Sofern man Verbände oder Zweckbündnisse als Interessensrepräsentanten identifizieren kann, sind diese aus der Sicht des Autors auf europäischer Ebene, in Skandinavien, im deutschsprachigen Raum, Japan, Singapur, Hongkong oder Korea profiliert und aktiv vertreten. Die Repräsentationsstruktur des New Club of Paris in den Personen von „Botschaftern" in global gestreuten Ländern spiegelt in etwa wieder, wie hoch die unterscheidlichen Aktivitätspegel in diesen Regionen sind.

Die nachfolgende Auflistung von Aktivitäten von Vereinigungen, Verbänden bis hin zu Behörden ist als exemplarisch und keinesfalls als vollständig zu betrachten:

EU: Folgeaktivitäten des RICARDIS-Projektes (http://ec.europa.eu/invest-in-research/pdf/download_en/2006-2977_web1.pdf) und die WICI-Initiative (http://www.world-ici.com/) – siehe auch Abschnitt 2.1

Deutschland: GFWM = die Gesellschaft für Wissensmanagement (http://www.gfwm.de/) und der Branchenverband BITKOM der IT-Wirtschaft mit seiner Abteilung Wissensmanagement (http://www.bitkom.org/de/themen/54686.aspx)

Österreich: Plattform Wissensmanagement (PWM) und Knowledge Management Austria (KM-A). Während sich die PWM darauf konzentriert, Informationen über Technologien, Methoden und Tools des Wissensmanagements unter ihren ca. 80 Mitgliedern auszutauschen, konzentriert sich die KM-A mit ca. ebenso vielen Mitgleidern auf die Formulierung und Durchsetzung einer Wissenspolitik, zunächst für Österreich, aber über die Ansprache internationaler Organisation wie z.B. die UN auch mit dem Ziel, diese Ideen international zu kommunizieren.

Finland Futures Research Centre, in 2010 mutiert zu ACSI = Aalto Camp for Sociatal Innovation (http://acsi.aalto.fi/acsi+2010+homepage/) ist eine der Aalto-Universität verbundenes und zugleich für Externe offenstehendes Plattform, auf der visionäre Analysen und Ideen mittels wissenschaftlicher Methodik begründet und deren Teilnehmer sich an der Formulierung von politischen und gesellschaftlichen Zukunftsstrategien beteiligen. ACSI kooperiert eng mit dem New Club of Paris, mit dem Büro des finnischen Ministerpräsidenten und dem finnischen Parlament, dort speziell mit dessen „Zukunftsausschuss". Die Beratungszusammenarbeit mit dem New Club of Paris hat einerseits zu einer Round Table-Studie geführt, dessen Empfehlungen in das finnische Regierungsprogramm übernommen wurden, wie daraus auch 2009 dann ACSI zur Qualifizierung von Politkern und Verwaltungsbeamten geschaffen wurde.

World Capital Institute (http://www.worldcapitalinstitute.org/home.html) hat seinen Sitz in Monterrey. Mexiko, und ist eines der aktivsten universitären Institute, das international auf dem Gebiet Wissensökonomie und Wissenspolitik tätig ist und sich als Think Tank für Wissensökonomie und Wissensökologie definiert.

Japan: Synchron zum deutschen Wirtschaftsministerium, das über Jahre eine Programmlinie „Wissensbilanz – Made in Germany" gefördert und damit in begrenzten Kreisen der deutschen KMU-Wirtschaft das Thema Wissensmanagement verbreitet hat, hat das einflussreiche japanische Wirtschaftsministerium METI in den letzten Jahren eine ähnliche Förderung über alle Unternehmensgrößen und in der Methode angelehnt an das deutsche Wissensbilanz-Projekt aufgelegt.

(http://biblioteca.terraforum.com.br/BibliotecaArtigo/Takayuki%20Sumita.pdf) Der zuständige Verantwortliche dieses Programms, Takayuki Sumita, leitet derzeit eine japanische Mission in Brüssel, sodass eine engere Verbindung in diesem Thema zu Europa hergestellt wurde. (http://www.eu-japan.eu/global/events/symposium-sustainability-26may2010.html?year=2010)

Die Hongkong Knowledge Management Society (http://www.hkkms.hk) ist ein unabhängiges, Non-Profit Netzwerk von Wissensmanagement-expertInnen, das schon seit 2001 existiert. In Honkong konzentrieren sich die akademischen Initiativen und Projekte zum Thema Wissensmanagement im Knowledge Management Research Centre der Hong Kong Polytechnic University .

Singapur: Ebenfalls seit Beginn der ersten Dekade bietet die „Information & Knowledge Management Society" (IKMS) (http://www.ikms.org/) als Non-Profit-Gesellschaft Ihren Mitgliedern eine Plattform in Form von Seminaren, Konferenzen, Netzwerktreffen, Journalen, Newsletter, spezielle Interessensgruppen usw. an. Diese Aktivitäten sind nachhaltig und intensiv.

Korea: Im Zuge einer Reform des Regierungsapparats hat Südkorea das Ministerium für Handel und Industrie und das für Energie und Rohstoffe zu einem einzigen Ministerium mit der Bezeichnung „Wissensökonomie-Ministerium" zusammengeführt. Auffällig am Programm und der Geschäftseinteilung für dieses Ministerium ist, dass dieses sich auch den Prinzipien der Ökologie und Nachhaltigkeit verpflichtet sieht. (http://www.mke. go.kr/language/eng/)

6.1.4   Internationale Kongresse und Messen

Das Thementripel „Wissensgesellschaft – Wissensökonomie – Wissenspolitik" wird in einer schon nicht mehr überschaubaren Zahl von spezialisierten Konferenzen abgehandelt. Als repräsentativ weil „einflussreich" und keine Einmalereignisse sind neben der Pariser Intellectual Capital (IC)-Konferenzserie bei der Weltbank (http://new-club-of-paris.org/ ?p=438#more-438) die folgende Konferenzen zu zitieren:

„Summit of Knowledge Cities" 2009 nach der ersten Konferenz 2007 in Monterrey, Mexiko, fand die zweite 2009 in Shenzhen, China, statt; 2010 wird die dritte in Melbourne, Australien, veranstaltet. Kernanliegen dieser Veranstaltung ist herauszuarbeiten, wie Gebietskörperschaften sich neu erfinden und zu Wissensstädten, -regionen oder –nationen entwickelm können. Highlight-Ereignis ist die Verleihung des sog. MAKCi-Jahrespreises an die „meistanerkannte Wissensstadt". (http://www.melbourne.vic.gov. au/okc/Events/Pages/KnowledgeCitiesWorldSummit.aspx#summit)

International Forum on Knowledge Asset Dynamics (IKAD) ist eine in Italien ansässige, regelmäßige internationale Konferenz zur Forschung auf dem Gebiet "Wissenskapital" und Wissensmanagement mit der Mission, die Komplexität, Unsicherheiten und dynamischen Veränderungen in der Wirtschaft zu analysieren. (http://www.knowledgeasset. org/IFKAD/index.asp)

European Conference on Intellectual Capital (ECIC). Jährliche europäische Konferenz an diversen Orten, die 2010 in Lisabon stattfinden wird. Sie gibt einen breiten Überblick zum Thema Wissensmanagement für Wissenschaftler, Berater und Praktiker. (http://www.academic-conferences.org/ecic/ecic2009/ecic09-home.htm)

KnowTech: Hier handelt es sich nicht um eine primär internationale, aber um die größte deutsche Fachkonferenz zum Thema Wissensmanagement, die bald ihr zehnjähriges Jubiläum feiert. Obligatorischer Treffpunkt aller Wissensmanagementexperten im deutschsprachigen Raum mit breiter Konferenzagenda. (http://www.bitkom.org/de/themen/ 54938_63271.aspx)

International Conference on Information and Knowledge Management(CIKM) (http://www.yorku.ca/cikm10/) ist eine von der amerikanischen Association of Computing Machinery (ACM), dem führenden Informatiker-Fachverband organisierte, regelmäßige Großkonferenz, deren Schwerpunkt deutlich auf dem Gebiet der Wissens- und Lerntechnologien liegt.

Knowledge Management International Conference (KMICe), Malaysia (http://www. kmice.uum.edu.my/kmice2010/updates.asp) ist hier deshalb zitiert, weil Malaysia neben Korea, Singapur und Taiwan sich zunehmend als Land bekannt macht, das dem Thema „Wissensökonomie" besonder Aufmerksamkeit widmet

International Conference on Intellectual Capital, Knowledge Management & Organisational Learning (ICICKM), (http://www.academic-conferences.org/icickm/icickm-home. htm) an der Hong Kong Polytechnic University, Hong Kong, China, ist fraglos eine der Konferenzen, die für China ein "Muss" darstellen. Das Knowledge Management Research Center an der Polytechnic University (http://kmrc.ise.polyu.edu.hk/) ist eine der agilsten Einrichtungen auf dem Gebiet des Wissensmanagements.

6.1.5   Publicity und öffentliche Kommunikation

So lange das Thema „Intellectual Capital" nicht regelmäßig in der öffentlichen Presse vertreten ist, so lange wird es auch bei politischen Mandatsträgern als Anliegen geringer Bedeutung registriert bleiben.

Ohne Zweifel ist die Zahl der wissenschaftlichen und fachlichen Publikationen zum Thementripel „Wissensgesellschaft – Wissenspolitik – Wissensökonomie" über die letzten Jahre auffällig, wenn nicht sogar exponentiell gewachsen, wie u.a. aus einer Analyse der Arbeitsgruppe „Intellectual Capital" an der TU Chemnitz indirekt geschlossen werden kann – siehe Publikation von E. Kneisel und C. Rößel. In der öffentlichen Kommunikation verbleiben dieserart Themen aber mehrheitlich in den „Schubladen" von begrifflich herkömmlichen Kategorisierungen wie „Bildung", „Forschung", „Wissenschaft", „Innovation", „Industriepolitik" usw. Es sei hier angemerkt, dass diese Begriffe sich auch in den Bezeichnungen von Ministerien wiederfinden, die sich i.a.R. selbst als „Silos" mit strikter Abgrenzung ihrer Zuständigkeiten voneinander fern halten und meist nicht kooperieren. Wissenspolitik dagegen erfordert sowohl neue Organisations- als auch Kooperationsstrukturen.

Es reicht nicht aus, hohe Entscheidungsträger, Meinungsmacher und –führer und begeiste-rungsfähige Nachwuchswissenschaftler und –manager vom Programm der Transformation in die Wissensgesellschaft zu überzeugen, es muss auch gelingen die wegweisenden und meinungsmachenden Medien, insbesondere die führende Presse für das Thema zu interes-sieren. [21] Nach Frequenz und Reichweite stellt das eine viel zu geringe Weckung von Auf-merksamkeit.und Engagement dar. Die Frage und zugleich ein Vorschlag an die IC Com-munity ist, wie man eine „Tipping-Point" Strategie, also den Anstoß eines „epidemischen Interesses" am Thementripel „Wissensgesellschaft – Wissenspolitik – Wissensökonomie" entwickeln und damit die öffentlich Aufmerksamkeit gewinnen kann. Gemäß dem „Re-zept" von Malcolm Gladwell , dem Autor des Buchs zum Tipping Point sind dazu folgende drei Initiativen zu setzen:

> *„Das Gesetz der Wenigen"*: Es sind meist nur wenige, ausgezeichnete Persönlichkeiten, die als untereinander vereinbarte Gruppe den Anstoß für eine breite Wahrnehmung liefern können. Das können herausragende Politiker oder Unternehmensleiter sein, die sich ver-einbaren, das Thema zu ihrem Anliegen zu machen.
>
> *„Haftenbleiben"*: Die Botschaft muss bei den avisierten Empfängern „hängen bleiben", was häufig nur davon abhängt, wie die Botschaft präsentiert wird, damit Sie sich in den Köpfen verankert. Fraglos fehlt für die Wissensanliegen noch der aufweckende „Kick", d.h. es fehlt noch ein Momentum, was z.B. vor 40 Jahren der berühmte Bericht „Die Grenzen des Wachstums" an den Club of Rome ausgelöst hat.
>
> *„Umweltbedingungen"*: Die Lebens- und Umgebungssituation muss für viele Menschen sich so entwickelt haben, dass sie für neue Botschaften besonders empfänglich sind. Zwar perzipiert die Mehrzahl der Menschen, dass „Wissen" etwas Gutes und Spannen-des ist – siehe z.B. die Millionenshow oder die Bereitschaft, über diplomierte Abschlüsse sich besseren Berufsaussichten zu verschaffen – aber es gibt (noch) keine erkennbaren Mainstream, der dafür sorgt, das Thementripel „Wissensgesellschaft – Wissenspolitik – Wissensökonomie" oder teilweise Ausprägungen davon auf den vorderen Plätzen des Interesses vieler Menschen und damit auch von Politikern und Wirtschaftführern landet. „Der/die Politiker/in" nimmt ja bekanntermaßen ein Thema i.a.R. erst dann wahr und macht es zu seiner Sache, wenn er damit größere Gruppen von Interessensunterstützern adressieren kann

Zur erfolgreichen Umsetzung des Konzeptes einer Tipping-Point-Strategie müssen also verschiedene Instrumente und Maßnahmen eingesetzt und verschiedene Bereiche aktiviert werden. In folgender Abbildung (Abb. 3) wird zusammengefasst, welche hauptsächlichen Pfade sich dazu anbieten und welche Einflussdomänen hier zu beherrschen sind.

---

[21]   Neben Publikationen des Handelsblatts und einer Kolumne im Harvard business manager hat sich die Frankfurter Allgemeine Zeitung in Abständen von drei Jahren für das Thema Wissensökono-mie interessiert, Mitte 2009 zuletzt zu Anfang des Jahres.

Abbildung 6.3   Potentielle Pfade und Einflussdomänen zur Verbreitung des Themas „Wissensökonomie"

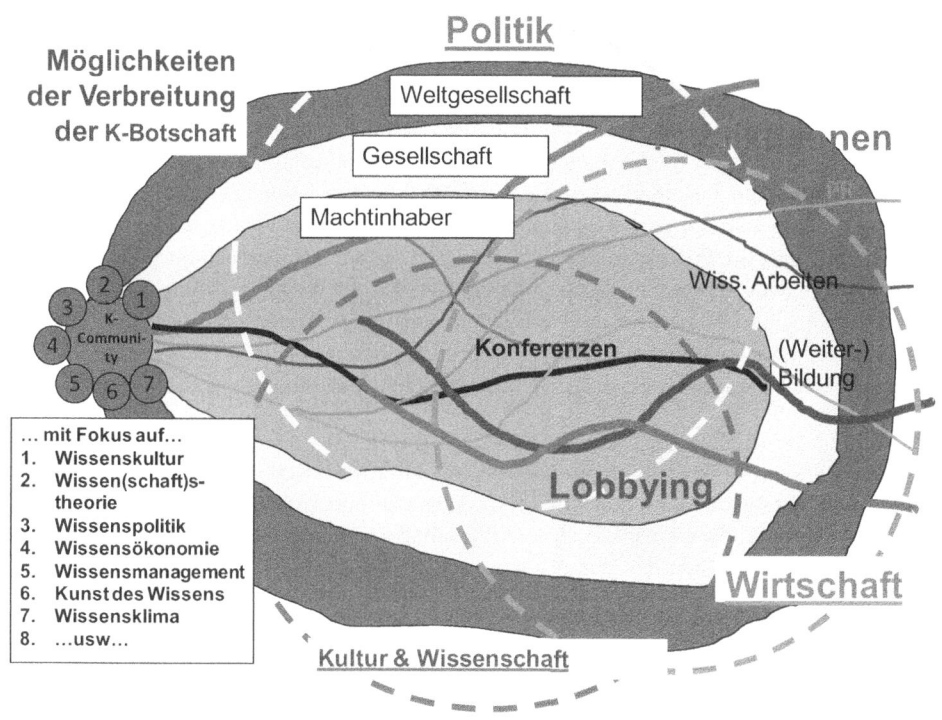

6.2   Perspektiven und Erfahrungen zur Kommunizierung von IC-Themen in die Politik

Konzeptionelle Politik artikuliert sich in Begriffen, die Neugierde und Assoziationen wecken, die zur Bildung einer Meinung und damit Affinität zu einer bestimmten politischen Orientierung führen. Aktuell lässt sich das in der Bildungspolitik veranschaulichen, wo ideologische Trennlinien oder Gemeinsamkeit über Begriffe wie Gesamtschule, freier Hochschulzugang, Integrationsunterricht, lebenslanges Lernen oder Vorschulbildung sichtbar werden.

Wissenspolitik und alle damit alle subsequenten öffentlichen Wissensstrategien artikulieren sich noch nicht explizit, sondern wird subkutan kommuniziert, so z.B. indem in der Formulierung von politischen Strategien das Wort „Wissen" in Form eines Adjektivs eingefügt ist, so z.B. im Begriff „wissensbasiert" im Zusammenhang mit der sog. Lissabon-Agenda der EU Kommission.

6.2.1   EU-basierte Aktivitäten

Die EU in ihrer institutionellen Verkörperung durch die EU-Kommission hat sich in ihrer Lissabon-Zielsetzung programmatisch und strategisch festgelegt, Europas Gesellschaft und Wirtschaft auf Wissen zu gründen. Erklärtes Ziel ist es, Europa zum erfolgreichsten wissensbasierten (!) Wirtschaftsraum zu machen.

Der EU-Kommissar, der das Thema am profundesten in seine Politik aufgenommen hat, ist der für Forschung zuständige Slowene Janis Potocnik. Zusätzlich zu diversen wiederkehrenden Veranstaltungen und Arbeitsrunden hat er 2005 eine „High Level Expert Group" einberufen, um eine Bestandsaufnahmen zur Methoden wissensökonomischer Analysen und Instrumente insbesondere für kleinere Unternehmen anfertigen zu lassen. Dazu muss man wissen, dass in Europa in seinen hochentwickelten Mitgliedsländern wie z.B. den Niederlanden neue Unternehmensaktivitäten zu 90%, in weniger entwickelten Ländern aber immer noch zu ¾ in Form von Neugründungen oder Ausgründungen im Dienstleistungsbereich, und darunter wiederum zu 80% im wissensbasierten Segment stattfinden, d.h. ca. 2/3 der Erneuerungsdynamik der europäischen Wirtschaft ist wissensbasiert – Tendenz steigend.

Das Ergebnis der Arbeitsgruppe, ein Bericht mit Titel RICARDIS, stellte eine Zusammenfassung von aktuellen Methoden der Mikro-Wissensökonomik dar, aber auch nicht viel mehr. Die Existenz dieses Projektes bewirkte aber ein Momentum, indem sich darüber erstmals die Protagonisten der Wissensökonomie in Europa persönlich besser kennenlernten und in diversen Konstellationen das zeitlich begrenzte RICARDIS-Projekt in Form von eigenen Spin-Off-Initiativen fortsetzten. Im Wesentlichen fanden sich aus der Expertengruppe Unterstützer von zwei Interessenslinien wieder zusammen:

> Linie: Die Vertreter des „Intellectual Capital Accounting", deren Zielsetzung so weit reicht, „Wissen" als fünften ökonomischen Faktor sogar einmal monetär bewertbar zu machen. In einer ersten Stufe strebt diese an der Universität Ferrara in Person von Prof. Stefano Zambon verankerte Community an, dass Unternehmenszahlen und -ergebnisse, wie sie in Geschäftsberichten enthalten sind, formalen und quantitativen Analysen per Computerprogrammen zugänglich gemacht werden. Das technische Werkzeug dazu ist eine umfassende formale Sprache zur Berichtsformalisierung, XBRL genannt, an deren Entwicklung und Standardisierung ein internationales Konsortium unter der Bezeichnung WICI (World Intellectual Capital Initiative) arbeitet. Diese Gruppe hat seitens der europäischen Kommission den Segen des diese Projekt fördernden Kommissars, wie aus dem in Anhang I in Kopie wiedergegeben Schreiben des EU Kommissars Janez Potocnik hervorgeht.

Da das zitierte RICARDIS-Projekt eine Reihe von zu implementierenden Empfehlungen an die EU-Kommission gerichtet hatte, deren Umsetzungen jedoch bis heute nicht realisiert wurden, kam es Ende 2009 / Anfang 2010, also zu einem Zeitpunkt, zu dem die Kommission für die Legislaturperiode ab 2010 neu besetzt wurde, zu einem Austausch mit dem Generaldirektor des Direktorats Forschung, in dem dieser zwar die positive Wahrnehmung des RICARDIS-Beratungsprojektes und seiner Anregungen bestätigte, sich aber zugleich

vage und undefiniert äußerte, wie es im Thema „Wissensökonomie für KMUs" weiterge-
hen könnte – siehe Briefkopie in Anhang II. Während noch 2005 das Thema neugieriges
Interesse bei der U-Kommission ausgelöst hatte, sieht es 2010 so aus, als würden andere
Prioritäten- Stichwort Finanz- und Euro-Krise – dieses Thema aus dem Fokus verdrängen.

Linie: Eine mehrheitlich wissenschaftlich, politisch und kulturell ausgerichtete Gruppie-
rung um die drei Gründer des New Club of Paris, der weltweit einst erste Chief
Knowledge Officer bei einem schwedischen Versicherungsunternehmen, Leif Edvinsson,
der Inhaber des ersten Lehrstuhls für internationale Wissensökonomie in Frankreich /
Paris, Ahmend Bounfour und der ehemalige CEO der größten österreichischen For-
schungsorganisation Günter Koch. In methodischer Anlehnung an den Club of Rome
und im Kontrast zu dem seit > 50 Jahre bestehenden traditionellen Club of Paris, einer
beim französischen Finanzministerium angesiedelten Verhandlungsplattform für den
Schuldenausgleich zwischen Staaten, gründeten diese Drei 2006 den New Club of Paris,
über den in Abschnitt 2.3 ausführlich berichtet wird. Obwohl vertraglich nicht verbunden, ist der New Club of Paris aufs Engste mit einer jährlich beim Pariser Weltbank-
Institut stattfinden Konferenz „Intellectual Capital for Regions, Nations and Communities" (ICx = Inellectual Capital <x=Abfolgezählung>) assoziiert und synchronisiert. Die
Generalversammlungen des Clubs finden deshalb sowohl zeitlich als auch räumlich zusammen mit dieser Konferenz statt, ebenso die vom Club seit zwei 2008 betriebenen und
auf Themen der Wissensökonomie ausgerichteten, internationalen Doktorandensemina-
re.

6.2.2   Die jährliche Konferenz am Weltbank-Institut in Paris

Die Konferenz „Intellectual Capital for Nations, Regions and Communities" die 2010 unter
der Kurzbezeichnung IC6 zum sechsten Mal stattfand, kann als *das* Highlight-Ereignis für
die beiden zuvor genannten Communities betrachtet werden. Die Konferenz stellt eine
Plattform zum Austausch über politische und wissenschaftliche Projekte in allen Ländern
dar, in denen das Thema Wissensökonomie aktiv angegangen und verfolgt wird. Erkennbar sind dies die USA, Japan, Frankreich, Deutschland, Skandinavien, Österreich als europäische Vorreiter, sowie Mittel- und Südamerika, insbesondere Mexiko und Brasilien als
Länder mit ausgewiesenen Aktivitäten auf dem Gebiet der Wissensökonomie. Indien und
China sind zwar repräsentiert, aber bei weitem nicht so gewichtig wie die anderen genannten Länder vertreten.

Das Programm aller IC-Konferenzen, die am Weltbank-Institut stattfinden, ist regelmäßig
umfangreich und repräsentativ und erlaubt daher einerseits eine Ortsbestimmung, wo sich
die Disziplin der Wissensökonomie aktuell befindet, wie auch diese Konferenz als Mutter-
konferenz sehr vieler weiterer Kongresse weltweit erachtet werden darf. So lassen sich z.B.
Spin-Off-Konferenzen in Japan, Indien und Mittelamerika und zunehmend in China identifizieren. Eine solche „wandernde" Konferenz ist die mit Titel „Knowledge Cities", die
ihren Ausgangpunkt 2008 in Monterrey in Mexico hatte, dann 2009 in Shenzhen, der „Zwil-
lingsstadt" zu (und unter Einbeziehung von) HongKong und 2010 in Melbourne, Austra-

lien, abgehalten wird. Diese Konferenz setzt eine Agenda zur Entwicklung einer Selbstdefinition von urbanen Agglomerationen als Wissensstädte oder Wissensregionen. Ein komplementäres für diese Bewegung förderliches Instrument ist der sog. MAKCi Award MAKCi = Most Admired Knowledge City), der mit der Knowledge-City-Konferenz assoziiert ist und der einen nicht zu unterschätzende Wirkung auf Gebietskörperschaften hat, sich mit der Schaffung und Profilierung einer neuen Identität in der Wissensgesellschaft auseinander zu setzen. (So z.B. veranlasst und geschehen in Nürnberg – Erlangen – Fürth, Hof in Bayern, Konstanz / nördlicher Bodensee, Ortenau / Offenburg der 2010 in Frankfurt – Rhein – Main).

6.2.3   Der „New Club of Paris"

Der New Club of Paris lehnt sich in seiner Arbeitsmethodik an den Club of Rome an. D.h. es existiert ein Forschungsprogramm, das durch ein jährlich in Paris stattfindendes Doktorandenseminar inhaltlich gespeist wird, dessen Ergebnisse in jener anschließenden Konferenz mit dem Titel „Intellectual Capital for Nations, Regions and Communities" am Weltbank-Institut in Paris dargelegt werden. Der Club beteiligt sich aktiv und global an Konferenzen und Seminaren und fertigt Studien und Berichte an. Als sein Türen-öffnendes Haupt"produkt" wurden die sog. Round-Table-Analysen geschaffen, die in Form von Länderberichten und –empfehlungen entwickelt und publiziert werden. Ziel ist es, einem an einer solchen Analyse interessierten Staat auf höchstem Niveau Hinweise über seine jeweiligen Möglichkeiten zur Meisterung der politischen und wirtschaftlichen strategischen Schritte der Transformation in die Wissensgesellschaft zu liefern.

Der erste und prototypische Beratungsfall wurde 2006 von Finnland „bestellt" und zwar gemeinsam von Finnlands Ministerpräsident (Matti Vanhanen) und dem „Zukunftsausschuss" des finnischen Parlaments Die Tatsache, dass die Ergebnisse dieses Round Tables Eingang in das politische Programm Finnlands zu dessen Zukunftsbewältigung seit 2006 gefunden hatten, beflügelte als nächstes die königliche Stiftung von Marokko, zusammen mit einigen Ministern in deren Regierung 2007 ein ähnliches Projekt zu beginnen. Auch hierzu liegt ein empfehlender Bericht vor. Österreichs Wissenschaftsminister hat 2009 einen Auftrag zu einer solchen Analyse gegeben, deren Durchführung in Form ebenfalls eines „Round Table" unter den Auspizien und mit aktiver Beteiligung der Präsidentin des Österreichischen Parlaments durchgeführt wurd .

Round Table Projekte fanden bisher auf dem Niveaus von nationalen, politischen Spitzenorganisationen statt, können aber als Projektkonzept ebenso gut für Städte oder Regionen konzipiert und umgesetzt werden. Es geht bei solchen Projekten nicht so sehr darum, mit (teurer) wissenschaftlicher Akribie und Vollständigkeit vorzugehen, als vielmehr, sehr pragmatisch, mit Entscheidungsträgern, Meinungsmachern und Einflussnehmern in einer Weise ins Gespräch zu kommen, dass darauf hin solche „Machtinhaber und –träger" ihren Teil dazu beitragen, dass Themen wie Wissenspolitik, Wissensökonomie oder Wissensmanagement auch ins gemeine öffentliche Bewusstsein dringen.

Die IC Community ist eingeladen, diese Möglichkeit der Bewusstseinsbildung aktiv zu nutzen und die Möglichkeiten des Konzeptes von Round Table-Veranstaltungen und ihren gewollten Konsequenzen politischer Entscheidungen breit bekannt zu machen. Erfahrungsgemäß resultieren aus Round Table-Projekten als Folgeschritte zwangsläufig weitere wissenspolitische Initiativen und Umsetzungsprojekte. In Deutschland gibt es erste Regionen wie z.B. den Großraum Frankfurt a.M oder die Ortenau mit Offenburg als Regionalhauptstadt eines ländlichen Raumes, die mit praktischen Methoden wie z.B. mit einer regionalen Wissensbilanz „hoch" angesetzten strategische Überlegungen, die aus einem vorausgehenden Round-Table-Projekt resultieren können, in eine nächste Umsetzungsstufe überführen. Adressaten eines Round Table sind grundsätzlich politische und wirtschaftliche Führungspersönlichkeiten wie z.B. Bürgermeister, Minister, Unternehmensvorstände oder Verbandspräsidenten.

Mit anderen Worten: Round Table-Projekte des New Club of Paris haben sich als eine besonders erfolgreiche Methode der Schaffung eines allgemeinen und öffentlichen Bewusstseins bewährt mit der Botschaft, dass die Zeit einer neuen Wirtschaftsphilosophie und damit auch notwendig gewordener neuer Managementmethoden, speziell des Wissensmanagements gekommen sind.

Zukünftige Aktionsprogramme des New Club of Paris

Die zentrale Mission des New Club of Paris, auf globalem Niveau dafür zu sorgen, dass das Thementripel „Wissensgesellschaft – Wissenspolitik – Wissensökonomie" in die Agenden nationaler und supranationaler Politiken Eingang findet, wie dass dies auch prominenter Gegenstand des öffentlichen, zivilgesellschaftlichen und ökonomischen Diskurses wird, muss sich wiederum in wegweisenden Projekten spiegeln, die seitens des Clubs als konkretere Instanziierungen der Ergebnisse von Round Tables angestoßen werden. Beispiele solcher Ideen, die aus der Arbeit des Clubs entstanden und als Projektkonzepte vorliegen, sind

- Projekte zu Entwicklung von neuen Identitäten von Bildungs- und Wissenschaftsnationen (z.B. „Wissensland Österreich")

- Die Gründung eines Instituts für transdisziplinär ausgerichtete Metawissenschaften, konkret zu Anfang: a) Komplexitäts-Wissenschaft und b) Wissenspolitik und – ökonomie

- Schaffung eines Nobelpreises für Sozialwissenschaften

- Gründung einer „Multiversity" als komplementäres Bildungs- und Forschungs- netzwerk „jenseits" klassischer Universitäten

- Beiträge zur Entwicklung neuer Rating-Methoden

- Einführung der Bewertung von Wissensvermögen in Bilanzierungsvorschriften

- Methoden zur Bemessung intangibler Werte z.B. in Kunst und Kultur

- Einführung von „Wissens-Wert-Analysen" in der Wirtschaft und öffentlichen Verwaltung, ggf. auch motiviert durch regulatorische Maßnahmen.

■ Einige dieser Projekte, wenn auch nicht jedes, tragen das Potential in sich, im Sinne
   einer „Tipping-Point-Strategie" breitere Zustimmungen auszulösen.

6.2.4   Round Tables und „poltische Konferenzen" (Finnland, Marokko, Österreich, Frankreich und Malaysia)

Wenn man nach allen Erfahrungen der fünf Jahre vor 2010 die Frage beantworten müsste,
welches sich als wirksamstes Werkzeug zur Bewusstseinsschaffung bei hohen politischen
Entscheidungsträgern erwiesen hat, so lässt sich nach dem Maß, auf welcher Ebene der
politischen Hierarchie dese Bewusstseinsschaffung gewirkt hat zweifelsohne feststellen,
dass diese die Round Tables des New Club of Paris waren und sind.

Initiiert wurde diese Serie durch die in Finnland akademisch, intellektuell und politisch
bestens vernetzte Professorin Pirjo Ståhle, der es gelungen ist, sowohl den Ministerpräsidenten Finnlands als auch das finnische Parlament zu überzeugen, mit dem New Club of
Paris eine Aufklärungs- und Positionsbestimmung vorzunehmen, wo Finnland hinsichtlich
der Wissensgesellschaft steht. Und, nachdem sich Finnland als Musterökonomie der Informationsgesellschaft bewährt hat, das Land sich nun hin bewegen möchte. Das persönliche
Motiv von Ministerpräsident Vanhanen war, wie er frei bekannte, dass er sehr wohl verstanden hat, was die Informationsgesellschaft ist, aber mitnichten was denn die Wissensgesellschaft sein soll.

Der in Finnland begründete Round Table hat in seinem konkreten Ablauf seinen Schwerpunkt in einer Eintagesveranstaltung, die grob folgendem Muster folgt: Vier bis sechs
durch Kompetenzausweis profilierte Mitglieder des New Club of Paris studieren intensiv
das Land, hier Finnland, anhand von diversen existierenden Studien. Aus ihrem spezifischen Kompetenzhintergrund und den erfassten Informationen heraus konzipieren sie
einen Beitrag, in dem sie das Potential einschätzen, das das analysierte Land hinsichtlich
seiner Zukunft in der Wissensgesellschaft haben wird. Diesen Darlegungen gegenüber
geben landeseigene Experten aus Wissenschaft, Politik und Wirtschaft ihre eigenen „internen" Einsichten zur Kenntnis. Im Dialog zwischen den beiden Gruppen entsteht dann ein
umfassendes Bild, das in kondensierter Form zu Empfehlungen für politische Entscheidungsträger – in Finnland waren dies fünf Thesen – zusammengefasst werden. Im Falle
von Finnland ergab es sich durch die glückliche Konstellation, das zum Zeitpunkt der Veröffentlichung des Round Table Berichts eine neue Regierung gebildet wurde und dabei
Teile der Empfehlungen unmittelbar in das Regierungsprogramm übernommen wurden.

Kulturell verschieden, aber ebenfalls politisch sehr hoch aufgehängt wurde ein zweiter
Round Table im Auftrag der königlichen Stiftung in Marokko abgehalten. Über die Wirkung auf die politische Agenda des Landes ist wenig bekannt: Ein Vertreter der Stiftung
gab jedoch dazu einen positiven Bericht bei der Weltbankkonferenz im Jahr 2008 ab und
gab zur Kenntnis, dass dieses Projekt weiterhin die führenden intellektuelle und politische
Klasse weiterhin sehr beschäftigt.

Der jüngste Round Table fand im Juni 2009 in Österreich statt. Hier hatte die Präsidentin des Österreichischen Parlaments das Patronat über den im Parlamentsgebäude stattfindenden Round Table übernommen. Es nahmen neben sechs Vertretern des New Club of Paris ebenso viele Spitzenvertreter aus Politik, Wirtschaft und Wissenschaft aus Österreich teil. Der Bericht zu diesem Ereignis ist (Sept. 2009) noch nicht abgeschlossen, jedoch lässt sich schon so viel sagen, dass die bis jetzt schon beobachtbaren Spin-Off-Effekte beachtlich sind, wie im nächsten Abschnitt ausgeführt sein wird.

Einer dieser Spin-Off-Effekte ist, dass der im Team des New Club of Paris mitwirkende Vertreter aus Malaysia unmittelbar anschließend in Malaysia auf Regierungsebene mit dem höchst respektierten und weltweit bekannten Ex-Premierminister Dr. M. Mahathir vereinbart hat, dass Malaysia ebenfalls noch 2009, spätestens aber 2010 einen Round Table anberaumen wird.

Als ebenfalls Spin-Off-Resultat ist die Entscheidung des französischen Außenministeriums über seine Botschaft in Österreich zu interpretieren, am Geschäftssitz des New Club of Paris in Wien 2010 oder 2011 eine Konferenz bzw. eine Seminarserie zur Wissensökonomie zu veranstalten.

Aus der Sicht des New Club of Paris hat sich damit das Round Table Konzept und seine Umsetzung als außergewöhnlich erfolgreiches Instrument erwiesen, um auf hoher politischer und publikatorischer Ebene nicht nur Bewusstsein für das Anliegen der Community der Wissensökonomen und Wissenspolitiker zu schaffen, sondern auch konkrete Folgeaktivitäten auszulösen.

6.2.5   Konferenz „Agenda Wissen" Österreich

Die Konferenz „Agenda Wissen" als erste wissenspolitischer Kongress hat im Sommer 2009 an der Technischen Universität Wien als quasi der „Öffentlicher Tag" des tags zuvor vorangegangenen Round Table des New Club of Paris stattgefunden. Es haben ca. 80 Teilnehmer aktiv an dem Ereignis teilgenommen, was angesichts der Novität des Themas mehr als erwartet viele waren.

In dieser Konferenz mit dem Titel „Agenda Wissen" wurden folgende Ergebnisse und Statements erarbeitet, veröffentlicht und an politische Entscheidungsträger in Österreich mit der besondere Perspektive, das Thema Wissenspolitik nicht nur zu einem nationalen Thema, sondern auch zu einem Thema der am Ort teilansässigen UN und damit zu einem globalen Thema zu machen, kommuniziert:

Wissenspolitik ist global: Globale Wissenspolitik wird als eine Herausforderung gesehen, die einen außergewöhnlich starken Einfluss auf alle anderen Politiken insbesondere der Vereinten Nationen (UN) hat. So wird z.B. die Erreichung der Millenniumsziele, aber auch die Ziele jeder einzelnen Organisation in erheblichem Maße von einer erfolgreichen und UN-weit getragenen Wissenspolitik abhängen.

Beispiel: Entwicklungshilfe kann ohne Wissen (Bildung, Zugang zu Information, Technologieausstattung, kollektive Kommunikation,..) niemals nachhaltig funktionieren, da die Kompetenz der involvierten Bevölkerung bzw. Personen eine Grundlage für die Nachhaltigkeit der Projekte ist. Da Wissenspolitik jedoch eine Agenda vieler UN Organisationen ist (in der Wiener Konferenz wurden explizit einbezogen: UNIDO, UNESCO, Weltbank uvam.) bedarf es neuer Kommunikationsstrukturen, um eine gemeinsame Wissenspolitik zu entwickeln. Darüber hinaus ist die Zusammenarbeit mit Staaten, Wirtschaftsvertretern und NGOs erforderlich, sodass die derzeit noch in Entsteheung befindlichen Konzepte zu einer „globalen Wissenspartnerschaft" ausgearbeitet werden sollten. Erste Modelle dafür gibt es bereits auf regionalem und nationalen Niveaus und könnten stärker unterstützt werden.

Knowledge Management in den UN: Die Organisationen der Vereinten Nationen verfügen über ein enormes Defizit im Wissensaustausch untereinander, wodurch die Wirksamkeit, Geschwindigkeit und Effizienz der Vereinten Nationen erheblich leidet.

Die Barrieren für dieserart Wissensaustausch finden sich auf der strategischen, organisatorischen, kulturellen und technischen Ebene, sodass es sehr engagierter und Organisationen übergreifender Maßnahmen im Knowledge Management bedarf, um Verbesserungen herbeizuführen.

Beispiel: Es ist derzeit nicht einmal möglich Namen und Telefonnummern von Mitarbeitern anderer UN Organisationen zu finden.

Die Suche nach ExpertInnen, deren Wissensgebieten oder gar Best Practices, Dokumente oder Ressourcen wäre für die UN sehr wichtig. Der Ansprich der UN, *eine* Organisation für alle zu sei = ONE UN kann nur durch ONE KNOWLEDGE erreicht werden. Dafür braucht es entsprechende koordinierende Strukturen.

Nationale und urbane Wissenspolitiken: Staaten und Städte sind aufgerufen, verantwortungsbewusste Wissenspolitiken zu entwickeln, die den länderspezifischen Bedürfnissen entsprechen, aber gleichzeitig auf die gemeinsamen Agenden abgestimmt sind. Nur wirtschafts- bzw. wettbewerbsorientierte Politiken (Forschung und Innovation als Wirtschaftsmotoren) alleine werden als unzureichend verstanden, es bedarf integrierter und kooperativ Wissenspolitiken, die sowohl zukunftsorientiert als auch reflexiv sind und somit ein Gleichgewicht von Bewahren (des intellektuellen Erbes) und Innovierens halten. Die durchaus unterschiedlichen Wissenskulturen der Welt sollten dabei geschützt und entfaltet werden – auch wenn in einzelnen Bereichen einheitliche Modelle und Standards attraktiv und sinnvoll sind.

Länder nehmen die Leadership-Herausforderung an – das Beispiel Österreich: Zur Umsetzung dieser wissensorientierten Herausforderungen bedarf es mehrerer Staaten, die eine initiale Leadership-Funktion zur Beförderung einer globalen Knowledge Agenda übernehmen.

Österreich bietet sich in einer ersten Phase dank seiner Pionierrolle in der Erarbeitung wissensökonomischer Themen bestens für so eine Leadership-Position an : Als Land mit einem UN Headquarter und zahlreichen UN Organisationen, als Land des Wissens, das bereits sichtbare Initiativen gesetzt hat (Wissenschaft in Österreich, aber auch diverse Pionierleistungen im Wissensmanagement und in der Wissenspolitik) und natürlich auch als aktuelles Mitglied im UN-Sicherheitsrat.

Folgende besonderen Ereignisse und Initiativen fanden 2009 im Kontext dieser Konferenz statt, die der Intention der Schaffung einer globalen Wissenspartnerschaft förderlich sind:

Der initiale Vorspann: **Der Round Table des New Club of Paris**: Am Vortag der Konferenz fand im Österreichischen Parlament ein „Round Table" des New Club of Paris statt, bei dem die österreichische Wissenspolitik durchleuchtet wurde.

Während des Round Table-Veranstaltung fand die **Gründung des Center for International Knowledge Management (CIKM)** satt: Zur nachhaltigen Forschung und Vernetzung von Knowledge Management in Internationalen Organisationen wurde der gemeinnützige Verein „Center for Internationale Knowledge Management" in Wien gegründet. Erste Forschungsprojekte wurden schon zur Förderung eingereicht bzw. sind in Vorbereitung. Siehe dazu auch www.c-ikm.org.

Während der Konferenz: Feierliche **Gründung der Wissenspartnerschaft.** Es handelt sich um eine Österreich-nationale wie auch international angebundene **Plattform für wissenspolitische Dialoge**, deren Haupttreffen zukünftig die Konferenz „Agenda Wissen" sein soll. Zu den ProponentInnen zählen lokale Repräsentanten des öffentlichen Lebens wie z.B. Benita Ferrero-Waldner (EU-Kommissarin), Barbara Prammer (Präsidentin des Österr. Parlaments), Johanna Rachinger (Chefin der Österr. Nationalbibliothek), Gabriele Zuna-Kratky (Chefin des Österr. Technikmuseums), Jürgen Mittelstrass (Konstanz; Vorsitzender des Österr. Wissenschaftsrates), Johann Mikoletzky (Chef des Österr. Nationalarchivs), Manfred Welan (Vizepräsident der Unesco-Kommission), Günter Koch (Generalsekretär des New Club of Paris) u.a.m.

Erster *„knowledge. management. award"*. Die „Säule des Wissens" des Tiroler Künstlers Helmut Margreiter wurde an Frau Univ.-Prof. Dr. Ursula Schneider als österr. Pionierin im Bereich der Wissenspolitik posthum verliehen. Es ist geplant, diesen Preis als globale Auszeichnung in Partnerschaft mit dem New Club of Paris zu verleihen.

Ausstellung „Cultures of Knowledge": In einer Poster-Ausstellung wurden unterschiedliche Kulturen des Wissens (Mexiko, Thailand, Kinshasa, Österreich, Islamische Region) gezeigt, um zu verdeutlichen, dass Wissensdiversität ein wichtiger Bestandteil einer globalen Wissenspolitik sein muss.

Konkrete Resultate aus der Konferenz zur weiteren Verfolgung

Im April 2010 fand eine **Sitzung des sog. UN CEB-Board zum Thema KM** unter Beteiligung des UN-Generalsekretärs auf Einladung der UNIDO in Wien statt, bei der das Thema Knowledge Management auf Wunsch des Direktors der UNIDO einen zentralen Tagesordnungspunkt darstellte (siehe Faksimile unten). Österreich leistete signifikante Inputs für diese strategisch wichtige Sitzung, insbesondere mit inhaltlichen Vorschlägen, durch begleitende Aktivitäten (z.B. Informationen, eine Ausstellung, Knowledge Café, etc.) sowie durch das Angebot, in Wien auch zukünftig Forschungs-, Ausbildungs,- Informations- und Vernetzungsressourcen für die Knowledge Agenda der UN einzubringen.

Agenda Wissen 2010: Es gelang, mit dieser Konferenz ein jährliches Treffen der UN zum Thema Wissenspolitik in Wien zu institutionalisieren. Der weitere Erfolg wird u.a. von der Unterstützung der Stadt Wien und des Österreichischen Außenministeriums abhängen. Zahlreiche UN Organisationen (allen voran die UNIDO, IAEA) und die zuständigen Advisors der UN und des UN-CEB haben während der Agenda-Wissen-Konferenz diesbezüglich besten Willen geäußert. Sitzungen wie die des UN CEB liefert eine hervorragende Gelegenheit der Positionierung der Konferenz im Themendreieck „Wissensgesellschaft – Wissenspolitik – Wissensökonomie".

Wissenspartnerschaft Österreich: Nach der erfolgten Gründung der Wissenspartnerschaft begannen ab 2010 deren ersten Expert Groups lokal zu arbeiten. Die internationalen Agenden sollen dabei einen wesentlichen Input für die zu entwickelnde nationale Wissenspolitik darstellen.

Global Knowledge Partnership: Die Organisation „Global Knowledge Partnership" ist eine seit fast 10 Jahren arbeitende Organisation mit Fokus auf Entwicklungshilfe (siehe www.globalknowledgepartnership.org, Sitz in Kuala Lumpur). Auf dieser Plattform wird Österreich motiviert, neue Impulse zu setzen und über die reine Entwicklungshilfe hinaus zu einer globalen Plattform für Wissenspolitik auszuweiten. Proponenten in Wien streben an, dass Wien ein erstes europäisches Headquarter der Global Knowledge Partnership wird.

6.3 Schlußfolgerungen und Ableitungen für eine IC-Agenda für Deutschland

Obige Ausführungen belegen, dass das Einbringen der Themen der IC-Community in den öffentlichen und politischen Diskurs weder strategisch noch taktisch einfachen Mustern oder Modellen folgen. Günther Szogs unternimmt in seinem Beitrag in diesem Buch den Versuch, die Vielfalt an Agenden, Initiativen, Institutionalisierungen und Prozessen aufeinander zu beziehen und daraus Schluss zu folgern, wie der Prozess der Wahrnehmung und der Überführung in eine wissenspolitische Agenda zu gestalten wäre.

Die Erfahrung des Autors nach nunmehr zehn Jahren Anläufen mit dieser Zielsetzung gehen in drei Richtungen:

1. Ein „großer Plan" zur Einführung von Wissenspolitik und Wissensökonomie wurde im deutschsprachigen Raum bisher nur auf dem Papier und akademisch konzipiert. Eine Projektgruppe in Österreich hat vorgeschlagen, hierzu mit einer „nationalen Wissensbilanz" für das ganze Land zu beginnen. Auffällig an diesem Vorschlag ist, dass weniger

eine konkrete Zielvorstellung als vielmehr ein Prozess den Agenda-Rahmen liefern kann. Ursula Schneider, Graz, hat diese Überlegungen in einer Publikation mit dem Titel „Wissensbericht Österreich" (Austrian Knowledge Report) zusammengefasst. Bis heute wurde dieser Bericht (noch) nicht von der Politik aufgegriffen.

2. Nichtsdestoweniger wurden in Österreich und im Übergang in den internationalen Bereich (insoweit Österreich darin institutionell ein Mitspieler ist) eine Vielzahl von Initiativen gesetzt, über die der hiermit vorliegende Bericht Auskunft gibt. Diese verschiedenen Initiativen lassen sich noch nicht bezüglich ihres Beitrags und Effekts auf das Zustandekommen einer allgemein verstandenen, nationale oder internationale Wissenspolitik beurteilen. D.h. wir wissen noch nicht, welche der hier zitierten Projekte, Maßnahmen und Absichten sich am besten eigenen, um Implementierungs-Konstituenten für eine Strategie zur Einführung von Wissenspolitik eigenen. Was sich allerdings schon erkennen lässt ist, dass das Konzept der Wissens-Agenden sich als ein brauchbares Muster ausweist, nach dem sich die Zusammenhänge und Bezüge in einen generellen Prozess- bzw. Programm-Rahmen stellen lassen. Für solche Agenden – man vergleiche das mit der Lissabon-Agenda im Unterschied zu einem Lissabon-Vertrag oder – Programm – lassen sich auch große politische Organisationen wie Regierungen, die EU-Kommission oder die UNO gewinnen.

3. Bewusstseinsschaffung über den akademischen Bereich hinaus bedingt eine Kommunikationsstrategie, die sich folgende Faktoren zunutze machen muss: (1) Projektion des Themas auf prominente Fürsprecher. Es reicht z.B. nicht aus, wenn bekannte Politiker, Verbandspräsidenten oder Unternehmensführer möglichst auch noch unter Bezugnahme auf den Lissabon-Prozess den Begriff der Wissensgesellschaft strapazieren. Diese Persönlichkeiten müssen auch eindrucksvolle Testimonials dazu abgeben, dass Wissenspolitik, Wissensökonomie und Wissensmanagement essentielle reale Kategorien zukünftiger Daseinsgestaltung geworden sind. In Österreich hat der Vorstand des größten Stahlwerkes (VÖST), Claus Raidl, der dort auch als Politiker einen hohen Bekanntheitsgrad genießt, sein Unternehmen wie folgt definiert: „Wir sind ein Wissenskonzern mit angeschlossener Stahlproduktion". Solche komprimierten Pointen bleiben haften. (2) Es genügt nicht, wenn der Diskurs im Kreis der Community zirkuliert und in Fachmagazinen wie z.B. „Wissensmanagement" verbleibt. Erst wenn die großen Zeitungen und Magazine das Anliegen der Community zum regelmäßigen Thema machen, wird der Durchbruch erzielt sein. [22]

Was zur Bewusstseinsschaffung in der hohen Politik und zur Auslösung konkreter, Wissenspolitik implementierender Projekte aber noch mehr beiträgt, sind nach allen bisherigen Erfahrungen die Round Tables, die bis dato in vier Ländern (Finnland, Marokko, Österreich, Malaysia) erfolgreich durchgeführt worden sind, sowie weitere Länder (voraussichtlich Polen, Singapur, Indien, Ungarn) sich mit der konkreten Absicht tragen, einen solchen Runden Tisch durchzuführen.

---

[22] Der Autor hat selbst viel Energie investiert, JournalistInnen kontinuierlich zu diesem Thema anzusprechen. Mehr als drei Artikel im Abstand von je 2-3 Jahren in einer Zeitung wie der FAZ sind ihm dabei nicht gelungen.

Es bedarf nach Auffassung des Autors keiner allzu umfangreichen Abwägungen, um zu entscheiden und darauf hinzuwirken, dass sich auch für Deutschland ein Runder Tisch zur Wissensgesellschaft und Wissenspolitik dringend empfehlen würde.

In Summe lässt sich sagen, dass wir heute in einer geschichtlichen Situation stehen dürften, die mit der vergleichbar ist, die zum Zeitpunkt der Gründung des Club of Rome vorherrschte. Denis Meadows, der Hauptautor der Studie „The Limits to Growth", die den Einfluss des Club of Rome sowie die „grüne Bewegung" begründete, hat in einer persönlichen Kommunikation im Herbst 2009 in Wien mit folgender Metapher die Basis für eine neue Phase politischer Gestaltungsnotwendigkeit, wie sie z.B. der New Club of Paris propagiert, definiert: Mit der Grenze des Wachstums auf unserem Planeten verhält es sich so, wie mit der Grenze des Wachstums bei einer Person: sie ist erreicht, wenn diese im Alter von ca. 18 Jahren „ausgewachsen" ist und ihre endgültige Statur erreicht hat. Die Frage ist dann, was als nächstes kommt, i.a.R. die Bildung dieses Menschen, die Öffnung seiner Sinne und seine Entwicklung hin zum Ziel, verantwortlich handeln zu können. Analog dazu ist es an der Zeit zu fragen, ob es nicht notwendig ist, einen gesellschaftlichen Impuls zur Etablierung einer „Wissenspolitik" jenseits existierender Politiken zu setzen, zumal Fragen einer besseren Bildung und einer modernen Bildungspolitik in diesen Tagen Konjunktur haben, die politische Diskussion dazu sich hingegen entweder im Kreis dreht oder bestenfalls inkrementelle Verbesserungen an bestehenden Organisationen, Formen und Methoden zum Ergebnis hat.

Da es sich bei der Initiierung einer Wissenspolitik im Vergleich etwa zur Umweltpolitik um ein ungleich schwieriger zu kommunizierendes weil abstrakter zu prozessierendes Thema handelt, wollte dieser Artikel nicht nur die diversen Optionen von Einflussnahmen aufzeigen, sondern auch eine Konstruktionsanleitung geben, wie dieses Thema, vor allem intellektuell bei Entscheidungsträgern in deren Wahrnehmung gerückt werden kann.

Sicher ist, dass es dazu keine Königsrezeptur gibt. Sicher ist auch, dass es vieler oft experimenteller, prototypisierenden Initiativen und Maßnahmen bedarf. Die Zeichen stehen allerdings so, dass man nach einem Zitat des französischen Dichters Victor Hugo darauf rechnen darf, dass „nichts so mächtig ist wie eine Idee, deren Zeit gekommen ist".

Literaturverzeichnis

BMWF (2006): Österr. Bundesministerium für Wissenschaft und Forschung : Wissensbilanz-Verordnung (WBV). Online verfügbar unter http://www.bmwf.gv.at/uploads/tx_bmwfcontent/wbv.pdf.

Bounfour, A. (2008): Le Capital Immateriél du Maroc: Une Strategie Pour le 21ème siècle. Fondation Ona. Le nouveau Club of Paris.

EnBW (2007): Was Wissen wirklich wert ist. Handelsblatt No. 68, 5.-9.04.2007.

European Commission (2006): Reporting Intellectual Capital to Augment Research, Development and Innovation in SMEs (RICARDIS). Report to the Commission of the High Level Expert Group on RICARDIS. Online verfügbar unter http://ec.europa.eu/invest-in-research/pdf/download_en/2006-2977_web1.pdf.

European Federation of Financial Analysts Societies (EFFAS) Commission on Intellectual Capital – CIC: Principles for Effective Communication of Intellectual Capital. Online verfügbar unter http://www.effas.com/pdf/EFFAS_CIC_web.pdf.

Geißer, C. (2006): Was sind Wissensbilanzen. In: Harvard Business Manager 3, S. 47.

Gladwell, M. (2000): The Tipping Point – How Little Things Can Make a Big Difference. Boston: Little, Brown.

Kneisel, E. & Rößel, C. (2009): Überblick über die Entwicklung und den gegenwärtigen Stand der Intellectual Capital-Debatte aus Metaperspektive – Ausgangspunkt und Entwicklungen. Online verfügbar unter http://www.internationalmonitoring.com/fileadmin/Downloads/Experten/Expertisen/Expertisen_neu/Expertise_Kneisel_Roessel.pdf.

Meadows, D. H.; Meadows, D. L. & Randers, J.(1974): The Limits to Growth. O. O.: Universe Books.

Prammer, B.: Offizielle Ansprache in ihrer Funktion als Präsidentin des Österreichischen Nationalrats anlässlich des Österreichischen Round Table des New Club of Paris: Österreichs Transformation in die Wissensgesellschaft. 18.06.2009. Online verfügbar unter http://www.the-new-club-of-paris.org/doc/Prammer_speech_official_version.pdf.

Seiser, M. (2009): Wissen ist Kapital. In: Frankfurter Allgemeine Zeitung 45. 23.2.2009. Online verfügbar unter http://www.execupery.com/dokumente/fazwibil0902.pdf.

Ståhle, P. (2007): Five Steps for Finland's Future. Technology Review 202. Helsinki: Tekes. Online verfügbar unter http://the-new-club-of-paris.org/doc/Finland_Five%20steps%20for%20Finlands%20future_FINAL _VERSION.pdf .

Stehr, N. (2003): Wissenspolitik: Die Überwachung des Wissens. O. O.: Suhrkamp.

The New Club of Paris (NCP Man): The Manifesto of The New Club of Paris on the Knowledge Society And Its Economic Foundations. Online verfügbar unter http://www.the-new-club-of-paris.org/mission.htm.

WiPo KONF.a KM-A (Veranstalter): Agenda Wissen – Österreichische Konferenz zur Wissenspolitik. Wien. 19.06.2009. Online verfügbar unter http://www.km-a.net/forschung/Documents/Konferenz%20Agenda%20Wissen%2019.%20Juni%202009.pdf.

WiPo KONF.b KM-A (Organisator): Wissen. Macht. Politik. Projekt "Knowledge Space" (k-space) in Wien. 05.06.-31.07.2009. Einführungstexte Online verfügbar unter http://www.tuwien.ac.at/uploads/tx_cal/media/kspace_folder_programm.pdf.

Anhang I

JANEZ POTOČNIK
Member of the European Commission

Brussels **1 9**. 03. 2008
KV/cn-A/08/480

Dear Professor Koch,

Thank you for your e-mail of 27 February, 2008. You refer to the need to create a knowledge based economy and the role Intellectual Capital Reporting can play in this regard.

I obviously share your view that creating a knowledge based economy is a top priority.

If DG RTD has no plans at present to take forward measures related to Intellectual Capital Reporting, as proposed in the RICARDIS report, this is not to say that the work undertaken by the Commission in the area of Intellectual Capital Reporting, such as with the RICARDIS report, is not being used. On the contrary, this is contributing to efforts of other actors such as the World Intellectual Capital Initiative (WICI) to improve the reporting of intellectual capital both at company level and in the economy as a whole. The Commission is following these developments closely, and the work the WICI partners plan to undertake will be of interest to several Commission departments, including RTD.

I would like to thank you for inviting me to open the conference of the Austrian Academy of Science in Vienna on the 30 September "10 Years of Intellectual Capital Reporting – A European Success Story". However, due to other commitments, I regret to inform you that I will not be able to participate.

I wish you a successful conference.

Yours sincerely

Janez Potočnik

Prof. DI Günter R. Koch
Mittelgasse 7/4
A-1060 Wien
AUSTRIA

Address: European Commission, B-1049 Brussels · Telephone : 00 32 2 298.86.70 · Telefax: 00 32 2 298.82.88

Anhang II

EUROPEAN COMMISSION
RESEARCH DIRECTORATE-GENERAL

The Director General

2 1 JAN. 2010

Brussels,
RTD – C2/TJ/RC/ D(2010) 503506

Professor Günter R. Koch
Mittelgasse, 7
A-1060 Vienna,
Austria

Dear Professor Koch,

Thank you for email message concerning the topic of "Intellectual capital reporting", following on from your communication, this January, with the acting head of Cabinet for the Commissioner Designate.

You have provided a timely reminder of the RICARDIS report of 2006, which dealt with the principle of firms taking stock of their inherent or potential value based on their intellectual capital and ongoing research. Bearing in mind the problems that young and small companies can face in trying to raise capital or secure loans when they have limited collateral or reputation to offer, it is important to consider all the possible avenues that might be exploited to deal with constraints in financing research and innovation.

The Commission has sought to address financing constraints and improve access to finance via the initiatives it has undertaken in conjunction with the European Investment Bank and with the European Investment Fund - respectively the Risk-sharing Finance Facility, and the Growth and Innovative SME Facility which is part of the Competitiveness and Innovation Framework Programme. I think that it is fair to say that these schemes have so far only been partially successful, and their applicability and efficiency in alleviating problems, particularly those of smaller firms, may well be a topic of review under the new Commission.

Yours sincerely,

José Manuel SILVA RODRIGUEZ

European Commission. B-1049 Bruxelles / Europese Commissie. B-1049 Brussel - Belgium. Telephone. (32-2) 299 11 11.
Office: SDME 9/75. Telephone. direct line (32-2) 299 92059. Fax (32-2) 299 2712.
E-mail: Tiit.Jurimae@ec.europa.eu

Anhang III

UNITED NATIONS INDUSTRIAL DEVELOPMENT ORGANIZATION

VIENNA INTERNATIONAL CENTRE
P.O. BOX 300, A-1400 VIENNA, AUSTRIA
TELEPHONE: (+43 1) 260 26-0   FAX: (+43 1) 269 26 69   www.unido.org   unido@unido.org

DIRECTOR-GENERAL

16 July 2009

Dear Secretary-General,

At its first regular session of 2009 held at UNESCO Headquarters in Paris on 4 April 2009, the Chief Executives Board for Coordination (CEB) accepted the invitation of UNIDO to host the Spring 2010 session in Vienna.

It is in this regard that I am writing to propose that the theme for the CEB retreat in April 2010 be on the coordinated follow-up to Copenhagen, with a particular focus on the inter-linkages between energy access, climate change and poverty reduction. This theme will provide an opportunity for Executive Heads in CEB to engage in a dialogue on framing a coherent and coordinated response to the outcome of the Copenhagen Conference while building on the outcome of the CEB retreat in October 2008 on the issue of energy, development and security.

Another theme that may be considered for the CEB retreat in April 2010 is system-wide knowledge management. This theme is both timely and topical in the light of efforts to enhance system-wide coherence through knowledge and information sharing and as the system increasingly seeks to deliver as one. A top-notch expert on knowledge management could be invited to address the CEB on this subject. HLCP and HLCM could also be requested to take up knowledge management prior to the CEB meeting in April 2010 to prepare the discussions at CEB.

It is a great honour for UNIDO and for me personally to host the CEB meeting in the spring of 2010. I am pleased to inform you that the Government of Austria has been duly notified and has pledged its full support and cooperation in ensuring the success of the CEB meeting in Vienna.

I look forward to welcoming you and our colleagues in CEB to Vienna in April 2010.

Yours sincerely,

Kandeh K. Yumkella

Mr. Ban Ki-Moon
Secretary-General
United Nations Headquarters
New York, N.Y. 10017
United States of America

7 WM 2010 – Wissensstandort Deutschland – Wissens- und Intellectual Capital Management in deutschen Unternehmen

Peter Pawlowsky, Aylin Gözalan & Simone Schmid

7.1 Einleitung

Im Auftrag des Bundesministeriums für Wirtschaft und Technologie (BMWi) wurde 2010-2012 die Studie „Wettbewerbsfaktor Wissensmanagement" durchgeführt. Wesentliche Ziele dieser Studie sind,

- den Stand der Wissens- & Intellectual Capital Management (WM/ICM) Praxis in Deutschland zu ermitteln,

- die möglichen Einflussfaktoren für den Einsatz von WM/ICM-Maßnahmen zu ermitteln und

- die Bedeutung von WM/ICM für Unternehmenserfolg und Wettbewerbsfähigkeit zu untersuchen.

Eine repräsentative Unternehmensbefragung bildet den Kern der Studie „Wettbewerbsfaktor Wissensmanagement 2010" und umfasst eine realisierte Stichprobe von 3401 Unternehmen. Die Feldarbeit zur bundesweiten Unternehmensbefragung reichte vom Zeitraum Mitte August 2010 bis Ende Januar 2011. Um die Beschäftigtengrößenklassen der kleinen und mittleren Unternehmen statistisch signifikant zu erfassen (n = 3224), wurden Kleinstunternehmen mit Mitarbeiterzahlen von null bis neun ausgeschlossen. Befragt wurden Hauptstandorte und Arbeitsstätten von Mehrbetriebsunternehmen, soweit diese über Entscheidungskompetenzen bei personal- und unternehmensspezifischen Themen wie Strategie- und Unternehmensleitung verfügten. Unter den Befragten sind 71 % Geschäftsführer oder benannte Stellvertreter der Geschäftsführung. Der Restanteil der Befragten verteilt sich auf Führungspersonen aus der Personalabteilung oder des Strategischen Controllings. Die Stichprobenverteilung der Erhebung nach Betriebsgrößen zeigt im Vergleich zur Grundgesamtheit der deutschen Wirtschaft nach dem Statistischen Bundesamt eine gute Übereinstimmung (vgl. Abbildung 1).

Abbildung 7.1   Verteilung nach UN-Größe in der realisierten Stichprobe (Abb. links) und in der deutschen Wirtschaft (Abb. rechts)

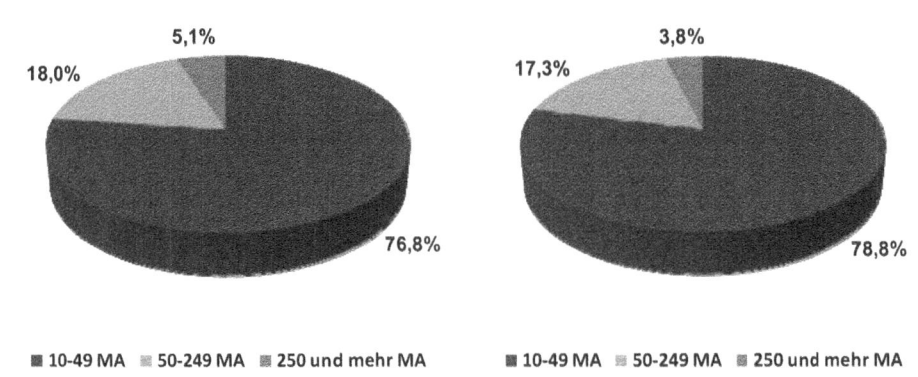

Auch der Vergleich der Branchenstruktur zwischen Stichprobe und Grundgesamtheit lässt eine gute Abdeckung der Stichprobe erkennen. Nachfolgende Abbildungen zeigen die Branchenverteilung in der Stichprobe (vgl. Abbildung 2) und in der Grundgesamtheit der deutschen Wirtschaft innerhalb der untersuchten Betriebsgrößenklassen (vgl. Abbildung 3). Die Berechnungen basieren auf den Informationen des Statistischen Bundesamtes zu den Wirtschaftszweigen nach Betriebsgrößenklassen.

Abbildung 7.2   Stichprobenverteilung nach Branchenmerkmal (realisierte Stichprobe)

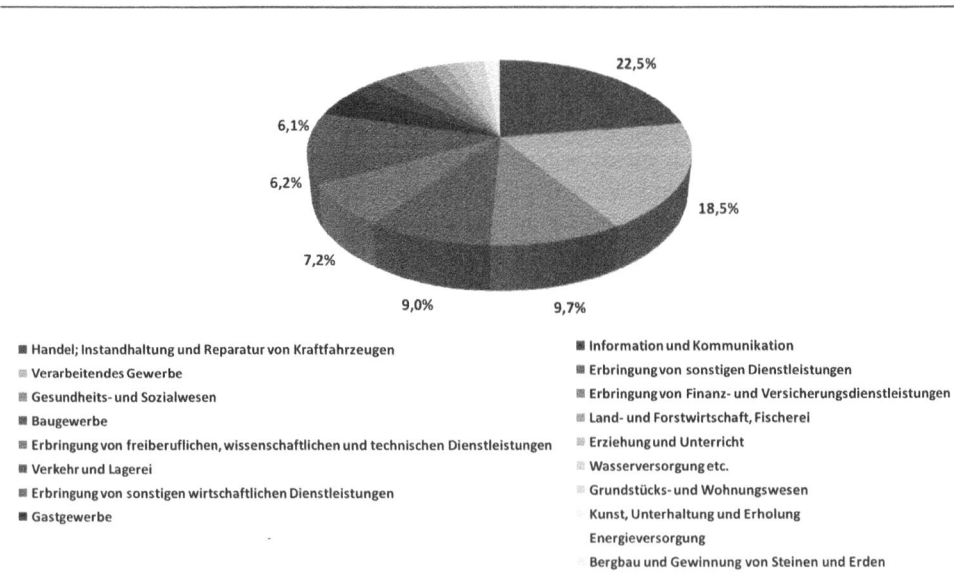

Abbildung 7.3 Branchenverteilung in der Grundgesamtheit der deutschen Wirtschaft (ohne Beschäftigtengrößenklasse 0 - 9 Mitarbeiter)

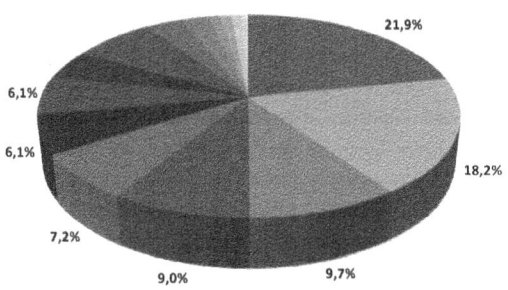

- ■ Handel; Instandhaltung und Reparatur von Kraftfahrzeugen
- ▨ Verarbeitendes Gewerbe
- ▨ Gesundheits- und Sozialwesen
- ■ Baugewerbe
- ■ Erbringung von freiberuflichen, wissenschaftlichen und technischen Dienstleistungen
- ■ Verkehr und Lagerei
- ■ Erbringung von sonstigen wirtschaftlichen Dienstleistungen
- ■ Gastgewerbe

- ■ Information und Kommunikation
- ■ Erbringung von sonstigen Dienstleistungen
- ■ Erbringung von Finanz- und Versicherungsdienstleistungen
- ■ Land- und Forstwirtschaft, Fischerei
- ▨ Erziehung und Unterricht
- ▨ Wasserversorgung etc.
- ▨ Grundstücks- und Wohnungswesen
- Kunst, Unterhaltung und Erholung
- Energieversorgung
- Bergbau und Gewinnung von Steinen und Erden

7.2   Ergebnisse der Studie

7.2.1   Ausbaustand der WM/ICM Praxis

Das Konstrukt „WM/ICM-Ausbaustand" wurde anhand von Maßnahmen operationalisiert, die den gängigen Phasenmodellen des Wissensmanagements entsprechen (vgl. Pawlowsky 1992; Probst 1994). Es wurden Aktivitäten erfragt, die sich den vier Phasen der Wissensidentifikation/ -generierung, der Wissensdiffusion, der Wissensbewahrung und Wissensumsetzung zuordnen lassen.

Unter der Komponente der *Wissensidentifikation/ -generierung* sind Maßnahmen zusammengefasst, die darauf abzielen die vorliegenden Wissensbestände im Unternehmen und externe Wissensquellen (Kunden, Lieferanten etc.) innerhalb der Unternehmensumwelt zu sichten. Somit besteht eine Zielsetzung der Wissensidentifikation darin, Wissensressourcen und -träger für die eigenen Wertschöpfungsprozesse sowohl im Unternehmen als auch in der Unternehmensumwelt transparent zu machen.

Abbildung 7.4 Maßnahmen zur Wissensidentifikation/-generierung mit sehr hohem
Stellenwert (n = 3401)

Abbildung 4 stellt die Maßnahmen zur Wissensidentifikation/-generierung dar, denen in deutschen Unternehmen ein *sehr hoher Stellenwert* eingeräumt wird[23]. Den Auswertungen zufolge räumt ein Großteil der befragten Unternehmen dem „direkten Kundenkontakt" (89 %) und der „Analyse und systematischen Auswertung von Kundenreklamationen" (63 %) einen sehr hohen Stellenwert ein. Der Identifikation von Kundenwissen folgt die „Analyse von Fehlern" (62 %) und die Identifizierung von Kompetenzträgern im Unternehmen (52 %). Wie der Abbildung 4 zu entnehmen ist, rangieren Formen des exteren Wissenserwerbs wie „Kooperationen mit Kritikergruppen" oder „F&E- Kooperationen mit anderen Unternehmen" mit 11 % und 14 % auf den letzten Plätzen.

Maßnahmen zur *Wissensdiffusion* unterstützen die gezielte Wissensverteilung im Unternehmen. Diese Maßnahmen haben eine integrative Funktion, da durch sie relevantes Wissen gezielt für Auftrags- oder Zielerfüllungen auf Individuums- oder Gruppenebene eingebunden werden kann.

---

[23] Der Stellenwert der Aktivitäten wurde anhand einer Skala von 0 – 10 abgefragt, die von 0 = keinen Stellenwert bis 10 = sehr hoher Stellenwert reicht: Sehr hoher Stellenwert bedeutet hier eine Wertevergabe zwischen 8 – 10 für die jeweilige Maßnahme.

Abbildung 7.5   Maßnahmen zum Wissensaustausch mit sehr hohem Stellenwert
(n = 3401)

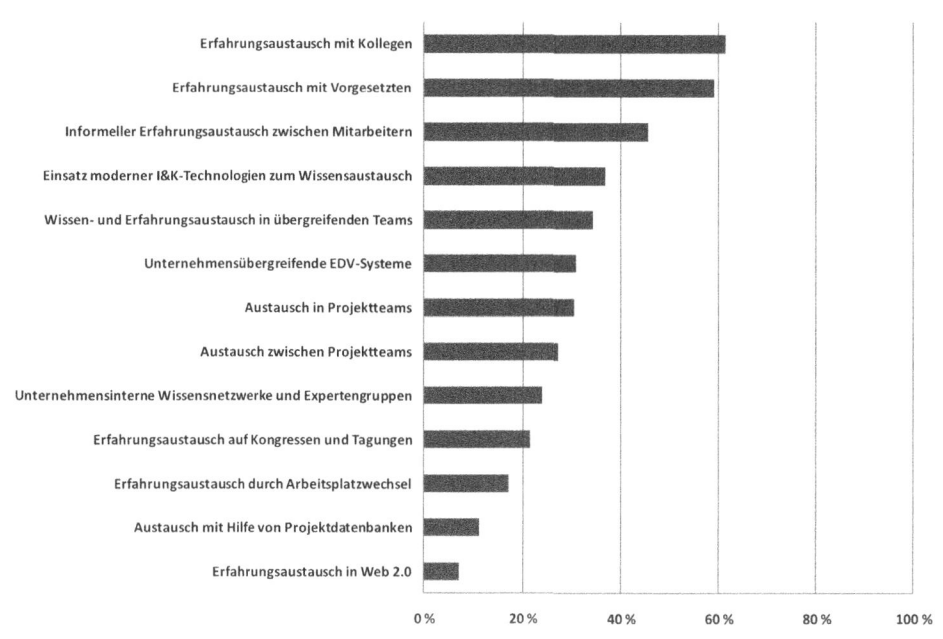

Die Abbildung 5 verdeutlicht, dass dem unternehmensinternen-interpersonalen Wissens-austausch in den meisten befragten Unternehmen ein sehr hoher Stellenwert beigemessen wird:

Hierbei liegt der Stellenwert eines „Erfahrungsaustausches mit Kollegen" (61 %) geringfü-gig über dem „Erfahrungsaustausch mit Vorgesetzten" (59 %). Unternehmensübergreifen-den Maßnahmen zum Wissensaustausch wie „Erfahrungsaustausch auf Kongressen und Tagungen" und „Erfahrungsaustausch in Web 2.0" nehmen mit 21 % und 7 % einen relativ geringen Stellenwert in der Gesamtstichprobe ein.

Die Wissensintegration zur Erweiterung der organisationalen Wissensbasis wird durch Maßnahmen der *Wissensbewahrung* unterstützt. Diese Phase beinhaltet Aktvitäten, die die Speicherung und den Erhalt von organisationalem Erfahrungswissen fördern und damit die Kompetenzen im Unternehmen erweitern.

Abbildung 7.6   Maßnahmen zur Wissensbewahrung mit sehr hohem Stellenwert
(n = 3401)

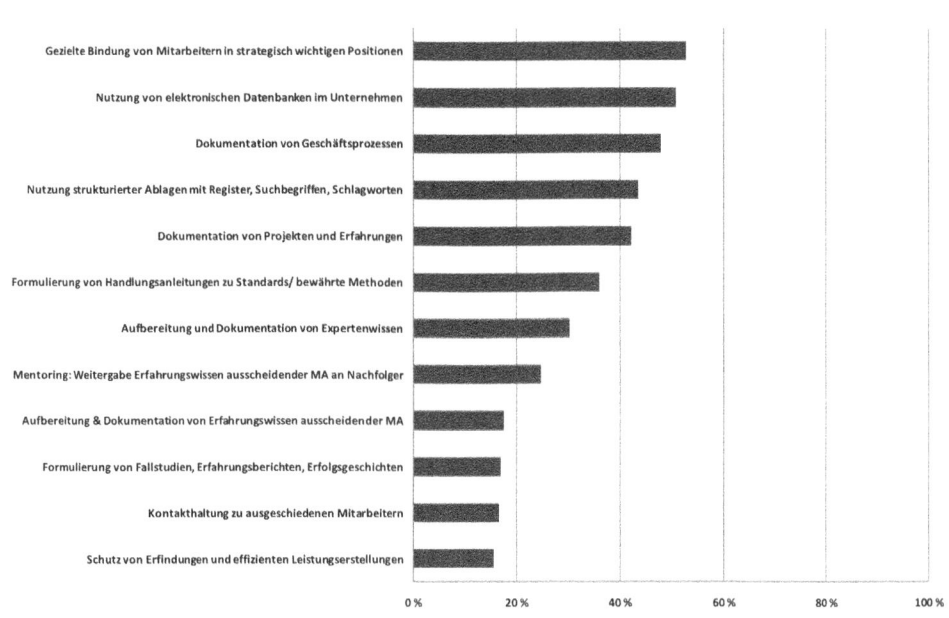

Bei den Maßnahmen zur Wissensbewahrung (vgl. Abbildung 6) räumen mehr als die Hälf-te der befragten Unternehmen der „gezielten Bindung von Mitarbeitern in strategisch wich-tigen Positionen" (52 %) und der „Nutzung von elektronischen Datenbanken im Unter-nehmen" (51 %) einen sehr hohen Stellenwert ein. Mehr als die Hälfte der Befragten bewer-ten die restlichen Maßnahmen zur Wissensbewahrung als weniger relevant. Interessant ist insbesondere vor dem Hintergrund des Demographiewandels, dass relativ wenige Unter-nehmen der Bewahrung von mitarbeitergebundenem Wissen einen hohen Stellenwert zuschreiben. So weisen lediglich 30% der Befragten der „Aufbereitung und Dokumentation von Expertenwissen" und 24 % der Unternehmen dem „Mentoring – Weitergabe von Er-fahrungswissen ausscheidender Mitarbeiter an Nachfolger" einen sehr hohen Stellenwert zu.

Schließlich sollen Maßnahmen zur Förderung der *Wissensumsetzung* dazu dienen, Wissen, Erfahrungen und Kompetenzen in der Organisation nutzbringend anzuwenden. Bei den Maßnahmen zur Wissensumsetzung (vgl. Abbildung 7) ist auffällig, dass speziell die unternehmensinternen und mitarbeiterbezogenen Verfahren als hoch relevant eingeschätzt werden.

Abbildung 7.7 Maßnahmen zur Wissensumsetzung mit sehr hohem Stellenwert (n = 3401)

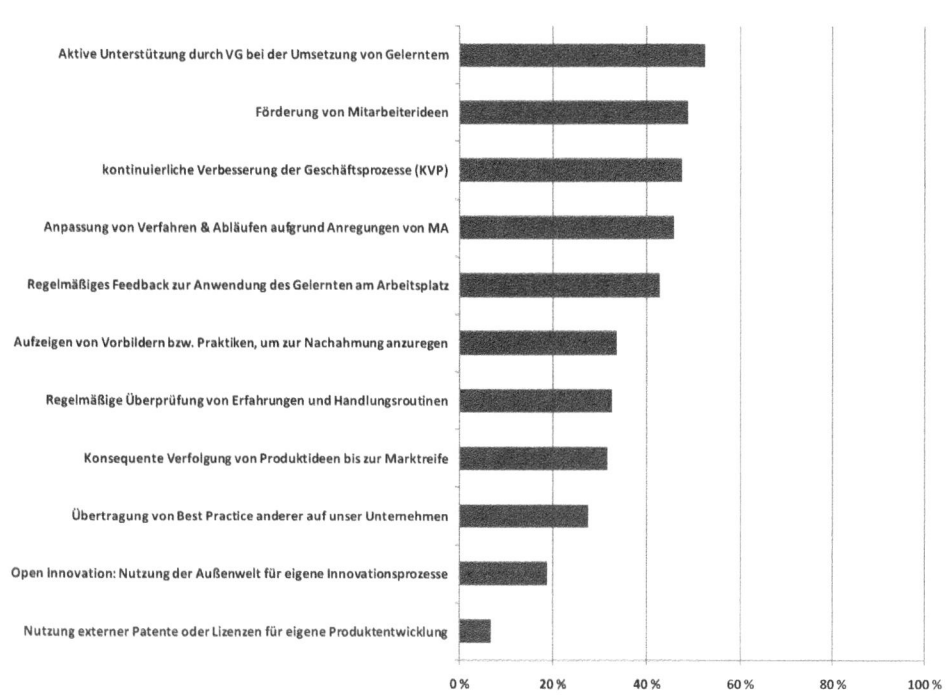

Während die „aktive Unterstützung durch Vorgesetzte bei der Umsetzung von Gelerntem" und die „Förderung von Mitarbeiterideen" in 52 % und 48 % der Unternehmen einen sehr hohen Stellenwert einnimmt, wird den „externen" Aktivitäten von relativ wenig Befragten eine hohe Relevanz zugeschrieben. Bei den externen Maßnahmen nimmt die „Übertragung von Best Practice anderer auf unser Unternehmen" mit 27 % den größten Stellenwert ein. Obwohl bei den Praktiken zur Wissensidentifikation in deutschen Unternehmen externe Quellen, überwiegend in Form des Kundenkapitals, eine übergeordnete Rolle spielen, dominiert in der Wissensumsetzung und Wissensdiffusion der meisten Unternehmen eine nach innen gerichtete unternehmensspezifische Perspektive.

Vergleicht man die ermittelten Aktivitäten, Maßnahmen und Tools des Wissensmanagements über die Phasen hinweg so zeigt sich eine deutliche Priorisierung von Aktivitäten, die der Wissensidentifikation und Wissensdiffusion dienen.

Sämtliche Items, die Aktivitäten des Wissensmanagements entlang der beschriebenen Phasen beinhalten, wurden zu einem Gesamtausbaustand-Index des WM/ICM zusammengefasst.

Abbildung 7.8 Gesamtausbaustand WM/ICM (n = 3401)

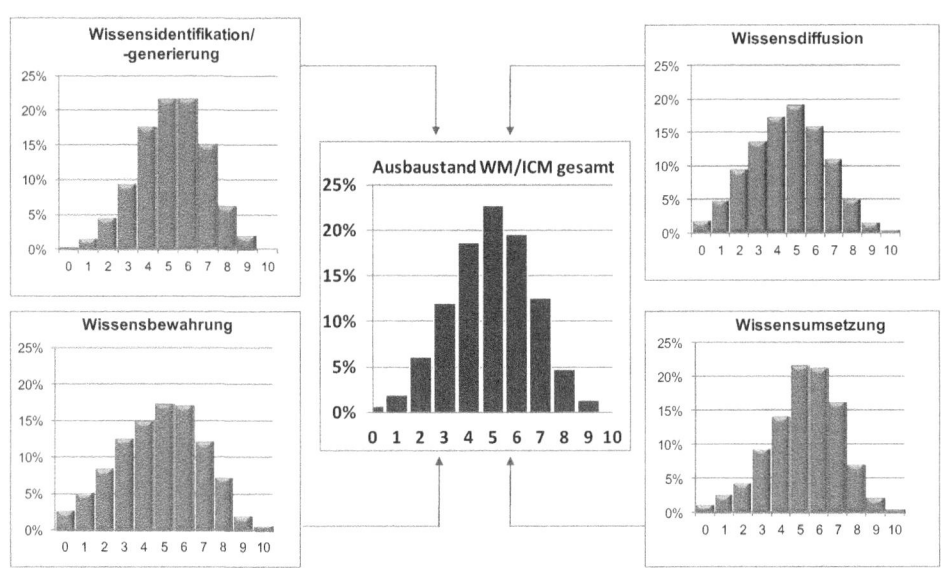

Dieser Index markiert die Ausprägung sämtlicher WM/ICM-Aktivitäten in einem Unternehmen. In der Gesamtstichprobe variiert der Index zwischen null und zehn und hat einen Mittelwert von 5,42. Die Abbildung 8 zeigt die Verteilung des Gesamtausbaustandes WM/ICM in der Stichprobe.

7.2.2 Einflussfaktoren von WM/ICM-Aktivitäten in Unternehmen

Die zweite übergreifende Zielsetzung der Studie bestand darin, potentielle Einflussgrößen für WM/ICM-Aktivitäten zu untersuchen, die zur Erklärung unterschiedlicher WM/ICM Ausprägungen herangezogen werden können.

Bisherige Untersuchungen (vgl. Deutsche Bank AG und Fraunhofer-Institut für Arbeitswirtschaft und Organisation (IAO) 1999; KPMG Consulting 2001; Fraunhofer-Wissensmanagement Community 2006) verweisen auf Unterschiede bezüglich Betriebs-größenklassen (Behrends & Martin 2006), Branchendifferenzen, Strukturen, Kulturen (vgl. Pawlowsky et al. 2006) und die variierende Nützlichkeit von WM/ICM- Aktivitäten in verschiedenen Branchenkontexten bzw. Geschäftsfeldern. Auch unterschiedlichen Ge-schäftsstrategien kommt ein wesentlicher Erklärungsbeitrag im Hinblick auf den Umgang mit den intangiblen Ressourcen zu. Die Studien von Edler (2003), Kriegesmann und Schwering (2005) und Ergebnisse aus einem Ladenburger Diskurs (Lutz & Wiener 2005; Lutz 2005) weisen auf einen engen Zusammenhang zwischen strategischer Orientierung und der Ausprägung von Wissensmanagementaktivitäten hin. Im Rahmen einer großangelegten Studie zum Wissensmanagement in klein- und mittelständischen Unternehmen (KMU) wurden im Jahr 2006 insgesamt 2342 Unternehmen befragt (vgl. Pawlowsky et al. 2006). Eine wesentliche Erkenntnis dieser vom BMWi finanzierten Vorläuferstudie war es, dass Strukturmerkmale wie Branchenzugehörigkeit oder Unternehmensgröße Differenzen im Hinblick auf Wissensmanagementaktivitäten nur unzureichend erklären. Für eine weitergehende Aufklärung der unterschiedlichen Ausprägungen von Wissensmanagementaktivitäten in KMUs, konnte aus der Studie die strategische Orientierung der Unternehmen als relevante Einflussgröße bestimmt werden (vgl. Pawlowsky et al. 2006). Die Abbildung 9 zeigt die analysierten Einflussfaktoren der aktuell vorliegenden Studie auf WM/ICM-Aktivitäten. Diese können inhaltlich in Strukuren, marktliche Herausforderungen, strategische Wettbewerbsvorteile und Managementaktivitäten unterteilt werden.

Abbildung 7.9 Einflussgrößen WM/ICM-Aktivitäten

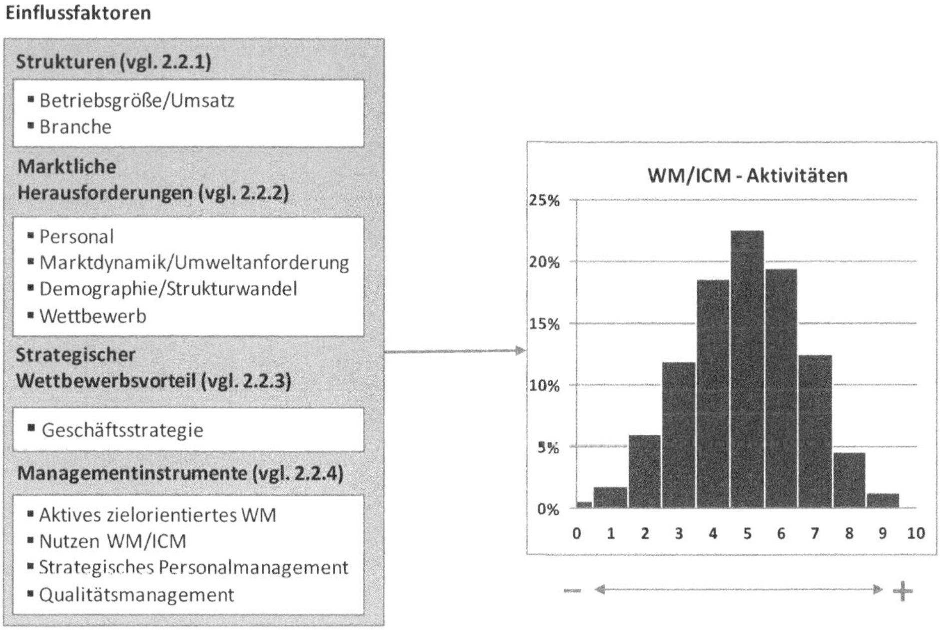

7.2.2.1   Branche und Betriebsgröße/Umsatz als Einflussfaktoren von WM/ICM- Aktivitäten

Die Überprüfung des Einflusses von klassischen Strukturmerkmalen auf den unternehmerischen Umgang mit intangiblen Ressourcen (WM/ICM-Ausbaustand) in der aktuellen Untersuchung ergibt, dass sich der WM/ICM-Ausbaustand in den befragten

Unternehmen im Hinblick auf die Untersuchungsgrößen „Branche" und „Betriebsgröße/ Umsatz" nicht signifikant unterscheidet. Die Regressionsanalyse zum Einfluss der Strukturmerkmale Betriebsgröße/Umsatz und Branche auf den WM/ICM-Ausbaustand belegt, dass „Betriebsgröße/Umsatz" und „Branche" keinen signifikanten Einfluss auf den WM/ICM Ausbaustand zeigen.

7.2.2.2   Marktliche Herausforderungen als Einflussfaktoren von WM/ICM-Aktivitäten

Zur Einschätzung der Marktdynamik und der besonderen Umweltanforderungen wurden verschiedene, subjektiv bewertete Trends und Herausforderungen im Hinblick auf den WM/ICM-Ausbaustand analysiert. Eine Faktorenanalyse zur Bündelung und Reduktion der sechzehn unternehmensrelevanten Herausforderungen führt zur Extraktion von vier Faktoren. Die in Tabelle 1 aufgeführten Items können nach den Schwerpunktthemen Personal (Faktor 1), Marktdynamik/Umweltanforderungen (Faktor 2), struktureller/ demographischer Wandel (Faktor 3) und Wettbewerbsbezug (Faktor 4) zusammengefasst werden.

Tabelle 7.1   Faktorenanalyse marktliche Herausforderungen

	1	2	3	4
Herausforderung Personal α =.745				
Steigende Ansprüche der Mitarbeiter an ihre Arbeit (Wertewandel)	.775			
Wachsende Ansprüche der Vereinbarkeit von Familie und Beruf (Wertewandel)	.670			
Zunehmendes Gesundheitsbewusstsein (Work-Life Balance) der Mitarbeiter	.523			
Sinkende Bereitschaft der Mitarbeiter, sich langfristig an das Unternehmen zu binden	.500			
Herausforderung Marktdynamik/Umweltanforderungen α=.718				
Koordination von Prozessen an verschiedenen Standorten		.588		
Geschwindigkeit der Veränderungen in der Umwelt des Unternehmens		.583		
Internationalisierung der Märkte		.519		
Mobilitätsanforderungen an Mitarbeiter (Außendienst, Homeoffice, Auslandsentsendung)		.476		

	1	2	3	4
Konzentrationstendenzen/Fusionen		.464		
Ungewisse Rahmenbedingungen der Unternehmenstätigkeiten		.414		
Herausforderung Demographie/Strukturwandel α =.668				
Demographiewandel			.828	
Alternde Belegschaften			.491	
Personalknappheit an unternehmensrelevanten Arbeitsmärkten			.458	
Herausforderung Wettbewerbsbezug α =.654				
Qualitätswettbewerb				.790
Innovationswettbewerb				.506
Preiswettbewerb				.449
Eigenwert	4.474	1.651	1.273	1.178
% der Varianz	27.96	10.32	7.95	7.36
Extraktionsmethode: Hauptachsen-Faktorenanalyse. *Rotationsmethode: Varimax mit Kaiser-Normalisierung.*				

Der potentielle Erklärungsbeitrag dieser wahrgenommenen unternehmerischen Herausforderungen und der bewerteten Marktdynamik hinsichtlich der WM/ICM-Aktivitäten kann der Abbildung 10 entnommen werden. Ergebnisse zeigen einen signifikanten Einfluss der Faktoren „Personal", „Marktdynamik/Umweltanforderung", „Wettbewerbsbezug" auf die WM/ICM-Aktivitäten. Die Wahrnehmung der marktlichen Herausforderungen nach demographischen und strukturellen Aspekten („Demographie/Strukturwandel") stellt keine signifikante Erklärungsgröße für WM/ICM-Aktivitäten dar.

Abbildung 7.10　Einfluss von marktlichen Herausforderungen auf WM/ICM-Aktivitäten

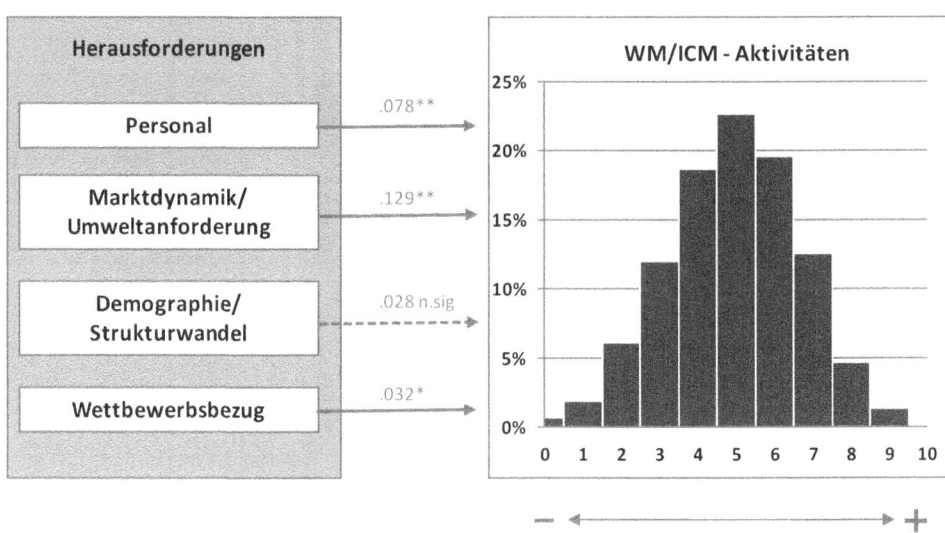

7.2.2.3　Geschäftsstrategie und Kernkompetenzen als Einflussfaktor von WM/ICM-Aktivitäten

Basierend auf den Ergebnissen der Vorläuferstudie (Pawlowsky et al. 2006) lag ein besonderer Schwerpunkt in der Analyse der Geschäftsstrategie als potentieller Einflussfaktor von WM/ICM-Aktivitäten. Je nach Kernkompetenzen und der verbundenen Geschäftstrategie, wird auch die Umsetzung von WM/ICM-Aktivitäten variieren, so eine der zentralen Annahmen aus der zitierten Untersuchung. Die befragten Unternehmensvertreter wurden gebeten Wettbewerbsvorteile gegenüber ihren Hauptkonkurrenten einzuschätzen. Eine faktoranalytische Auswertung der Items zu diesen Wettbewerbsvorteilen ergibt die vier folgenden Geschäftsstrategietypen: Kundenstrategie, HRM-Strategie, Innovationsstrategie und Kostenstrategie.

Unternehmen mit einer Innovationsstrategie kennzeichnen sich zudem – verglichen mit HRM- und kundenstrategisch orientierten Unternehmen – durch einen höheren WM/ICM-Ausbaustand aus. Dahingegen geht eine Kostenstrategie nicht mehr signifikant mit WM/ICM-Aktivitäten einher. Damit zeigen Geschäftsstrategien einen deutlichen Erklärungsbeitrag im Hinblick auf den Umfang an WM/ICM-Aktivitäten in Unternehmen. Eine Regressionsanalyse (vgl. Abbildung 11) dieser Strategietypen auf den WM/ICM-Ausbaustand lässt erkennen, das Innovations-, HRM- und Kundenstrategie den Umgang mit den intangiblen Ressourcen bestimmen.

Abbildung 7.11   Einfluss von Geschäftsstrategie auf WM/ICM-Aktivitäten

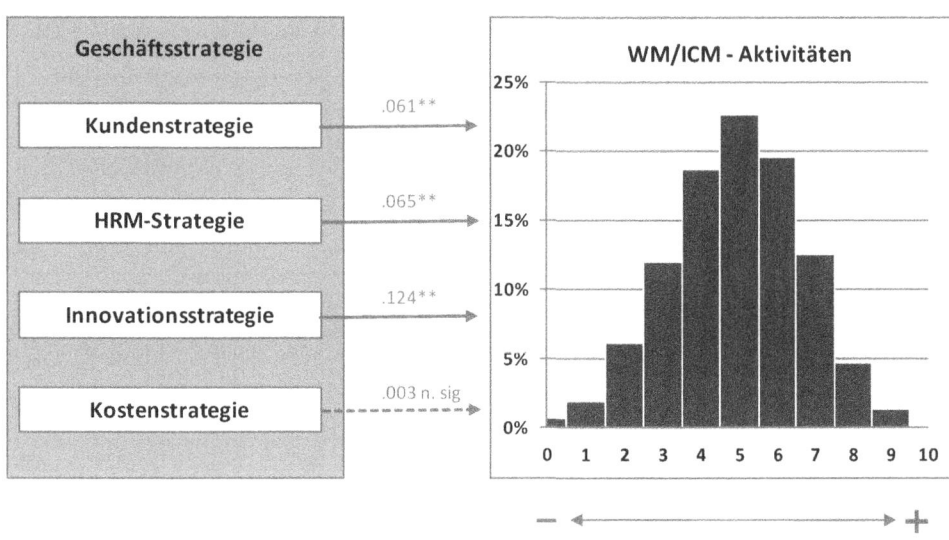

7.2.2.4   Managementinstrumente als Einflussfaktor von WM/ICM - Aktivitäten

Den größten Erklärungsbeitrag auf WM/ICM-Aktivitäten leisten Managementinstrumente. Diese beinhalten aktives zielorientiertes Wissensmanagement, Strategisches Personalmanagement, die Nutzenwahrnehmung von WM/ICM- Aktivitäten und Zertifiziertes Qualitätsmanagement.

Wie aus Tabelle 2 ersichtlich ist, zeigt die Nutzenwahrnehmung von Wissensmanagementaktivitäten den größten Einfluss auf den WM/ICM-Ausbaustand (.270). D.h., je nützlicher die Unternehmen die verschiedenen Wissensmanagementformen bewerten, desto höher ist der Umfang an WM/ICM-Aktivitäten. Die Wissensmanagementformen wurden durch strategische, technische und mitarbeiterorientierte Maßnahmen abgebildet. Exemplarische Beispielitems zur Nutzenwahrnehmung sind „systematischer Wissens- und Informationsaustausch zwischen den Mitarbeitern", „strategische Bewertung und Bilanzierung von Unternehmenswissen" und „Schaffung einer gemeinsamen IT-Plattform zum Informations- und Wissensaustausch". Ein ebenfalls wichtiger Faktor zur Erklärung von WM/ICM-Aktivitäten sind Maßnahmen des Strategischen Personalmanagements. In Anlehnung an die Cranfield Studie (2009) wurden Items ausgewählt, die Aussagen zum Stellenwert der Personalfunktion innerhalb der Organisation beinhalten. Konkret wurde danach gefragt, ob z. B. „die Personalabteilung einen deutlichen Beitrag zum Erfolg des Unternehmen leistet", „das Personal eine strategische Ressource für das Unternehmen" darstellt und ob eine „frühzeitige Personalplanung, die sich an der Geschäftsstrategie orientiert" im Unternehmen vorhanden ist. Der positive Zusammenhang von .187 bedeutet, dass mit zunehmender Ausprägung der jeweiligen strategischen Personalmaßnahmen der Umfang an WM/ICM-Aktivitäten steigt.

Tabelle 7.2   OLS Regression

Einflussgrößen	Unabhängige Variablen	AV: WM/ICM (st. Regressionskoeff.)
Struktur S1	Betriebsgröße	n. sig
Struktur S2	Branche	n. sig.
Struktur S3	Umsatz	n. sig
Herausforderung H1	Personal	.078**
Herausforderung H2	Marktdynamik/Umweltanforderung	.129**
Herausforderung H3	Struktur- und Demographiewandel	n.sig
Herausforderung H4	Wettbewerbsbezug	.032*
Wettbewerbsvorteil W1	Kundenstrategie	.061**
Wettbewerbsvorteil W2	HRM-Strategie	.065**
Wettbewerbsvorteil W3	Innovationsstrategie	.124**
Wettbewerbsvorteil W4	Kostenstrategie	n.sig
Management M1	Aktives zielorientiertes WM/ICM	.186**
Management M2	Nutzen ICM/WM	.270**
Management M3	Strategisches Personalmanagement	.187**
Management M4	Qualitätsmanagement	.084**
	N	2489
	korr. r²	.587
	Signifikantsniveau 1% (**); 5% (*)	

Abbildung 7.12 Einfluss von Managementinstrumenten auf WM/ICM-Aktivitäten

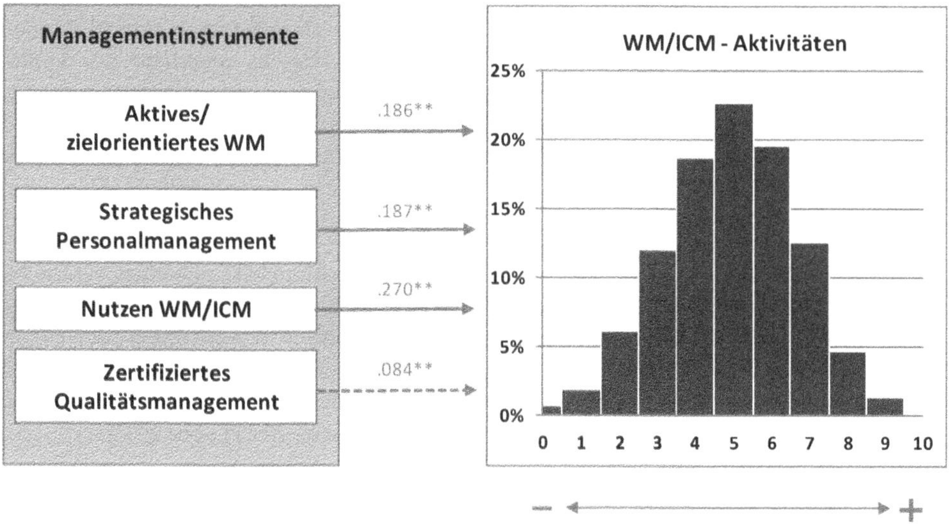

7.2.3 Zur Bedeutung von WM/ICM für Wettbewerbsfähigkeit und Unternehmenserfolg

7.2.3.1 Relevante empirische Studien

Die thematische Abhandlung der wissensbasierten Wirtschaft und der Bedeutungszuwachs der intangiblen Ressourcen für den Unternehmenserfolg finden in der Strategischen Managementforschung zunehmend Beachtung. Es herrscht weitgehend Konsens dahingehend, dass in einer dynamisch-komplexen und wissensbasierten Wirtschaft Erfolgspotentiale und nachhaltige Wettbewerbsvorteile durch intangible Ressourcen sowie organisationale Lernprozesse generiert werden können. Obwohl Konzepten des Organisationalen Lernens und Wissensmangements in der Theorie ein hoher Stellenwert eingeräumt wird, liegen zum Zusammenhang zwischen Organisationalem Lernen und Unternehmenserfolg relativ wenig empirische Untersuchungen vor (Lopez 2005; Zack et al. 2009).

In der der Literatur wird im Speziellen die unternehmerische Innovationsfähigkeit als Quelle strategisch-nachhaltiger Wettbewerbsvorteile thematisiert (Calantone et al. 2002; Zehir et al. 2008; Zack et al. 2009; Subramaniam 2005; Liao 2007).

Der Fähigkeit neues Wissen zu absorbieren wird im Innovationskontext ein zentraler Stellenwert eingeräumt. Da die Identifikation von externen und internen Wissensquellen und die Generierung neuen Wissens wichtige Vorraussetzungen für Innovationen darstellen, zeichnen sich innovative Unternehmen durch einen hohen Umfang an WM/ICM-Aktivitäten aus. So können ‚boundary spanning'-Aktivitäten die Nutzung der Unternehmensumwelt zur Identifizierung externer Wissensressourcen zum Ziel haben (Pawlowsky et al. 2006). WM-Aktivitäten zur Wissensbewahrung und Wissensdiffussion können die Integration und Transformation externen Wissens innerhalb der Unternehmensgrenzen unterstützen. In diesem Zusammenhang werden auch nur bestimmte WM-Phasen wie die Wissensdiffusion in einen positiven Bezug zur Innovations- und Absorptionsfähigkeit gesetzt. Empirische Untersuchungen von Liao et al. (2006) legen eine entsprechende Unterstützung der Wissensaustauschprozesse durch WM/ICM-Aktivitäten nahe, da diese die Absorptionfähigkeit der Unternehmen begünstigen.

Der Innovationsfähigkeit wird insbesondere als Erfolgsschnittstelle zwischen WM/ICM-Aktivitäten und monetärem Unternehmenserfolg eine entscheidende Funktion eingeräumt. In den empirischen Studien zum Verhältnis zwischen WM/ICM-Aktivitäten und Unternehmenserfolg wird folgender Sachverhalt pointiert hervorgehoben: Innovationsfähigkeit steht insbesondere als intermediärer Unternehmenserfolg in einem positiven Verhältnis zur finanziellen Unternehmensleistung (Calantone 2002; Zack et al. 2009; Lopez 2005).

Zack et al. (2009) überprüfen in ihrer Studie die Beziehung zwischen der Mediatorvariable „Operational Performance" – zusammengesetzt aus „Product Leadership", „Customer Intimacy" und „Operational Excellence" – und den finanziellen Unternehmensleistungen. Die Studienergebnisse belegen, dass WM-Praktiken mit einer höheren „Organisational Performance" einhergehen, die wiederum in einem positiven Verhältnis zur finanziellen Unternehmensleistung wie Profitabilität, Gesamtkapital- und Eigenkapitalrentabilität steht. Desweiteren konstatieren die Autoren, dass Unternehmen mit einer hohen „Operational Excellence" im speziellen unternehmensinterne WM-Aktivitäten (z. B. Identifizierung von Mitarbeitern mit besonderen Kompetenzen, Feedback- und Anreizsysteme) einsetzen. Dahingegen fokussieren Unternehmen mit einer sehr guten „Product Leadership" neben unternehmensinternen WM-Aktivitäten auch ein strategisches WM, bei dem sie externe WM-Verfahren wie Benchmarking und „shared best practices" implementieren. Das größte Spektrum an WM-Aktivitäten wird nach der Studie von Zack et al. (2009) bei denjenigen Unternehmen umgesetzt, die sich durch eine hohe „Customer Intimacy" charakterisieren lassen. Bezüglich des WM- Einsatzes betonen die Autoren, dass die Vielfalt an WM-Aktivitäten beachtet werden muss und somit keine willkürliche Umsetzung von WM-Aktivitäten erfolgen sollte. Die Studie verdeutlicht, dass WM-Aktivitäten bewusst und zielorientiert zur Verbesserung verschiedener organisationaler Leistungsindikatoren eingesetzt werden sollten.

Aus Untersuchungen, die das Verhältnis zwischen Konzepten des WM/ICM oder Organisationalen Lernens und der Unternehmensleistung thematisieren (Lopez 2005; Tanriverdi 2005; Spicer & Smith 2006), gehen signifikante Zusammenhänge zwischen WM/ICM- Konzepten und monetärem bzw. nicht-monetärem Unternehmenserfolg hervor. Spicer und Smith (2006) haben in ihrer Studie kleine und mittlere Unternehmen aus dem Industriegewerbe im Hinblick auf ihre Lernorientierung und Unternehmensleistung untersucht. Sie stellen fest, dass in KMUs ein aktives (double loop) Lernverhalten signifikant mit finanziellem und nicht-finanziellem Unternehmenserfolg einhergeht. Aus dem signifikanten Zusammenhang leiten die Autoren für das Management die Relevanz von *aktiv- hochgradigem Lernen* ab, bei der der Reflexion und der Veränderungsbereitschaft neben der Fehlerkorrektur und Handlungsoptimierung ein größerer Stellenwert eingeräumt wird. Die Studienergebnisse belegen das positiv-signifikante Verhältnis zwischen Organisationalem Lernen (double loop) und Unternehmenserfolg und verdeutlichen darüberhinaus die Relevanz und Kenntnisnahme von unterschiedlichen Lernformen für die unternehmerische Praxis:

> "Such active approaches to learning require firm's to continually challenge, review and revise or renew their routines in respones to change. Underlying this, there needs to be an appropriate and supportive culture that provides systems and procedures to facilitate information flows, advances appropriate employee development, and encourages risk-taking, experimentation and a genuine entrepeneurial orientation" (Spicer & Smith 2006, S. 125)

7.2.3.2   Studienergebnisse WM2010

Eine Zielsetzung der Studie bestand wie zuvor beschrieben darin, die Beziehung zwischen WM/ICM-Aktivitäten und unternehmerischem Erfolg zu analysieren. Als relevante Erfolgsfaktoren wurden in der Studie Mitarbeitermotivation, Innovationsfähigkeit, Wettbewerbsfähigkeit sowie monetäre Erfolgsfaktoren/BaseI II Ratings einbezogen. Als Indikator für die WM/ICM-Aktivitäten diente der „Gesamtausbaustand-Index des WM/ICM" (vgl. Abschnitt 2.1). Im Folgenden werden zunächst die Beziehungen zwischen diesem Index und den einzelnen monetären bzw. nicht-monetären Erfolgsgrößen untersucht. Anschließend wird in einer erweiterten Perspektive der Zusammenhang zwischen intangiblen Ressourcen und Unternehmensleistung überprüft (vgl. Abschnitt 3)

Abbildung 7.13   Gesamtausbaustand WM/ICM und potentielle Erfolgsfaktoren (n = 3401)

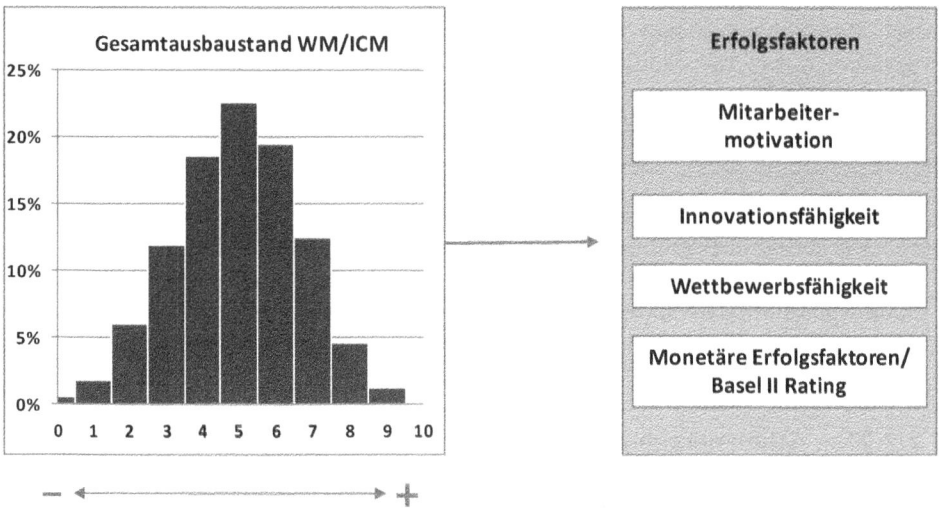

Studienergebnisse zu WM/ICM und Mitarbeitermotivation

Die Mitarbeitermotivation wurde in Anlehnung an das Konzept der Organisationalen Energie (Cole et al. 2005; Bruch 2009) operationalisiert. Mit einer Korrelationsspanne von .354 bis .406 hängt der WM/ICM-Ausbaustand moderat bis stark mit der Mitarbeitermotivation zusammen. Die Tabelle 3 enthält die Korrelationen zwischen dem WM/ICM-Ausbaustand, den einzelnen WM Phasen und der Mitarbeitermotivation. Wie aus der Tabelle hervorgeht, ist der größte Zusammenhang zwischen Mitarbeitermotivation und den Maßnahmen der Wissensumsetzung gegeben.

Tabelle 7.3   WM/ICM und Mitarbeitermotivation (n = 3401)

WM/ICM (Komponenten/ Ausbaustand)	Korrelationen Mitarbeitermotivation
Wissensumsetzung	.406**
Wissensidentifikation	.384**
Wissensdiffusion	.368**
Wissensbewahrung	.354**
WM/ICM-Ausbaustand insgesamt	.416**

**Die Korrelation ist auf dem Niveau von 0.02 (2-seitig) signifikant

Studienergebnisse zu WM/ICM und Innovationsfähigkeit

Als zweiten Anhaltspunkt für organisationalen Erfolg wurden Einschätzungen zur Innovationsfähigkeit des Unternehmens herangezogen. Die Operationalisierung der Innovationsfähigkeit beinhaltet wie der nachfolgenden Abbildung 14 zu entnehmen ist, die Produkt-, Prozess und Dienstleistungsinnovation und weist eine entsprechend hohe Reliabilität (Cronbachs Alpha; α=.859) im Hinblick auf die Gesamtinnovationsfähigkeit auf.

Abbildung 7.14   Indikatoren der Innovationsfähigkeit (n = 3401)

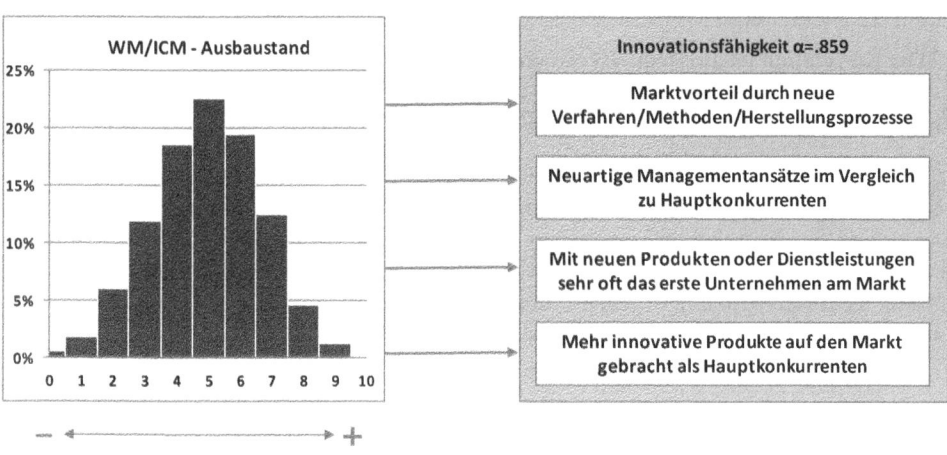

Betrachtet man auch hier die Zusammenhangsmaße, so ist zu erkennen, dass Indikatoren der Innovationsfähigkeit eng mit den WM/ICM-Aktivitäten einhergehen. Nachfolgende Tabelle verdeutlicht die starke Beziehung zwischen betrieblichem WM/ICM und der Innovationsfähigkeit insgesamt. Der hohe positive Zusammenhang zwischen Maßnahmen der internen und externen Wissensidentifikation (vgl. Maßnahmen zur Wissensidentifikation) verdeutlicht die zuvor aufgeführte Relevanz von Prozessen und Maßnahmen, die auf die Erkennung relevanter Wissensressourcen innerhalb und außerhalb der Unternehmensgrenzen ausgerichtet sind.

Tabelle 7.4   WM/ICM und Innovationsfähigkeit (n = 3401)

WM/ICM (Komponenten/ Ausbaustand)	Korrelationen Innovationsfähigkeit
Wissensumsetzung	.458**
Wissensidentifikation	.469**
Wissensdiffusion	.405**
Wissensbewahrung	.422**
WM/ICM-Ausbaustand insgesamt	.488**

Die Korrelation ist auf dem Niveau von 0.02 (2-seitig) signifikant.

Studienergebnisse zu WM/ICM und Wettbewerbsfähigkeit

Zur Ermittlung der Wettbewerbsfähigkeit wurden die Befragten aufgefordert Kennzahlen zur Geschäftssituation und zum Absatzmarkt im Vergleich zu ihren Hauptkonkurrenten zu bewerten. Die Korrelationen zwischen Aktivitäten im Bereich des WM/ICM und der Wettbewerbsfähigkeit im Vergleich zu den Hauptkonkurrenten lässt einen signifikant positiven Zusammenhang erkennen, der jedoch im Verhältnis zur Mitarbeitermotivation und zur Innovationsleistung deutlich niedriger ausfällt.

Tabelle 7.5   WM/ICM und Wettbewerbsfähigkeit (n = 3401)

WM/ICM- Ausbaustand	Korrelationen Wettbewerbsfähigkeit (Komponenten)
WM/ICM – Ausbaustand	.139** Absatzmarkt
WM/ICM- Ausbaustand	.121** Geschäftssituation
WM/ICM -Ausbaustand	.136** Wettbewerbsfähigkeit gesamt

Die Korrelation ist auf dem Niveau von 0.02 (2-seitig) signifikant.

Studienergebnisse zu WM/ICM und monetäre Kennzahlen

Desweiteren hat die Studie den Unternehmenserfolg durch Fragen zu monetären Kennzahlen, u.a. Indikatoren des Basel II Ratingverfahrens, erfasst. Auch wurde die Drei-Jahresentwicklung (2008 bis 2011) im Hinblick auf die monetären Erfolgsindikatioren Marktanteil, Kundenanteil, Kapitalrentabilität, Gewinn und Umsatz erfragt. Die Gesamtbetrachtung der monetären Kennzahlen zeigt mit .162 einen relativen schwachen Zusammenhang zu WM/ICM-Aktivitäten. Den stärksten Zusammenhang weisen die WM/ICM-Aktivitäten hierbei zum Marktanteil auf.

Tabelle 7.6   WM/ICM und monetäre Kennzahlen (n = 3401)

WM/ICM- Ausbaustand	Korrelationen Monetäre Kennzahlen (Komponenten)
WM/ICM – Ausbaustand	.187 ** Marktanteil
WM/ICM – Ausbaustand	.142** Kundenanteil
WM/ICM – Ausbaustand	.140** Kapitalrentabilität
WM/ICM – Ausbaustand	.126** Gewinn
WM/ICM – Ausbaustand	.116** Umsatz
WM/ICM – Ausbaustand	.162** Monetäre Kennzahlen gesamt

**Die Korrelation ist auf dem Niveau von 0.02 (2-seitig) signifikant.

7.3   Intellectual Capital (IC) und organisationale Leistungsfähigkeit

Wenn man nun nicht, wie im vorangegangenen Abschnitt pauschal alle WM/ICM-Aktivitäten zu einem Gesamtindex summiert, sondern gemäß der IC Architektur (vgl. Pawlowsky 2010, und Pawlowsky et al. 2010 in diesem Band) zwischen Humankapital, Strukturkapital und Beziehungskapital (Edvinsson & Malone 1997; Sveiby 1997; Stewart 1997; Brooking 1997) unterscheidet, inwieweit lassen sich dann für deutsche Unternehmen, die in der Literatur vermuteten Beziehungen zwischen diesen intangiblen Kapitalformen und der organisationalen Leistungsfähigkeit bestätigen?

Die grundlegende Hypothese, dass die organisationale Innovations- und Wettbewerbsfähigkeit in hohem Maße vom IC abhängt, stellt die Kernüberlegung der Diskussion dar (vgl. Nahapiet & Ghoshal 1998; Bontis 1998). Wenn Organisationen über einen hohen Umfang an IC verfügen, müsste sich eine stärkere Innovations- und Wettbewerbfähigkeit zeigen lassen, die sich auch in entsprechenden monetären Leistungskennziffern ausdrückt.

7.3.1   Relevante empirische Studien

In der Literatur wird der Zusammenhang zwischen Intellektuellem Kapital und Unternehmensleistung in unterschiedlichen Untersuchungen hinterfragt: Subramaniam und Youndt (2005) haben den Zusammenhang zwischen IC und Innovationsfähigkeit im Rahmen einer Längsschnittanalyse in 93 Unternehmen untersucht und festgestellt, dass Humankapital, Organisationskapital und Soziales Kapital inkrementelle und radikale Innovationen beeinflussen. Organisationales Kapital hat einen stärkeren Zusammenhang mit inkrementellen Innovationen, während Humankapital und Soziales Kapital stärker mit radikalen Innovationspotentialen einhergehen.

Nach Wu et al. (2008) wird der Zusammenhang zwischen IC und Innovation entscheidend durch das interne soziale Kapital und der „entrepeneurial orientation" bestimmt. Während „innovativeness", „proactiveness" und „risk-taking" mitunter die „entrepeneurial orientation" kennzeichnen, umschließt das interne Sozialkapital unter anderem die Kommunikation zwischen den Mitarbeitern sowie eine gemeinsame Zielorientierung und Lernkultur innerhalb des Unternehmens. Die Studienergebnisse implizieren für die unternehmerische Praxis, dass Unternehmen, die ihr IC und ihre Innovationsleistung erhöhen wollen, das interne soziale Kapital und die entsprechende Geschäftsorientierung beachten sollten.

Herremans et al. (2011) stellen eine Verbindung zwischen der Forschung des Resource based view (Rbv) und den IC-Ansätzen her, indem sie die drei intangiblen Kapitalarten als Kernkompetenzen einer Organisation entlang des Rbv beschreiben und die Entscheidungsunsicherheit im Hinblick auf diese Ressourcen überprüfen. Das Management der drei IC Komponenten entscheidet nach den Autoren inwiefern die unternehmerischen Ressourcen und Fähigkeiten den externen Umweltbedingungen angepasst werden können:

> „consequently, an important decision for the organization is the extent that these three dimensions of IC actively need to be emphasized, managed, and monitored to ensure that the organization's capabilites fit with its external environment" (Herremans et al. 2011, S. 628)

Der Abstimmungsgrad zwischen diesen Ressourcen und der externen Umwelt sind ein entscheidendes Kriterium zur Entwicklung wettbewerbsrelevanter IC-Kompetenzen einer Organisation. Die Ergebnisse bestätigen einen Zusammenhang zwischen dem Ausbaustand des IC Managementsystems und der wahrgenommenen Entscheidungsunsicherheit. Je besser die IC Metakompetenzen einer Organisation sind, umso eher wird die Umwelt als kontrollierbar angesehen und umso geringer ist die interne Unsicherheit im Umgang mit den intangiblen Ressourcen. Demnach sollten Unternehmen zur Verringerung der Unsicherheit im Umgang mit den intangiblen Ressourcen, ein entsprechendes Management-System, ein Mindestmaß an organisationalen Routinen und den ständigen Informationszugriff durch Informations- und Kommunikationstechnologien etablieren (Herremans et al. 2011). Folglich erfordert die IC-Akkumulation nach Herremans et al. (2011) und Wu et al. (2008) einen Unternehmenskontext und Organisationsprozesse, welche denen des Organisationalen Lernens entsprechen und somit durch WM-Aktivitäten unterstützt werden können.

Die zentrale Bedeutung des Humankapitals für die übrigen zwei IC-Komponenten Strukturkapital und Kundenkapital. (Bontis 2000; Rastogi 2003) rückt die Förderung der Mitarbeiterkompetenzen und –fähigkeiten durch das Strategische Personalmanagement ins Zentrum der Betrachtung (Rodriguez & Pablos 2002). Strategische Personalmanagementmaßnahmen fördern individuelle und kollektive Lernprozesse und tragen zugleich zur Akkumulation von IC bei, welche wiederum in einem positiven Verhältnis zur Unternehmensleistung stehen (Yang 2009; Lopez 2005).

In der Literatur herrscht weitgehend Konsens darüber, dass durch HRM-Praktiken die Strukturen für unterstützende Lernprozesse und -Kontexte geschaffen werden können

(Theriou & Chatzoglou 2007; Lopez 2005; Minbeava 2005). Diese unternehmensspezifischen und komplexen Prozesse in Form des Organisationalen Lernens befähigen Unternehmen nachhaltige Wettbewerbsvorteile und Kernkompetenzen in Form des IC zu generieren.

So gilt es zur Beantwortung der Frage „generiert IC-Management monetären Nutzen?" sich mit zwei zentralen Fragestellungen zu beschäftigen. Erstens, wie beeinflussen die einzelnen IC-Komponenten den monetären Unternehmenserfolg und zweitens, kann durch ein adäquates IC-Management nachhaltiger Unternehmenserfolg erzielt werden? Zur Klärung der letzten Forschungsfrage findet ein integrativer Ansatz Anwendung, der u.a. Strategisches Personalmanagement und Formen des Intellektuellen Kapitals in Beziehung zur Innovations- und Performanceleistung setzt.

7.3.2   IC- Komponenten und Unternehmensleistung

Fragestellung 1: Welche (Wechsel-)Beziehungen bestehen zwischen den IC-Komponenten und Unternehmensperformance?

Um Wirkungsaussagen von Intellektuellen Kapital(management) auf monetären Unternehmenserfolg zu treffen, ist ein Verständnis der Beziehung der einzelnen IC-Komponenten (untereinander und im Bezug auf die Erfolgsgröße) erforderlich. Trotz der Heterogenität in der Begriffsverwendung und der Klassifikation des ICs, herrscht in der Literatur (vgl. auch Pawlowsky, Edvinsson und Kneisel et.al in diesem Band) weitgehend Konsens darüber, IC in die drei Kategorien Humankapital, Beziehungskapital und Strukturkapital zu unterteilen (Edvinsson & Malone 1997; Choo & Bontis 2002; Joia 2000).

Abbildung 7.15   Taxonomie nach Edvinsson und Malone 1997

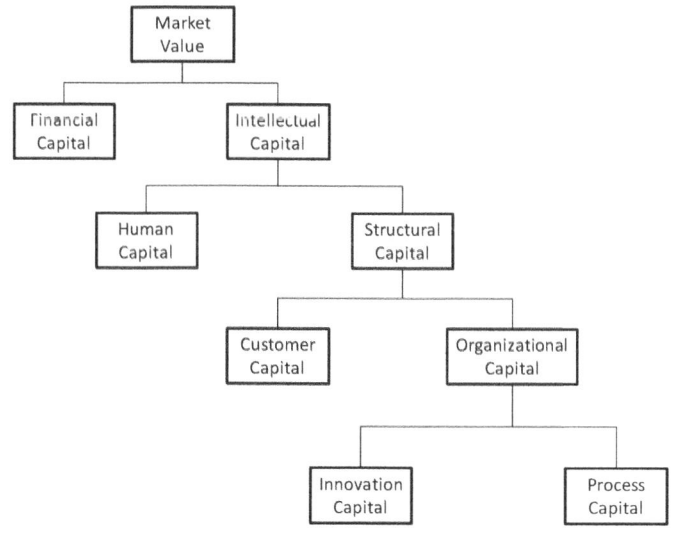

Diese hierarchische Taxonomie Intellektuellen Kapitals (vgl. Abbildung 15) wurde bereits von Autoren (Huang & Hsueh 2007; Youndt et al. 2004; Sharabati et al. 2010) aufgegriffen, um das Verhältnis zwischen IC Komponenten und Unternehmensleistung zu untersuchen. Unter Berücksichtigung der empirischen Forschungsergebnisse (Bontis et al. 2000; St-Pierre & Audit 2011; Wang & Chang 2005) werden folgende Annahmen getroffen und in ein entsprechendes Forschungsmodell überführt: Die Komponente Humankapital gilt als fundamentales IC-Element, welches die drei weiteren IC-Komponenten (Innovations-, Prozessund Beziehungskapital) beeinflusst. Humankapital beeinflusst indirekt durch die drei weiteren IC-Elemente (Innovationskapital, Prozesskapital und Beziehungskapital) den Unternehmenserfolg (vgl. Abbildung 16).

Abbildung 7.16 Untersuchungsmodell IC-Komponenten und Performance

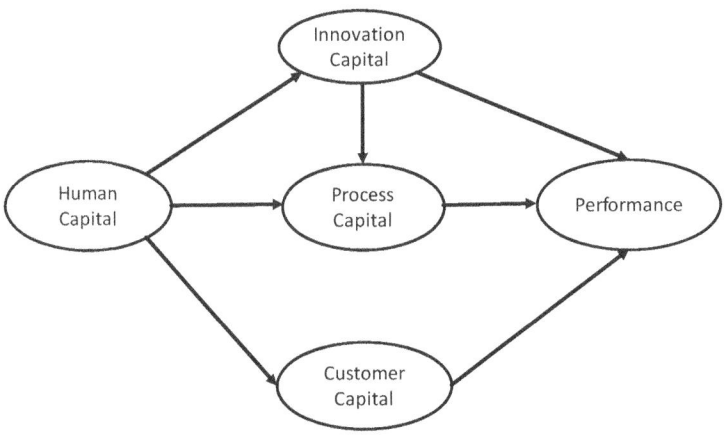

Das Forschungsmodell wird anhand von 2933 Unternehmen aus der zuvor beschriebenen Stichprobe überprüft. Wesentliche Ergebnisse (standardisierte Pfadkoeffizienten und Varianzaufklärung) dieser deutschlandweiten Untersuchung finden sich in Abbildung 17 wieder. Die Gütekriterien mit NFI = .904, CFI = .913 und RMSEA = .056 (Hu & Bentler 1999) weisen auf einen guten Modell-Fit hin. Ergebnisse der Analyse zeigen, dass Humankapital jeweils direkt einen positiven signifikanten Einfluss auf Innovations-, Prozess- und Beziehungskapital ausübt, wobei die Beziehung zwischen Humankapital und Beziehungskapital die stärkste positive Wirkung zeigt. Innovationskapital übt einen signifikant positiven Einfluss auf Prozesskapital aus. Zudem wird Performance indirekt durch Innovationskapital und direkt durch Prozesskapital beeinflusst. Die Ergebnisse bestätigen die Bedeutung des Humankapitals, verdeutlichen jedoch auch die Wechselbeziehung zwischen den vier IC-Komponenten (Edvinsson & Malone 1997; Youndt et al. 2004) im Hinblick auf den Unternehmenserfolg.

Die Operationalisierung und deskriptiven Größen der einzelnen Komponenten sind der Tabelle 7 im Anhang zu entnehmen.

Abbildung 7.17 Pfaddiagramm mit standardisierter Lösung von (Wechsel)Beziehungen IC und Performance

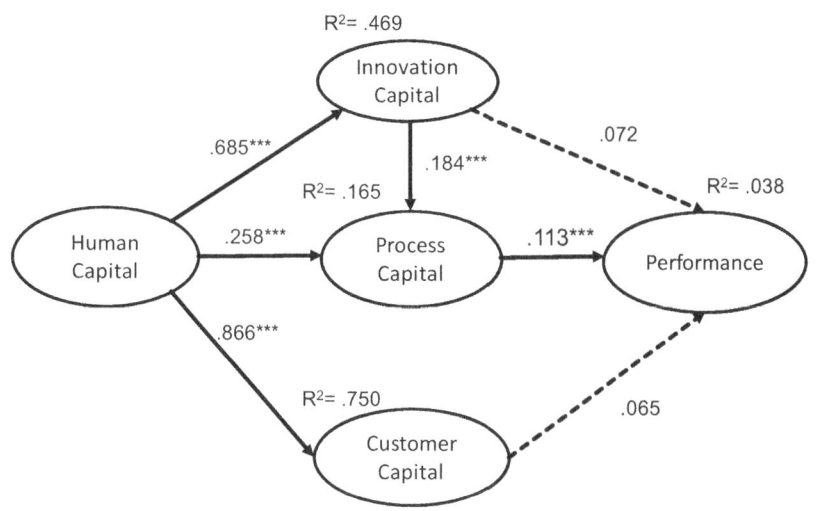

7.3.3 Integratives WM/ICM Rahmenmodell

Fragestellung 2: Welche Zusammenhänge bestehen zwischen WM/ICM-Aktivitäten, IC, Innovation und Performance?

Gilt es konkrete Aussagen zum monetären und finanziellen Nutzen von IC-Management zu treffen, ist zwar die Betrachtung der IC-Komponenten auf Unternehmenserfolg notwendig, aber nicht hinreichend. Deshalb wird im Folgenden ein integratives Rahmenmodell vorgestellt, welches eine Erweiterung des bisherigen Forschungsmodells (vgl. Abbildung 16) um die externen Faktoren Strategisches Personalmanagement und Knowledge Management (vgl. Teece 2000) darstellt. Als weitere Prozessgröße wird Innovationsfähigkeit der Organisation mit aufgenommen (vgl. Subramaniam & Youndt 2005; Wu et al. 2008). Der Unternehmenserfolg wird durch finanzielle und monetäre Kennziffern sowie deren Einschätzung im Vergleich zum Hauptkonkurrenten abgebildet. Ergebnisse der Untersuchung sind in der Abbildung 18 aufgeführt. Zur Bewertung der Datenanpassung wurden folgende Gütemaße verwendet: der Comparative Fit Index (CFI; Bentler 1990), der Normed Fit Index (NFI; Bentler & Bonnett 1980) und der Root-Mean-Square-Error of Approximation (RMSEA; Bollen et al. 1996). Die Betrachtung der Fit-Indizes lassen auf eine gute Güte des Modells schließen (CFI = .921, TLI = .902 und RMSEA = .055). Auch die Betrachtung der jeweiligen Vorzeichen stimmt mit den postulierten positiven Wirkungen überein. Die erklärte Varianz (R^2) der Variable Intellektuelles Kapital beträgt 32 Prozent, der Variable Innovationsfähigkeit 21 Prozent und der Variable Performance 26 Prozent. Betrachtet man die Wirkungszusammenhänge, so sind alle signifikant (p < .001). Die Ergebnisse zeigen, dass die Einflussgrößen Knowledge Management und Strategisches Personalmanagement jeweils einen signifikanten positiven Einfluss auf Intellektuelles Kapital zeigen (β = .34 bzw. β = .33) und 32 Pozent der Varianz der Variable Intellektuelles Kapital erklären. Auch der a priori postulierte positive Zusammenhang zwischen dem Intellektuellen Kapital und Innovationsfähigkeit kann bestätigt werden (β = .46). Des Weiteren wird 26 Prozent der Performance durch die Variable Innovation erklärt, wobei hier ebenfalls ein hoher signifikanter Zusammenhang (β = .51) bestätigt werden kann.

Abbildung 7.18   Integratives WM/ICM-Rahmenmodell

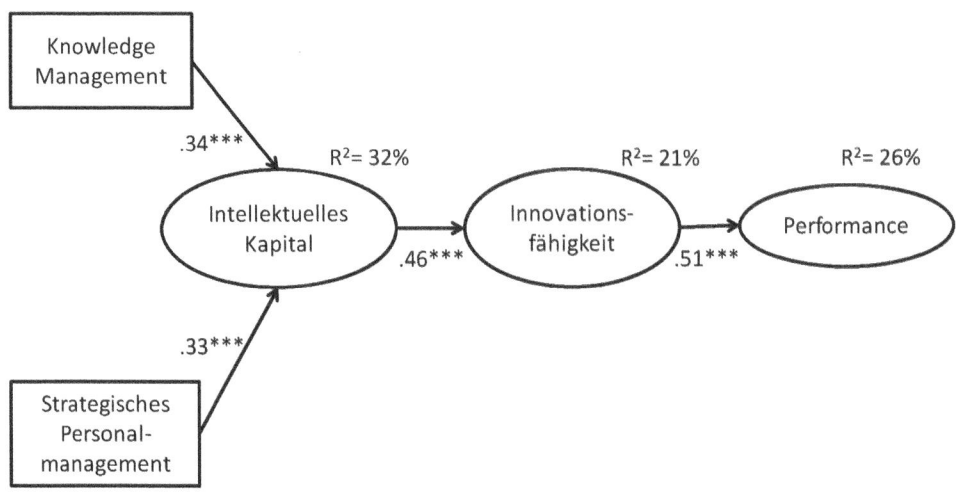

Zusammenfassend kann mit der vorliegenden Untersuchung gezeigt werden, dass Knowledge Management und Strategisches Personalmanagement einen bedeutenden positiven Einfluss auf Intellektuelles Kapital haben. Intellektuelles Kapital übt einen starken positiven Einfluss auf die Innovationsfähigkeit einer Organisation aus, welche wiederum einen wesentlichen Beitrag zum Unternehmenserfolg leistet. Hieraus lässt sich ableiten, dass ein aktives Knowledge Management, welches sich durch die Nutzenwahrnehmung eines systematischen Umgangs mit Geschäftsprozessen, eines systematischen Informationsaustausches zwischen den Mitarbeitern, einer systematischen Weitergabe von Wissen aus Projekterfahrungen, einer Identifikation von Erfahrungsträgern zur Wissensnutzung sowie einer strategischen Bewertung und Bilanzierung von Unternehmenswissen abzeichnet, IC positiv beeinflusst. Konkret bedeutet dies, je höher der Nutzen dieser Aktivitäten in Unternehmen eingeschätzt wird, desto höher ist das Intellektuelle Kapital ausgeprägt. Des Weiteren verdeutlichen die Ergebnisse einen signifikanten Zusammenhang zwischen Strategischem Personalmanagement und Intellektuellem Kapital. Hieraus ergibt sich, dass Unternehmen, die ihr Personal als strategische Ressource begreifen, deren Personalabteilung einen deutlichen Beitrag zum Unternehmenserfolg leistet, welche eine frühzeitige und sich an der Geschäfsstrategie orientierte Personalplanung betreiben, die ihre Mitarbeiter aus dem Personalbereich frühzeitig in die strategische Planung mit einbeziehen und die regelmäßig den Qualifikationsbedarf im Unternehmen ermitteln, einen höheres Profil Intellektuellen Kapitals vorweisen. Ebenfalls verdeutlicht der hohe positive Zusammenhang zwischen Intellektuellem Kapital und Innovationsfähigkeit folgendes: Je höher die Ausprägung der IC-Komponenten ist, desto höher ist die Innovationsfähigkeit der Organisation. Innovationsfähigkeit umfasst sowohl die Positionierung neuer Produkte und Dienstleistungen am Markt, das Vorhandensein von neuartigen Managementkonzepten sowie die Erzielung von Marktvorteilen durch neue Verfahren, Methoden und Herstellungsprozesse. Der positive Wirkungszusammenhang zwischen Innovationsfähigkeit und Unternehmenserfolg bestätigt die Notwendigkeit und Bedeutung der Innovationsfähigkeit für die Generierung nachhaltiger Wettbewerbsvorteile

7.4   Zusammenfassung und Fazit

Die Studie kann aufgrund ihrer empirischen Basis einen wichtigen Beitrag zur WM/ICM Thematik in der deutschen Wirtschaft leisten. Basierend auf einer repräsentativen Befragung deutscher Unternehmen wird zum einen ein Überblick zum Status-quo der WM/ICM-Aktivitäten gegeben und zum anderen werden wichtige potentielle Erklärungsgrößen zur Implementierung von WM-Aktivitäten dargestellt. Ein besonderer Fokus der Studie lag in der Analyse des Zusammenhangs zwischen intangiblen Ressourcen und Unternehmensperformance. Im Rahmen dessen wurde zunächst theoretisch-konzeptionelle Arbeit geleistet, indem themenrelevante Studien analysiert und für die vorliegende Untersuchung herangezogen wurden. Die Replizierung von empirischen Befunden aus dem internationalen Kontext anhand einer repräsentativen Studie für Deutschland ermöglicht es fundierte und generalisierbare Aussagen im Hinblick auf die Relevanz von WM/ IC Konzepten zu treffen.

Als wesentliches Studienergebnis zum Status quo an WM/ICM-Aktivitäten in der deutschen Wirtschaft ist festzuhalten, dass bei der Mehrzahl der 3401 befragten Unternehmen sich eine überragende Bedeutung von Wissensmanagement zur Kundenorientierung (Kontakte, Reklamation) und zur Fehleridentifikation und Kompetenzidentifikation im Unternehmen zeigt. So räumt ein Großteil der befragten Unternehmen dem „direkten Kundenkontakt" und der „Analyse und systematischen Auswertung von Kundenreklamationen" einen hohen Stellenwert ein. Über die Hälfte der befragten Unternehmen ordnen der „Analyse von Fehlern" und dem interpersonalen „Erfahrungsaustausch mit Kollegen und Vorgesetzten" und der „Identifikation von Mitarbeitern mit besonderen Kompetenzen" einen sehr hohen Stellenwert zu.

Übereinstimmend mit dem aktuellen Studienergebnis, dass die Einbindung von Mitarbeitern in strategischen Positionen zu den wichtigsten personalorientierten WM/ICM-Maßnahmen gehört, ist die Einplanung des Personals als strategische Ressource in den meisten deutschen Unternehmen als eine sehr wichtige HRM-Maßnahme anzutreffen. In einer Gesamtbetrachtung der Ergebnisse kristallisieren sich das Kundenwissen und das strategische Wissen der Mitarbeiter als die wichtigsten Eckpfeiler der deutschen Wirtschaft im Umgang mit den intangiblen Ressourcen heraus.

Des Weiteren wurden durch die repräsentative Unternehmensbefragung der Studie „Wettbewerbsfaktor Wissensmanagement 2010" potentielle unternehmensinterne und –externe Einflussgrößen für den Einsatz von Wissensmanagement-Praktiken ermittelt. In diesem Kontext ist ein entscheidendes Ergebnis, dass der Wissensmanagement-Reifegrad in deutschen Unternehmen weniger von Betriebsgrößen, Umsatz und Branchen, als von Geschäftsstrategien und Kernkompetenzen bestimmt wird. So verfügt die Mehrzahl der befragten Unternehmen über eine kundenorientierte Strategie, für die Wissensmanagement einen wichtigen Stellenwert einnimmt. Dabei ist Wissensmanagement besonders in den Unternehmen stark ausgeprägt, die vorwiegend eine Kunden-, Innovations- und HRM-Strategie verfolgen. Dahingegen sind in denjenigen Unternehmen, bei denen eine kostenorientierte Wettbewerbsstrategie vorherrscht, WM/ICM-Aktivitäten in einem geringeren Umfang anzutreffen. Weiterhin geht aus der Studie hervor, dass sich v.a. Unternehmen mit einem ausgeprägten Bewusstsein für Marktdynamik und Personal durch ein umfangreiches Wissensmanagement auszeichnen.

Ein Kernergebnis der Studie WM 2010 besteht in der Tatsache, dass eine wissensbewusste Unternehmensführung signifikant mit der monetären und nicht monetären Unternehmensleistung zusammenhängt. Die Studienergebnisse zeigen, dass WM/ICM-Aktivitäten insbesondere sehr stark mit einer hohen Mitarbeitermotivation und einer hohen Innovationsfähigkeit einhergehen.

Eine weitere Untersuchungsdimension der Studie bestand darin, die Relevanz von IC auf den Unternehmenserfolg zu bestimmen. Wesentliches Ergebnis hier ist, dass IC einen positiven Einfluss auf Innovationsfähigkeit zeigt, die wiederum die Unternehmensperformance stark beeinflusst. Hierbei ist zu beachten, dass Strategisches Personalmanagement und aktives Knowledge Management einen wichtigen Beitrag zur IC-Akkumulation leisten. Folglich kann der Einfluss der intangiblen Ressourcen auf den Unternehmenserfolg durch die Implementierung der beschriebenen Managementinstrumente entscheidend bestimmt werden.

Anhang

Tabelle 7.7   Operationalisierung Intellektuelles Kapital

	M	SD
Humankapital		
Höhere Motivation und Loyalität der Mitarbeiter	8.03	1.750
Mitarbeiter mit besseren Kenntnissen und Fähigkeiten als der Wettbewerber	7.84	1.882
Höhere Lernfähigkeit der Mitarbeiter	7.33	1.832
Besonders kreative Mitarbeiter	7.49	1.956
Kundenkapital		
Einen besonders engen Kundenkontakt	8.67	1.475
Besondere Kundenzufriedenheit	8.68	1.428
Bessere Fähigkeit, Kundenbedürfnisse zu erkennen und umzusetzen	8.05	1.711
Bessere Netzwerkbeziehungen/Kontakte	7.24	2.189
Innovationskapital		
Wandlungs- und Anpassungsfähigkeit des Unternehmens/Flexibilität	8.21	1.694
Schnellere Entwicklung neuer Angebote	7.09	2.414
Innovativere Produkte	6.74	2.692
Maßgeschneiderte Einzellösungen für Kundengruppen	7.75	2.372
Prozesskapital		
Dokumentation von Geschäftsprozessen	6.87	2.759
Aufbereitung und Dokumentation von Expertenwissen	5.77	2.938
Aufbereitung und Dokumentation von Erfahrungswissen ausscheidender Mitarbeiter (z.B. Austrittinterviews)	4.18	3.223
Nutzung von elektronischen Datenbanken im Unternehmen	6.79	3.114
Die Items wurden mittels einer 10stufigen Likert-Skala erfasst (0 = trifft gar nicht zu und 10 = trifft voll und ganz zu).		

Um Performance zu messen, wurden verschiedene Kennzahlen erfragt.

Tabelle 7.8   [hier Tabellenüberschrift]

Performance: Wie haben sich folgende Kennzahlen in den letzten drei Jahren in Ihrem Unternehmen entwickelt?	M	SD
Gewinn	3.27	1.013
Umsatz	3.48	1.012
Kapitalrentabilität	3.27	0.949
F&E Investitionen	3.11	0.972
Marktanteil	3.41	0.817
Die Items wurden mittels einer 5stufigen Likert-Skala erfasst (1 = stark gesunken und 5 = stark gestiegen).		

Tabelle 7.9   Operationalisierung Rahmenmodell

	M	SD
Strategisches Personalmanagement		
Die Personalabteilung leistet einen deutlichen Beitrag zum Erfolg des Unternehmens	6.48	3.011
Das Personal stellt eine strategische Ressource für das Unternehmen dar	8.37	2.094
In unserem Unternehmen gibt es eine frühzeitige Personalplanung, die sich an der Geschäftsstrategie orientiert	6.88	2.627
Bei uns werden die Mitarbeiter aus dem Personalbereich frühzeitig in die strategische Planung einbezogen	6.18	2.983
Knowledge Management		
Systematisches Sammeln und Aufbereiten von Geschäftsinformationen	6.93	2.452
Systematischer Wissens- und Informationsaustausch zwischen den Mitarbeitern	7.71	2.233
Systematische Formen der Wissensweitergabe im Anschluss an Projekte	7.02	2.658
Identifikation von Erfahrungsträgern im Unternehmen, um deren Wissen zu nutzen	7.50	2.329
Strategische Bewertung und Bilanzierung von Unternehmenswissen	6.23	2.756
Innovationsfähigkeit		
Unser Unternehmen hat in den letzten 3 Jahren im Vergleich zu unserem Hauptkonkurrenten mehr innovative Produkte auf den Markt gebracht.	5.15	3.271

	M	SD
Unser Unternehmen ist mit neuen Produkten oder Dienstleistungen sehr oft das Erste am Markt.	5.33	3.107
Unsere Managementansätze sind im Vergleich zu unserem Hauptkonkurrenten neuartig.	4.56	2.920
Wir verschaffen uns durch neue Verfahren, Methoden oder Herstellungsprozesse fast immer einen Marktvorteil.	5.21	2.976
Performance im Vergleich zu Hauptkonkurrenten		
Geschäftssituation (R)	5.84	1.777
Absatzmarkt (R)	5.70	1.688
Die Items wurden mittels einer 10stufigen Likert-Skala erfasst.		

Tabelle 7.10   Performance Kennzahlen

Performance: Wie haben sich folgende Kennzahlen in den letzten drei Jahren in Ihrem Unternehmen entwickelt?	M	SD
Gewinn	3.27	1.013
Umsatz	3.48	1.012
Kapitalrentabilität	3.27	0.949
F&E Investitionen	3.11	0.972
Marktanteil	3.41	0.817
Die Items wurden mittels einer 5stufigen Likert-Skala erfasst (1 = stark gesunken und 5 = stark gestiegen).		

Literaturverzeichnis

Behrends, T. & Martin A. (2006): Personalarbeit in Klein- und Mittelbetrieben. Empirische Befunde und Ansatzpunkte zu ihrer theoretischen Erklärung. In: Zeitschrift für KMU & Entrepreneurship 54 (1), S. 25-49.

Bentler, P. M. (1990): Comparative fit indexes in structural models. In: Psychological Bulletin 107 (2), S. 238-246.

Bentler, P. M. & Bonnett, D. G. (1980): Significance tests and goodness of fit in the analysis of covariance structures. In: Psychological Bulletin 88 (3), S. 588-606.

Bollen, K. A.; Long, S. J. (1996): Testing structural equation. 4. Aufl. Newbury Park: Sage Publications. Online verfügbar unter http://www.worldcat.org/oclc/611203404.

Bontis, N. (1998): Intellectual capital. An exploratory study that develops measures and models. In: Management Decision 36 (2), S. 63-76.

Bontis, N. (2001): Assessing knowledge assets. A review of the models used to measure intellectual capital. In: International Journal of Management Reviews 3 (1), S. 41-60.

Bontis, N.; Keow, W. C. C.; Richardson, S. (2000): Intellectual capital and business performance in Malaysian industries. In: Journal of Intellectual Capital 1 (1), S. 85-100.

Brooking, A. (1997): Intellectual Capital. London: International Thompson Business Press.

Bruch, H. & Vogel, B. (2008): Organisationale Energie. Wie Sie das Potenzial Ihres Unternehmens ausschöpfen. Wiesbaden: Gabler.

Calantone, R. J.; Cavusgil, S. T. & Zhao, Y. (2002): Learning orientation, firm innovation capability, and firm performance. In: Industrial marketing management 31 (6), S. 515-524.

Choo, C. W.; Bontis, N. (2002): The strategic management of intellectual capital and organizational knowledge. Oxford: Oxford University Press. Online verfügbar unter http://www.worldcat.org/oclc/471584041.

Cole, M.; Bruch, H. & Vogel, B. (2005): Development and validation of a measure of organizational energy. In: Academy of Management Annual Meeting Proceedings, S. V1-V6. Online verfügbar unter http://search.ebscohost.com/login.aspx?direct=true&db=bth&AN=18781081&site=ehost-live.

Cranfield Studie (2009). Personalmanagement im internationalen Vergleich – Cranet; Justus-Liebig-Universität Giessen, Kienbaum. Online verfügbar unter http://www.acht-etappen.com/stuff/Cranet_Ergebnisbericht_2009.pdf.

Deutsche Bank AG und Fraunhofer-Institut für Arbeitswirtschaft und Organisation (IAO) (1999): Wettbewerbsfaktor Wissen – Leitfaden zum Wissensmanagement. Frankfurt a.M.: Deutsche Bank AG (Selbstverlag).

Edler, J. (2003): Wissensmanagement in der deutschen Wirtschaft – Zusammenfassung. Karlsruhe: Fraunhofer-Institut Systemtechnik und Innovationsforschung (ISI).

Edvinsson, L. & Malone, M. S. (1997): Intellectual capital. Realizing your company's true value by finding its hidden brainpower. New York: HarperBusiness. Online verfügbar unter http://www.worldcat.org/oclc/36024079.

Fraunhofer-Wissensmanagement Community (2006): Wissen und Information 2005. Stuttgart: Fraunhofer IRB.

Herremans, I. M. & Isaac, R. G. (2004): The Intellectual Capital Realization Process (ICRP). An Application of the Resource-based View of the Firm. In: Journal of Managerial Issues 16 (2), S. 217-231. Online verfügbar unter http://search.ebscohost.com/login.aspx?direct=true&db=bth&AN=13824551&site=ehost-live.

Herremans, I. M.; Isaac, R. G.; Kline, T. & Nazari, J. (2011): Intellectual Capital and Uncertainty of Knowledge. Control by Design of the Management System. In: Journal of Business Ethics 98 (4), S. 627-640. Online verfügbar unter http://search.ebscohost.com/login.aspx?direct=true&db=bth&AN=13824551&site=ehost-live.

Hu, L. & Bentler, P. (1999): Cutoff criteria for fit indexes in covariance structure analysis. Conventional criteria versus new alternatives. In: Structural Equation Modeling: A Multidisciplinary Journal 6 (1), S. 1-55.

Huang, C.-F.; Hsueh, S.-L. (2007): A study on the relationship between intellectual capital and business performance in the engineering consulting industry. A path analysis. In: Journal of Civil Engineering and Management 13 (4), S. 265-271.

Joia, Luiz Antonio (2000): Measuring intangible corporate assets. Linking business strategy with intellectual capital. In: Journal of Intellectual Capital 1 (1), S. 68-84.

KPMG Consulting (2001): Knowledge Management im Kontext von eBusiness – Status quo und Perspektiven. Berlin: KPMG Consulting.

Kriegesmann, B.; Schwering, M.G. (2005): Kleine und mittlere Unternehmen auf dem Weg vom Wissens- zum Kompetenzmanagement – Ergebnisse einer empirischen Untersuchung zum Aufbau und zur Entwicklung von Wissen und Erfahrung in dynamischen und statischen KMU. In: Mayer, J.-A. (Hrsg.): Wissens- und Informationsmanagement in kleinen und mittleren Unternehmen, S. 55-70. Köln: Josef Eul.

Liao, S.; Fei, W. C.; Chen, C. C. (2007): Knowledge sharing, absorptive capacity, and innovation capability. An empirical study of Taiwan's knowledge-intensive industries. In: Journal of Information Science 33 (3), S. 340.

López, S. P.; Peón, J. M. M. & Ordás, C. J. V. (2005): Organizational learning as a determining factor in business performance. In: The Learning Organization 12 (3), S. 227-245.

Lutz, B. (2005): Personalmanagement und Innovationsfähigkeit in kleinen und mittelständischen Unternehmen – Quintessenzen eines Ladenburger Diskurses der Gottlieb Daimler- und Karl Benz- Stiftung. Ladenburg/Halle: Gottlieb Daimler und Karl Benz-Stiftung.

Lutz, B. & Wiener, B. (2005): Ladenburger Diskurs – Personalmanagement und Innovationsfähigkeit in kleinen und mittelständischen Unternehmen. Halle: Zentrum für Sozialforschung Halle e.V.

Minbaeva, D. B. (2005): HRM practices and MNC knowledge transfer. In: Personnel Review 34 (1), S. 125-144.

Pawlowsky, P. (1992): Betriebliche Qualifikationsstrategien und organisationales Lernen. In: Staehle, W. H. & Conrad, P.: Managementforschung 2, S. 177-238. Berlin: Gabler Verlag.

Pawlowsky, P.; Gerlach, L.; Hauptmann, S. & Puggel, A. (2006): Wissen als Wettbewerbsvorteil in kleinen und mittelständischen Unternehmen. Empirische Typologisierungen auf Grundlage einer bundesweiten Befragung. FOKUS-Print 09/06. Lehrstuhl Personal und Führung TU Chemnitz.

Probst, G. J. B. & Büchel, B. (1994): Organisationales Lernen – Wettbewerbsvorteil der Zukunft. Wiesbaden: Gabler.

Rastogi, P. N. (2003): The nature and role of IC: Rethinking the process of value creation and sustained enterprise growth. In: Journal of Intellectual Capital 4 (2), S. 227-248.

Rodriguez, J. M. & Ordonez Pablos, P. de (2002): Strategic human resource management. An organisational learning perspective. In: International Journal of Human Resources Development and Management 2 (3), S. 249-263.

Roos, J. (1997): Intellectual capital. Navigating the new business landscape. Houndmills u. a.: Macmillan Business. Online verfügbar unter http://www.worldcat.org/oclc/37922913.

Ross, G. & Ross, J. (1997): Measuring your company's intellectual performance. In: Journal of Long Range Planning 30 (3), S. 413-426.

Sharabati, A.-A. A.; Jawad, S. N. & Bontis, N. (2010): Intellectual capital and business performance in the pharmaceutical sector of Jordan. In: Management Decision 48 (1), S. 105-131.

Spicer, D. P. & Sadler-Smith, E. (2006): Organizational learning in smaller manufacturing firms. In: International Small Business Journal 24 (2), S. 133.

Stewart, T. A. (1997): Intellectual capital. The new wealth of organizations. New York: Currency/Doubleday. Online verfügbar unter http://www.worldcat.org/oclc/40593877.

St-Pierre, J. & Audet, J. (2011): Intangible assets and performance Analysis on manufacturing SMEs. In: Journal of Intellectual Capital 12, 2011 (2), S. 202-223.

Subramaniam, M. & Youndt, M. A. (2005): The influence of intellectual capital on the types of innovative capabilities. In: The Academy of Management Journal 48 (3), S. 450-463. Online verfügbar unter http://search.ebscohost.com/login.aspx?direct=true&db=bth&AN= 17407911&site=ehost-live.

Sveiby, K. E. (1997): The new organizational wealth. Managing & measuring knowledge-based assets. San Francisco: Berrett-Koehler Publishers. Online verfügbar unter http://www.worldcat.org/oclc/36246000.

Tanriverdi, H. (2005): Information technology relatedness, knowledge management capability and performance of multibusiness firms. In: Mis Quarterly 29 (2), S. 311-334.

Teece, D. J. (2000): Strategies for managing knowledge assets. The role of firm structure and industrial context. In: Long Range Planning 33 (1), S. 35-54. Online verfügbar unter http://www.sciencedirect.com/science/article/B6V6K-40MT41D-3/2/4be65da3d73c82c1a30c03906a66798c.

Theriou, G. N. & Chatzoglou, P. D. (2008): Enhancing performance through best HRM practices, organizational learning and knowledge management. A conceptual framework. In: European Business Review 20 (3), S. 185-207.

Wang, W.-Y. & Chang, C. (2005): Intellectual capital and performance in causal models. Evidence from the information technology industry in Taiwan. In: Journal of Intellectual Capital 6 (2), S. 222-236.

Wu, W.-Y.; Chang, M.-L. & Chen, C.-W. (2008): Promoting innovation through the accumulation of intellectual capital, social capital, and entrepreneurial orientation. In: R&D Management 38 (3), S. 265-277.

Yang, C.C. & Lin, C.Y.Y. (2009): Does intellectual capital mediate the relationship between HRM and organizational performance? Perspective of a healthcare industry in Taiwan. In: The International Journal of Human Resource Management 20 (9), S. 1965-1984.

Youndt, M. A.; Subramaniam, M. & Snell, S. A. (2004): Intellectual Capital Profiles. An Examination of Investments and Returns. In: Journal of Management Studies 41 (2), S. 335-361. Online verfügbar unter http://dx.doi.org/10.1111/j.1467-6486.2004.00435.x.

Zack, M. H.; McKeen, J. D. & Singh, S. (2009): Knowledge management and organizational performance. An exploratory survey. In: Journal of Knowledge Management 13 (6), S. 392-409.

Zehir, C.; Yilmaz, E. & Velioglu, H. (2008): The impact of information technology practices and organizational learning on firm innovation and performance. Sarajevo: International Strategic Management Conference, 19.06.-21.06.2008.

Resümee

Peter Pawlowsky & Leif Edvinsson

Wo steht nun das IK-Thema in der wissenschaftlichen Forschung, der unternehmerischen Praxis und auf der regionalen-, sowie nationalen politischen Agenda und lassen sich mit der Förderung intellektuellen Kapitals Standortvorteile realisieren?

Auf der einen Seite wurden in den letzten Jahrzehnten konzeptionell deutliche Fortschritte im Hinblick auf die Entwicklung von Modellen und Indikatorensystemen zur Erfassung und Messung von IK auf der organisationalen, regionalen und nationalen Ebene erzielt (Kneisel et al. in diesem Band). Gleichzeitig haben sich die empirischen Belege zur Verbindung von IK und gesellschaftlichen sowie unternehmerischen Erfolgsfaktoren wie Innovationsfähigkeit/ökonomischer Erfolg verdichtet. Eine wachsende Zahl von Klein- und mittelständischen Unternehmen sieht die Relevanz von IK für die eigene Wettbewerbsfähigkeit. Es bleibt nicht nur bei der Erkenntnis das IK ein wichtiger Wettbewerbsfaktor darstellt, sondern es werden auch innerbetrieblich zahlreiche Maßnahmen initiiert, die nicht immer unter dem Etikett des IK oder Wissensmanagements firmieren, jedoch auf eine Förderung des intellektuellen bzw. Humankapitals abzielen (vgl. Pawlowsky, Gözalan, Schmid in diesem Band). Integrative Managementsysteme, die auf Qualität, Umwelt, Arbeitssicherheit, Gesundheit und Risikomanagement gerichtet sind, bieten zudem in Verbindung mit strategischen IC-Ansätzen, wie der „Wissensbilanz –Made in Germany", eine wertvolle Grundlage um die Strategie- und damit Zukunftsfähigkeit von KMU nachhaltig zu fördern (vgl. Nagel und Allwert in desem Band).

Auf der anderen Seite ist nach wie vor kein kohärentes theoretisches Rahmenwerk vorhanden, dass ökonomische und verhaltenswissenschaftliche Konzepte miteinander verbindet und einen Vergleich unterschiedlicher Systeme ermöglicht. Es bleibt den Erfahrungen und den geschickten Interpretationen der einzelnen Akteure in den jeweiligen Systemen (Organisationen, Regionen, nationale Volkswirtschaften) überlassen, geeignete Indikatoren zu identifizieren bzw. diese aus einem gesellschaftlichen Diskussionsprozess zu relevanten Zielgrößen bzw. zur Fortschrittsfähigkeit abzuleiten. Hier mündet die IC Perspektive zwangsläufig in eine unternehmensbezogene und gesellschaftliche Wertediskussion zu Fragen der Bewertung von wünschenswerten Erfolgsgrößen und Zukunftsszenarien. Das dieser paradigmatische Wandel von den tangiblen Werten der Industriegesellschaft zur intangiblen Wissensökonomie über einen kommunikativen Dialog zu Interpretation von Realitäts- und Zukunftsszenarien laufen kann, ist ebenfalls eine wichtige Erkenntnis, die möglicherweise aus der Krise resultiert. Damit dieser Dialog nicht nur als rhetorische Marketingveranstaltung einflussreicher Akteurgruppen stattfindet, sondern wie Günther Szogs hervorhebt mit einer „massiven Umschichtung gesellschaftlicher Ressourcen zugunsten eines Verantwortungszusammenhangs" einhergeht bedarf es politischer Orte für diese Verständigung, die gemeinsame Interpretationen der Koordinaten einer Wissensgesellschaft ermöglichen. Daher ist es durchaus konsequent wenn die Frage nach dem Standort-vorteil durch Wissen mit der Frage nach geeigneten Prozessen zu einer solchen Konsens-findung einhergeht. In diesem Band wurden nicht nur Netzwerkinitiativen wie die Metro-polregion Frankfurt und Future Center beschrieben (gl. Szogs in diesem Band) , sondern auch politische Pfade skizziert wie die Themen in eine politische Diskussion einmünden können (vgl. Koch in diesem Band). Erfahrungen mit gesellschaftlichen Innovationsprozes-sen in Skandinavien, insbesondere die finnische ACSI (Aalto Camp for Societal Innovation) Methode zeigen Wege zu einem verstärkten Bürgerdialog auf, die tragfähige soziale Inno-vationsprozesse auf dem Weg in die Wissensgesellschaft in Gang setzten können.

Management / Unternehmensführung / Organisation ↗

Rico Baldegger / Pierre-André Julien

Regionales Unternehmertum

Ein interdisziplinärer Ansatz

2011. 350 S., Br. EUR 39,95

ISBN 978-3-8349-2630-2

Jörg Fischer / Florian Pfeffel

**Systematische Problemlösung
in Unternehmen**

Ein Ansatz zur strukturierten Analyse
und Lösungsentwicklung

2010. 341 S., Br. EUR 34,95

ISBN 978-3-8349-0776-9

Swetlana Franken

Verhaltensorientierte Führung

Handeln, Lernen und Diversity
in Unternehmen

3. überarb. u. erw. Aufl. 2010. XII, 355 S.,

Br. EUR 32,95 ISBN 978-3-8349-2232-8

Jörg Freiling / Martin Reckenfelderbäumer

Markt und Unternehmung

Eine marktorientierte Einführung
in die Betriebswirtschaftslehre

3., überarb. u. erw. Aufl. 2010. XXVIII, 492 S.,

Br. EUR 36,90 ISBN 978-3-8349-1710-2

Urs Fueglistaller / Christoph Müller /
Thierry Volery

Entrepreneurship

Modelle - Umsetzung - Perspektiven
Mit Fallbeispielen aus Deutschland,
Österreich und der Schweiz

2. überarb. u. erw. Aufl. 2008. XXVI, 512 S.,

Br. EUR 39,90 ISBN 978-3-8349-0729-5

Asmus J. Hintz

**Erfolgreiche Mitarbeiterführung
durch soziale Kompetenz**

Eine praxisbezogene Anleitung

2011. 373 S., Br. EUR 39,95

ISBN 978-3-8349-2441-4

Harald Hungenberg

Strategisches Management in Unternehmen

Ziele - Prozesse - Verfahren

6., überarb. u. erw. Aufl. 2010. XXVI, 605 S.,

Br. EUR 46,95 ISBN 978-3-8349-2546-6

Hartmut Kreikebaum / Dirk Ulrich Gilbert /
Glenn O. Reinhardt

**Organisationsmanagement
internationaler Unternehmen**

Grundlagen und moderne Netzwerkstrukturen

2., vollst. überarb. u. erw. Aufl. 2002. XVI, 243 S.,

Br. EUR 34,95 ISBN 978-3-409-23147-3

Klaus Macharzina / Joachim Wolf

Unternehmensführung

Das internationale Managementwissen
Konzepte – Methoden – Praxis

7., vollst. überarb. u. erw. Aufl. 2010.

XXXIX, 1.181 S., Geb. EUR 59,95

ISBN 978-3-8349-2214-4

Klaus North

Wissensorientierte Unternehmensführung

Wertschöpfung durch Wissen

5., akt. u. erw. Aufl. 2010. XII, 378 S.,

Br. EUR 49,95 ISBN 978-3-8349-2538-1

Götz Schmidt

Einführung in die Organisation

Modelle – Verfahren – Techniken

2., akt. Aufl. 2002. X, 179 S., Br. EUR 39,95

ISBN 978-3-409-21504-6

Stand: Juli 2011. Änderungen vorbehalten.
Erhältlich im Buchhandel oder beim Verlag.

 Springer Gabler

Abraham-Lincoln-Straße 46. D-65189 Wiesbaden
Tel. +49 (0)6221 / 3 45 - 4301 . springer-gabler.de

Management / Unternehmensführung / Organisation ↗

Georg Schreyögg
Organisation
Grundlagen moderner
Organisationsgestaltung
Mit Fallstudien
5., vollst. überarb. u. erw. Aufl. 2008.
XII, 516 S., Br. EUR 36,90
ISBN 978-3-8349-0703-5

Georg Schreyögg / Jochen Koch
Grundlagen des Managements
Basiswissen für Studium und Praxis
2., überarb. u. erw. Aufl. 2010. XIV, 496 S.,
Br. EUR 26,95
ISBN 978-3-8349-1589-4

Albrecht Söllner
**Einführung in das Internationale
Management**
Eine institutionenökonomische Perspektive
2008. XXII, 487 S., Br. EUR 42,95
ISBN 978-3-8349-0404-1

Claus Steinle
Ganzheitliches Management
Eine mehrdimensionale Sichtweise
integrierter Unternehmungsführung
2005. XL, 910 S., Geb. EUR 54,95
ISBN 978-3-8349-0059-3

Horst Steinmann / Georg Schreyögg
Management
Grundlagen der Unternehmensführung
Konzepte – Funktionen – Fallstudien
6., vollst. überarb. Aufl. 2005.
XX, 952 S., Geb. EUR 44,90
ISBN 978-3-409-63312-3

Christine K. Volkmann / Kim Oliver Tokarski /
Marc Grünhagen
Entrepreneurship in a European Perspective
Concepts for the Creation and Growth
of New Ventures
2010. XXII, 499 S., Br. EUR 42,95
ISBN 978-3-8349-2067-6

Martin K. Welge / Andreas Al-Laham
Strategisches Management
Grundlagen – Prozess –
Implementierung
5., vollst. überarb. Aufl. 2008.
XXVIII, 1025 S., Geb. EUR 57,95
ISBN 978-3-8349-0313-6

Axel v. Werder
Führungsorganisation
Grundlagen der Corporate Governance,
Spitzen- und Leitungsorganisation
2., akt. u. erw. Aufl. 2008. XXVIII, 445 S.,
Br. EUR 47,95
ISBN 978-3-8349-0678-6

Joachim Wolf
**Organisation, Management,
Unternehmensführung**
Theorien, Praxisbeispiele und Kritik
4., vollst. überarb. u. erw. Aufl. 2010.
XXVIII, 712 S., Br. EUR 46,95
ISBN 978-3-8349-2628-9

Kerstin Wüstner
Arbeitswelt und Organisation
Ein interdisziplinärer Ansatz
2006. X, 280 S., Br. EUR 34,95
ISBN 978-3-8349-0144-6

Stand: Juli 2011. Änderungen vorbehalten.
Erhältlich im Buchhandel oder beim Verlag.

Abraham-Lincoln-Straße 46. D-65189 Wiesbaden
Tel. +49 (0)6221 / 3 45 - 4301 . springer-gabler.de

 **Springer** Gabler

The manufacturer's authorised representative in the EU is Springer
Nature Customer Service Centre GmbH, Europaplatz 3, 69115 Heidelberg,
Germany. If you have any concerns regarding our products, please
contact ProductSafety@springernature.com

Printed and bound by CPI Group (UK) Ltd, Croydon, CR0 4YY

28/04/2026

02098479-0010